Die Blauen Führer Regional

Reise · Kunst · Kultur

**Italien
in 8 Bänden:**

Italienische Adria
Neapel, Kampanien, Kalabrien
Oberitalien und Riviera
Rom und Umgebung
Sizilien, Sardinien
Südtirol
Toskana
Venetien

„Mit Wissen reisen“

DIE BLAUEN FÜHRER

Länder

Ägypten
Frankreich Nord
Frankreich Süd
Griechenland
Israel
Marokko*
Mexiko und Guatemala
Nord- und Mittelitalien
Österreich 1
Österreich 2
Paris
Rom und Süditalien
Spanien
Türkei*

Regionen

Ägäische Inseln
Andalusien
Athen
Bayern
Bretagne
Burgund, Franche-Comté
Elsaß-Lothringen
Istanbul
Italienische Adria
Katalonien und Balearen
Kreta, Rhodos, Dodekanes
Loire
London und Umgebung*
Madrid, Neukastillien, Estremadura
Neapel, Kampanien
Kalabrien
Nord- und Mittelgriechenland, Ionische Inseln
Oberitalien und Riviera
Peloponnes und vorgelagerte Inseln
Provence, Cotê d'Azur
Rom und Umgebung
Sizilien, Sardinien
Südtirol
Toskana
Venetien

* in Vorbereitung (wird fortgesetzt)

Italienische Adriaküste

Von Ferrara bis Brindisi und östlicher Apennin

MIT 15 REISEROUTEN, SOWIE 16 KARTEN UND PLÄNEN UND 16 FARBSEITEN

VERLAG DIE BLAUEN FÜHRER, MÜNCHEN

Die Blauen Führer Regional,
Band 21: Italienische Adria,
Von Brindisi bis Ferrara und östlicher Apennin

Die vorliegende Regionalausgabe „Italienische Adria, Von Brindisi bis Ferrara“ ist den Blauen Führern „Nord- und Mittelitalien“ sowie „Rom und Süditalien“ entnommen und wurde nach der französischen Originalausgabe „Les Guides Bleus – Italie du Nord et du Centre“ (Copyright © 1982 by Librairie Hachette) und „Les Guides Bleus – Italie du Sud, Sicile, Sardaigne“ (Copyright © 1983 by Librairie Hachette) grundlegend überarbeitet, ergänzt und erweitert.

Bearbeitung der vorliegenden Ausgabe:
Dr. Alexander Potyka

Das Umschlagfoto zeigt Trulli in Alberobello, Apulien
(Foto: Klaus Thiele, Warburg)

Bildnachweis

Bildagentur Prenzel, Gröbenzell, Bild Nr.: 1, 6, 7, 8, 10
Anthony Verlag Starnberg, Bild Nr.: 5
Klaus Thiele, Warburg, Bild Nr.: 9, 11, 12, 13, 14, 15, 16, 17, 18, 19
Farbdia-Archiv Amberg, Gröbenzell, Bild Nr.: 2, 3, 4

Zeichnung der Umschlagkarte: Hannes Fleischer, München

1. Auflage

Hersteller: Volker Pfeifle
Gesamtherstellung: ovb Druck- und Verlagsgesellschaft mbH, Rosenheim

ISBN 3-88919-126-6

Vorwort

Die italienische Adriaküste, wie sie in diesem Band beschrieben wird (also etwa ab Ravenna bis zum Stiefelabsatz) ist natürlich kein geschlossenes historisches oder geographisches Gebiet. Für den Reisenden kann dieses lange Band aber doch ein einheitliches Ziel — für das freilich viel Zeit aufgewendet werden sollte — darstellen.

Tatsächlich hat die italienische Adriaküste mit ihrem „Hinterland" mehr als eine Attraktion, mehr als ein Gesicht zu bieten. Sicherlich spricht die Küstenlandschaft in erster Linie den Badefreund und Sonnenhungrigen an, und selbstverständlich bieten sich hier alle Arten von Bademöglichkeiten — vom mondänen Seebad bis zur einsamen Felsenküste. Und doch bietet die Küste soviel mehr.

Ravenna ist nicht nur eine geschichtsträchtige Stadt, es bietet auch unglaubliche Kunstschätze — ganz wie Perugia übrigens, das wohl eher zum Hinterland gezählt werden muß. Rimini verbindet die Atmosphäre eines typischen Badeortes mit der Nachbarschaft zur malerischen Zwergrepublik San Marino. Ancona, Pescara, Ascoli, Foggia, Bari, Brindisi und Tarent sind nur die auffälligsten Höhepunkte, wenn man sich weiter südlich bewegt. Zu zahlreich sind die Städte und Kulturstätten, um in einem kurzen Vorwort vollzählig aufgelistet werden zu können.

Auch die Landschaften sind mehr als abwechslungsreich. Da sind die grünen Hüge Umbriens, das Gebirge der Abruzzen und die Kalkplatte Apuliens, da sind die zahlreichen Küstenvarianten, deren überraschendste zweifellos die Rumpfscholle des Gargano-Massivs ist, wo der Reisende auch ungestörter ist als im nördlichen Teil dieses Reisegebietes.

Der Tourist, der die weite Reise an die Adriaküste und die Küste entlang nicht scheut, wird durch diese Vielfalt zweifellos reich belohnt.

Alexander Potyka
Verlag Die Blauen Führer

Schlüssel für die Benützung des Führers

Dieser Führer ist in vier Teile gegliedert:

A. praktische Tips und Hinweise für IHRE REISE, von der *Reisezeit* bis zu einem *kleinen Sprachführer;*

B. eine EINLEITUNG, die alles Wissenswerte über *Land und Leute, Geographie, Wirtschaft, Kunstgeschichte* und die *Geschichte* der Adriaküste zusammenfaßt;

C. den eigentlichen, beschreibenden Teil, der in Routen und Nebenrouten sowie Abzweigungen eingeteilt ist. So können dem Benützer des Führers alle Sehenswürdigkeiten der Region schnell und einfach nahegebracht werden.

D. einen ANHANG, in dem die Auskunftsstellen für Hotels und allgemeine Informationen vor Ort sowie die besonderen Öffnungszeiten zu finden sind.

Dazu kommt noch ein ausführliches REGISTER, sowie ein KARTENTEIL.

Um sich ein Bild über die allgemeine Anlage dieses Führers zu verschaffen, studieren Sie zuerst das Inhaltsverzeichnis (S. 7), das die Reiserouten und ihre Abzweigungen in jener Reihenfolge aufzählt, wie sie im Führer beschrieben werden. Jede Hauptreiseroute enthält eine durchlaufende Ordnungsziffer, die halbfett in Klammern **(2)** auf jeder Seite oben vor dem Kolumnentitel steht.

Um eine leichtere Lesbarkeit und raschere Handhabung des Führers zu gewährleisten, ist der beschreibende Text in zwei Schriftgraden gesetzt. Der Haupttext steht im normalen Schriftgrad; erläuternde Detailinformationen sowie durch einen Pfeil ●⟶ gekennzeichnete Abzweigungen (Zeichenerklärung s. S. 10) sind im kleineren Schriftgrad abgefaßt. Darüber hinaus sind die Kilometerangaben der Hauptrouten halbfett, jene der Nebenrouten in der normalen Schriftstärke gesetzt.

Inhalt

Verzeichnis der Karten und Pläne

Farbbilderverzeichnis

Abkürzungen und Zeichen

Di.	Dienstag
Do.	Donnerstag
Eintr.	Eintritt
Ew.	Einwohner
Fr.	Freitag
geschl.	geschlossen
ha	Hektar
Hl.	Heilige(r)
Hll.	Heilige (Mz.)
Jh.	Jahrhundert
Kfz.	Kraftfahrzeug
km	Kilometer
km^2	Quadratkilometer
l.	links
m	Meter
Mi.	Mittwoch
Mo.	Montag
N	Norden
n. Chr.	nach Christi Geburt
nachm.	Nachmittag
NO	Nordosten
nördl.	nördlich
NW	Nordwesten
Nr.	Nummer
O	Osten
östl.	östlich
Pl.	Plan
Rte. 16	Route 16
r.	rechts
S	Süden
s.	siehe
s.d.	siehe diese(s)(n)
s.o.	siehe oben
s.u.	siehe unten
S.	Seite
Sa.	Samstag, Sonnabend
So.	Sonntag
SO	Südosten
Std.	Stunde
südl.	südlich
SW	Südwesten
t	Tonne
tgl.	täglich
v. Chr.	vor Christi Geburt
vorm.	Vormittag
W	Westen
westl.	westlich

Sehenswürdigkeiten
(Orte, Bauwerke, Kunstwerke und landschaftliche Höhepunkte) werden durch Sterne gekennzeichnet und klassifiziert:
*** außerordentlich ** sehr interessant * bemerkenswert

Wegweiser
Zur schnellen Information dienen die Wegweiser-Zeichen, die auf einen Blick den Verlauf von Haupt- und Nebenrouten bzw. Abzweigungen von diesen erkennen lassen.

☛ Hauptreiseroute ☞ Nebenstrecke ●⟶ Abzweigung

A. Ihre Reise

1. Klima und Reisezeit

An der italienischen Adriaküste herrscht das typische Mittelmeerklima vor: regenarme, vor allem im südlichen Teil heiße Sommer, milder Herbst und niederschlagsreiche, aber ebenfalls milde Winter. Das Wasser der Adriaküste erreicht im Sommer Temperaturen bis zu 27°C. Ideale Reisezeit an die Adriaküste ist an sich — was das Wetter betrifft — Juli-August zum Baden. Beachten Sie dabei aber, daß im Ferragosto (Aug.) nahezu ganz Italien auf den Beinen (Rädern) ist, um an die Strände zu fahren; Überfüllungen, vor allem im nördlichen Teil, sind kaum zu vermeiden.
Für den Reisenden, der das Land besichtigen will und nur in zweiter Linie an die Sonnenbräune denkt, sind Vor- und Nachsaison, bereits ab März und bis in den November, dank des milden Klimas ideal.

2. Wissenswertes vor Reiseantritt

Auskunftsstellen. — Für Reiseauskünfte steht das Staatliche Italienische Fremdenverkehrsamt ENIT — *Ente Nationale per il Turismo* (Hauptsitz: 00185 Rom, Via Marghera 2, Tel. 4 97 1282, Telex 680 123) zur Verfügung. Darüber hinaus besitzt die ENIT im deutschen Sprachgebiet Informations- und Werbebüros, die Ihnen schon vor Antritt der Reise kostenlos Auskunft erteilen und Prospektmaterial (besonders auch Hotellisten) abgeben.
Bundesrepublik Deutschland: 4000 Düsseldorf, Berliner Allee 26, Tel. 37 70 35; 6000 Frankfurt, Kaiserstraße 65, Tel. 23 12 13; 8000 München, Goethestraße 20, Tel. 53 03 69.
Österreich: 1010 Wien, Kärntner Ring 4, Tel. 65 16 39.
Schweiz: 1204 Genève, Rue du Marché 3, Tel. 28 29 22; 6900 Lugano, c/o Vany Latin, Via Pretorio 1, Tel. 3 56 66; 8001 Zürich, Uraniastraße 32, Tel. 2 11 36 33.

Benzingutscheine. — Die jahrelang üblichen Benzingutscheine für Italienreisende gibt es seit einigen Jahren nicht mehr. Nunmehr stehen dem Touristen sogenannte *„pachetti“* (Touristenpakete) wahlweise für Nord- bzw. Nord- und Süditalien zur Verfügung. Diese Gutscheinheftchen, die bei den Automobilclubs erhältlich sind, enthalten neben Bons für Superbenzin auch solche für die Autobahnmaut. Allerdings reichen diese Bons nicht für größere Strecken, es wird außerdem pro Kfz nur ein Heftchen im Jahr ausgegeben. Sie sollten daher auch Bargeld für Benzinkosten einplanen.

Einreisebestimmungen. — Deutsche, österreichische und Schweizer Reisende können derzeit entweder mit Reisepaß oder auch mit einem gültigen Personalausweis nach Italien einreisen. Mitreisende Kinder benötigen entweder einen eigenen Personalausweis bzw. Paß oder müssen im Reisepaß der Eltern eingetragen sein. Bürger der DDR benötigen einen gültigen Reisepaß samt Visum.
Für die vorübergehende Einfuhr eines Kfz (bis 6 Monate) sind keinerlei Zolldokumente notwendig. Es genügen lediglich die normalen nationalen Autopapiere. Urlaubsreisen mit Lkw und als Lkw zugelassenen Kombis sind nicht gestattet bzw. unterliegen besonderen Vorschriften.
Die Internationale Grüne Versicherungskarte (erhältlich bei Ihrer Versicherungsanstalt) ist obligat. Haftpflichtversicherungszwang besteht ebenfalls für Motorboote über 3 Steuer-PS, die in Italien zu Wasser gelassen werden. Sogenannte „Blaue Karten" sind über die Versicherungsanstalten Ihres Heimatlandes, letztlich auch, allerdings umständlich, in Italien erhältlich.
Die italienischen Straßenzollämter haben in der Regel für den Reiseverkehr Tag und Nacht geöffnet, die Eisenbahn-, Hafen- und Flughafenzollämter nach Bedarf.

Geld — Geldwechsel. — Die italienische Währungseinheit ist die Lira (abgekürzt lit.) = 100 Centesimi. Ausländische Fremdwährungen und Reiseschecks dürfen ohne Einschränkung mitgeführt werden. Eine Deklarationspflicht bei der Einreise besteht nur, wenn mehr als 200.000 lit. dieses Geldes wieder ausgeführt werden soll. Pro Person dürfen maximal 200.000 lit. in Noten zu 50.000 lit. eingeführt werden (auch ein Kleinkind hat Anspruch auf Ein- bzw. Ausfuhr dieses Betrages).

Reisegepäck. — Gegenstände des täglichen und persönlichen Gebrauchs dürfen zollfrei eingeführt werden, u.a. 2 Fotoapparate mit 10 Filmen, 1 Schmalfilmkamera mit 10 Filmen, tragbares Radio-, Tonband- und Fernsehgerät, Sportgeräte (ausgenommen Jagdwaffen — hierfür ist eine Spezialgenehmigung erforderlich), 200 Zigaretten, 2 l Wein, 0,75 l Spirituosen, Lebensmittel für max.

2 Tage sowie Reiseandenken bis zu einem Wert von US-Dollar 100,—. Bei der Ausreise ist zu beachten, daß für Kunstgegenstände, die in Italien erworben wurden, eine Sondergenehmigung des Ausfuhrbüros der Kunstkammer erforderlich ist.

Tiere. — Für die Mitnahme von Haustieren (Hunde, Katzen) ist ein Ursprungs- und Gesundheitszeugnis sowie eine Bestätigung über eine erfolgreiche Tollwutimpfung notwendig. Die Tollwutimpfung muß vom zuständigen Amtstierarzt auf einem besonderen Formular, welches bei den Auslandsvertretungen der ENIT erhältlich ist, bestätigt werden. Diese Impfung muß mindestens 20 Tage vor Grenzübertritt erfolgt sein und darf nicht länger als 11 Monate zurückliegen.

Verkehrsbestimmungen. — Im allgmeinen gelten in Italien die gleichen Verkehrsregeln wie in der Bundesrepublik, in Österreich und der Schweiz. Verstöße gegen das Straßenverkehrsrecht werden mit Geld-, in besonders schweren Fällen mit Haftstrafen geahndet. Die Verwendung von Spikes ist vom 15. November bis 15. März erlaubt.
Die Höchstgeschwindigkeit auf Staatsstraßen und Autobahnen richtet sich nach der Hubraumgröße. **Staatsstraßen:** Motorräder: 80—100 km/h; Pkw: 80—110 km/h (mit Spikes 80—90 km/h); Wohnwagen: 100 km/h. **Autobahnen:** Motorräder 80—130 km/h; Pkw: 90—140 km/h (mit Spikes 90—120 km/h); Wohnwagen: 120 km/h.
Bei Geschwindigkeitsüberschreitung, z.B. bei einer Überschreitung über 15 km/h, drohen Strafen — bis lit. 50.000. In schweren Fällen (nach einem Unfall) kann Haft bis zu zwei Monaten verhängt werden. Auf Autobahnen wird fallweise seitens der Polizei die Reisegeschwindigkeit mittels der auf der Mautkarte eingestempelten Zeit bei der Autobahn-Abfahrtsstelle kontrolliert.
Bei Pannen ist das mitgeführte Warndreieck mindestens 50 m hinter dem abgestellten Fahrzeug aufzustellen.
Die Verwendung von Sicherheitsgurten und das Tragen von Sturzhelmen auf Motorrädern sind nicht obligat.

3. Die Anreise

a) Flugzeug. — Der Flugverkehr zwischen der Bundesrepublik Deutschland, der Schweiz und Österreich einerseits und Italien andererseits wird meist von Maschinen der ALITALIA, LUFTHANSA, SWISSAIR unnd den AUSTRIAN AIRLINES durchgeführt.
In der Saison ist es ratsam, Flugtickets entsprechend früh über

eine der Airlines oder über Ihr Reisebüro im voraus zu reservieren. Wichtige Flughäfen in der Region sind: Ancona, Bari, Brindisi, Forli, Pescara, Rimini.

b) Eisenbahn. — Von Deutschland, Österreich und der Schweiz gibt es direkte Zugverbindungen in die größeren Orte der Region. Durchgehende Verbindung zwischen Ravenna und Lecce an der Küste entlang, viele Abzweigungen ins Landesinnere möglich. Autoreisezüge sind für die Beförderung von Personenkraftwagen mit und ohne Anhänger und deren Insassen zugelassen. Sie führen Schlafwagen 1. und 2. Klasse und Liegewagen 2. Klasse und z.T. Sitzwagen. Nähere Auskünfte bei Ihrem Reisebüro oder einem Büro der Italienischen Eisenbahnen; in *Deutschland:* 8000 München 2, Goethestr. 17, Tel. 59 15 97; in *Österreich:* 1070 Wien, Mariahilferstr. 84, Tel. 93 53 11 oder 93 47 84; in der *Schweiz:* 3011 Bern, Effingerstr. 8, Tel. 25 41 62.

c) Auto. — Die Anreise in den mittelitalienischen Raum wird einerseits durch die gut ausgebauten Autobahnen der angrenzenden Länder, andererseits aber auch durch die guten italienischen Autostrade und Strade Statali (Staatsstraßen) besonders leicht gemacht. Aus welchem Land sie auch anreisen mögen, fahren Sie bis Bologna und nehmen dort die A14, die die Küste entlang bis Tarent führt.

4. Reisen im Lande

Flugzeug. — Das inneritalienische Flugnetz ermöglicht dem Flugtouristen im allgemeinen, nahe — wenn nicht direkt — an seinen Zielort zu gelangen. Hauptsächlich versieht den Flugdienst die italienische Fluggesellschaft ALITALIA. Sie wird von verschiedenen anderen Luftfahrtgesellschaften dabei unterstützt, unter anderem vom A.T.I.-Flugdienst, mit regelmäßigem Flugdienst zu den wichtigsten Städten des Landes.
Bei den wichtigsten italienischen Flughäfen werden von den örtlichen Aero-Clubs Rundflüge für Touristen auf Wunsch veranstaltet. Ferner sind bei diesen Flughäfen Charterungen von Flugzeugen und Taxiflügen möglich.

Autobus. — Das Autobusnetz in der mittelitalienischen Region ist nicht so dicht wie im Norden, Sie können jedoch mit dem Bus jede Ortschaft mühelos erreichen. Informationen können Sie dem offiziellen italienischen Kursbuch Orario Generale entnehmen.

Auto. — Italien verfügt über ein hervorragendes Straßennetz, das sich auf Autobahnen, Staatsstraßen, Provinzialstraßen und Gemeindestraßen verteilt. Die Länge seiner Autobahnen, die alle gebührenpflichtig sind, beträgt 5.800 km, die der guten Staatsstraßen rund 44.000 km.

5. Praktische Reisetips und Tips für das Leben im Lande

Apotheken. —Farmacia. — Adressen der Apotheken mit Nachtdienst an jeder Apotheke. Ärztlicher Nothilfsdienst *(Pronto Soccorso)* an jedem größeren Bahnhof und an jedem Flughafen. Auskünfte über den Notdienst der Apotheken und Ärzte auch durch den telefonischen Auftragsdienst.

Ärztliche Hilfe. — Deutschen und österreichischen Reisenden wird empfohlen, sich bei ihrer zuständigen Krankenkasse eine „Anspruchsbescheinigung" (Auslandskrankenschein) zu besorgen. Vor Inanspruchnahme eines Arztes ist diese Bescheinigung bei der italienischen Krankenversicherungsanstalt INAM in einen Anspruchsausweis einzutauschen. INAM-Büros befinden sich in allen größeren Orten. Touristen anderer Länder wird der Abschluß einer Krankenversicherung empfohlen.

Bootssport. — Für Boote, die vorübergehend nach Italien eingeführt werden, sind außer den notwendigen Bootsdokumenten keine besonderen Papiere nötig.

Campingwesen. — Das Campen ist in Italien überall möglich. Bei Campen auf freiem Gelände ist die Bewilligung des Grundstückeigentümers bzw. der zuständigen Behörde einzuholen. Nach den modernsten Gesichtspunkten eingerichtete Campingplätze findet man überall im Lande.
Die „Federazione Italiana del Campeggio" — Ital. Camping- und Caravaning-Verband, 50100 Firenze, Casella Postale 255 — gibt alljährlich einen Campingführer heraus, darüber hinaus sind Campinginformationen bei den ENIT-Stellen und den Automobilclubs erhältlich.

Diplomatische Vertretungen. — *Bundesrepublik Deutschland: Honorarkonsulat,* 47037 Rimini, Piazza Cavour 8, Tel. 2 78 46. —

Republik Österreich: nächste Möglichkeit, Wahlkonsulat 30124 Venedig, Calle dei Monti 4700, Tel. 3 21 33. — *Schweiz:* Wahlkonsulat, 50123 Florenz, Via Tornabuoni 1, Tel. 21 61 07 und 66 75 32.

Feiertage. — Gesetzliche Feiertage sind: 1. Jan.; 6. Jan.; 25. April — Tag der Befreiung; Ostermontag; Mariä Himmelfahrt; Fronleichnam; 1. Mai; 2. Juni — Proklamation der Republik (wird am darauffolgenden Samstag gefeiert); 15. Aug.; 1. Nov.; 4. Nov. — Tag der Nationalen Einheit (wird am darauffolgenden Samstag gefeiert); 8. Dez.; 25., 26. Dez.

Hotelwesen. — Die Beherbergungsbetriebe an der italienischen Adria sind in der Regel als sehr gut zu bezeichnen und werden überdies laufend verbessert. Die ENIT klassifiziert die einzelnen Betriebe und kontrolliert laufend Preise und angeführte Kategorien. In den meisten Fremdenverkehrsorten stehen auch Villen, Appartements und Bungalows zur Verfügung. Preise und Buchungen können meist über die jeweiligen örtlichen Verkehrsvereine oder Kurverwaltungen erfragt werden bzw. durchgeführt werden (s. Anhang D).

Notruf. — Polizei und Rettung erreicht man im ganzen Lande unter der Tel.-Nr. 113. Die Pannenhilfe des ACI (Automobilclub Italia) unter 116 (Soccorso Stradale ACI).

Öffnungszeiten. — *Banken:* Mo—Fr. 8—20 Uhr. — *Postämter:* Mo-Fr. 8—20 Uhr. — *Tankstellen:* tgl. 7.30—20 Uhr (Mittagssperre). — *Kirchen:* In Italien haben auch Kirchen nur einige Stunden täglich geöffnet. Meist sind sie in den Mittagsstunden zwischen 12 und 15 oder 16 Uhr geschlossen, kleinere Kirchen oder Kapellen haben oft nur morgens kurz geöffnet.

Achtung! *Museen* haben im allgemeinen tgl. von 9—18 Uhr (Mittagssperre) geöffnet und sind am Montag geschlossen (s. auch Anhang D). Diese Zeiten werden aber nicht immer eingehalten oder ändern sich mitunter. Informieren Sie sich bitte an Ort und Stelle.

Pannenhilfe. — Ausländischen Kraftfahrern wird gegen geringe Gebühr von Soccorso Stradale ACI (ACI-Straßenhilfsdienst) überall im Lande geholfen. Entlang der Autobahnen stehen in Abständen von etwa 30 km Notrufsäulen zur Verfügung (für Polizei, Rettung, Pannenhilfe).

Parkplätze. — Es ist unbedingt empfehlenswert, sein Fahrzeug nur auf bewachten Parkplätzen abzustellen. Lassen Sie keinerlei Gegenstände, auch nur für kurze Zeit, sichtbar in Ihrem Auto zurück.

Post — Telefon. — Die Postämter sind meist von 8 bis 20 Uhr geöffnet (Hauptpostämter in Großstädten bis 22 Uhr). Postlagernde Sendungen (Fermo Posta, nicht poste restante!) werden in das zuständige Hauptpostamt geschickt, falls nicht ausdrücklich ein anderes Postamt angegeben wurde.
Telefonautomaten funktionieren teilweise mit Geld, in der großen Mehrheit mit Telefonmünzen (Gettoni), die man in Trafiken, Zeitungskiosken sowie Bars mit Telefon erwerben kann.
Die Vorwahl für Anrufe in die *Bundesrepublik* ist 00 49; nach *Österreich* 00 43; in die *Schweiz* 00 41.

Stromspannung. — 220 Volt und (für Aggregate) 380 Volt. Vereinzelt noch 110 Volt. Schuko-Stecker sind selten, sodaß bei Geräten mit Schuko-Stecker manchmal ein Zwischenstecker verwendet werden muß.

Kleiner Sprachführer

A. Aussprache

Die Vokale werden im Italienischen wie im Deutschen ausgesprochen.
Diphthonge werden getrennt ausgesprochen.

c	vor a, o, u und Konsonanten wie k, vor e und i wie tsch
ch	(nur vor e und i) wie k
ci	(nur vor a, o, u) wie tsch (ohne i!)
g	vor a, o, u und Konsonanten wie g, vor e und i wie dsch
gh	(nur vor e und i) wie g
gi	vor a, o, u wie dsch (ohne i!)
gli	vor Vokalen wie lj
gn	wie nj
sc	vor a, o, u wie sk, vor e und i wie sch
sch	(nur vor e und i) wie sk
sci	(nur vor a, o, u) wie sch
v	wie w
z	wie ts oder ds

Betont werden die Wörter meist auf der vorletzten Silbe. Die italienische Rechtsschreibung gibt nur die Betonung der letzten Silbe durch den Akzent an (Gesù, Trinità).
Im Italienischen existiert nur ein Akzent (è).

B. Wörterverzeichnis

Allgemeines

ja	sì
nein	no
Herr	Signore
Dame, Frau	Signora
Fräulein	Signorina
guten Tag, guten Morgen	buon giorno
guten Abend	buona sera
gute Nacht	buona notte
auf Wiedersehen	arrivederci
Verzeihung	(mi) scusi
keine Ursache	di niente

bitte (am Satzbeginn)	per favore, per cortesia, per piacere
bitte (als Antwort auf „Danke“)	prego
danke	grazie
warum?	perchè?

Auskünfte

Ich hätte eine Frage	Avrei una domanda
Bitte, können Sie mir sagen . . .?	Per cortesia, mi sa dire . . .?
Sagen Sie mir . . .	Mi dica . . .
Ich möchte . . .	Vorrei . . .
Ich hätte gerne eine Auskunft	Avrei bisogno di un’informazione.
Wo ist?	Dov’è?
Wo sind wir?	Dove siamo?
Wohin (an wen) wende ich mich?	Dove (a chi) mi rivolgo?
Wer weiß etwas davon (kann etwas davon wissen)?	Chi ne sa (può sapere) qualche cosa?
Können Sie mir empfehlen (angeben)?	Mi sa (può) raccomandare (indicare) . . .?
Was bedeutet das?	Che significa?
Wie heißt (eigentlich: nennt sich)	Come si chiama?
Ist dies . . .?	Questo (questa) è . . .?
Was ist geschehen?	Che è successo?
Wozu dient (es)?	A che cosa serve?
Ist es soweit?	Ci siamo?
Haben Sie?	Ha già?
Wie spät ist es?	Che ore sono?
spät	tardi
früh, schnell	presto
früher, eher	prima
bevor	prima di
nach, nachher	dopo
immer	sempre
hier, dort, da unten	qui, là, laggiù
je, jemals	mai
nie, niemals	non mai
schon, bereits	già
nunmehr	ormai
während	durante
noch	ancora
nahe	vicino
jetzt	adesso

wieviel?	quanto?
viel	molto
wenig	poco
zu viel	troppo
genug	abbastanza
alles	tutto
nichts	niente
niemand	nessuno
irgend jemand	qualcuno

Zahlen

eins	uno
zwei	due
drei	tre
vier	quattro
fünf	cinque
sechs	sei
sieben	sette
acht	otto
neun	nove
zehn	dieci
elf	undici
zwölf	dodici
dreizehn	tredici
vierzehn	quattordici
fünfzehn	quindici
sechzehn	sedici
siebzehn	diciassette
achtzehn	diciotto
neunzehn	diciannove
zwanzig	venti
einundzwanzig	ventuno
zweiundzwanzig	ventidue
dreißig	trenta
vierzig	quaranta
fünfzig	cinquanta
sechzig	sessanta
siebzig	settanta
achtzig	ottanta
neunzig	novanta
hundert	cento
tausend	mille
zweitausend	duemila

Zeitbegriffe

heute	oggi
gestern	ieri
vorgestern	ieri l'altro
morgen (nächster Tag)	domani
übermorgen	dopo domani
am Morgen, vormittag	al mattino
am Nachmittag	nel pomeriggio
am Abend	alla sera
in der Nacht	di notte
Tag	giorno
Woche	settimana
Monat	mese
Jahr	anno
Montag	lunedì
Dienstag	martedì
Mittwoch	mercoledì
Donnerstag	giovedì
Freitag	venerdì
Samstag	sabato
Sonntag	domenica
Januar	gennaio
Februar	febbraio
März	marzo
April	aprile
Mai	maggio
Juni	giugno
Juli	luglio
August	agosto
September	settembre
Oktober	ottobre
November	novembre
Dezember	dicembre
Frühling	primavera
Sommer	estate
Herbst	autunno
Winter	inverno

An der Grenze

Reisepaß	passaporto
Personalpapiere	documenti d'identità
Zollamt	ufficio doganale
	dogana
Zollbeamter	doganiere

Zollpolizei	finanza
Zoll(gebühr)	dazio
Devisen	valuta
Geldwechsel	cambio (della valuta)
Ware	merce
nichts zu verzollen	niente da dichiarare
gebrauchte Gegenstände	articoli usati
persönliche Gebrauchsgegenstände	oggetti personali
für den persönlichen Gebrauch	per mio uso personale
Geschenk	regalo

In der Eisenbahn

Wo ist der Bahnhof?	Dov'è la stazione?
Schalterhalle	biglietteria
Schalter	sportello
eine Fahrkarte nach . . .	un biglietto per . . .
erste, zweite Klasse	di prima, seconda
Hin- und Rückfahrt	andata e ritorno
einfache Fahrt	die corso semplice
Zuschlag	supplemento
Wieviel kostet das?	Quanto è?
Abfahrt um wieviel Uhr?	A che ora parte?
Ankunft um wieviel Uhr?	A che ora arriva?
pünktlich	in orario
Verspätung	ritardo
verspätet	con ritardo
Gepäck	bagagli
Koffer	baule
Handkoffer	valigia
Gepäckaufgabe	spedizione e bagagli
Eingang	entrata
Gleis	binario
Bahnsteig	marciapiede
Zug	treno
Waggon	carrozza
Abteil	compartimento
Sitzplatz	posto
besetzt	occupato
Nehmen Sie Platz!	S'accomodi!
Platzkarte	posto prenotato
Liegewagen	cuccetta
Schlafwagen	carrozza a letti
Speisewagen	carrozza ristorante

Schaffner	controllore
Abfahrt	partenza
Verzeihung, hält der Zug in . . .?	Scusi, il treno ferma a . . .?
Anschluß	coincidenza
Wo muß ich umsteigen?	Dove devo cambiare?
Aufenthalt, Haltestelle	fermata
Ankunft	arrivo
Träger	facchino
Gepäckaufbewahrung	deposito
Ausgang	uscita

Tankstellen und Garagen

Füllen Sie den Tank.	Mi faccia il pieno.
Geben Sie mir . . . Liter Benzin.	Mi metta . . . litri di benzina.
Sehen Sie bitte das Wasser, das Öl, die Reifen, die Batterie nach.	Verifichi l'acqua, l'olio, le gomme, la batteria
Füllen Sie das Kühlwasser nach.	Riempi il radiatore.
in der Garage	al garage
Ich möchte meinen Wagen hier einstellen, was kostet das pro Nacht?	Vorrei lasciare qui la mia macchina, quant'è la notte?
Mein Wagen muß nur gewaschen werden.	La mia macchina ha soltanto bisogno di un lavaggio.
. . . abgeschmiert werden	. . .di un'ingrassaggio completo.
Bitte, nehmen Sie den Ölwechsel vor?	Vuol vuotare il motore e fare il pieno?
Ein Pneu ist geplatzt, bitte reparieren Sie ihn.	Ho bucato una gomma, me la ripari.
ich wünsche . . .	vorrei . . .
Wollen Sie bitte die Bremsen, die Zündung einstellen.	Regoli i freni, l'accensione.
Der Vergaser muß eingestellt werden.	Il carburatore deve essere regolato.
Es funktioniert etwas nicht	Qualche cosa non va
. . . an meinem Wagen	. . . alla mia macchina
. . . an meinem Motor	. . . nel motore
. . . an meiner Kupplung	nella frizione (nel disinnesto)
Der Anlasser funktioniert nicht mehr.	La messa in moto è guasta.
Die Sicherungen sind durchgebrannt.	Le valvole sono saltate.

Ich brauche neue Lampen, Kerzen.	Mi occorrono nuove lampadine, candele.
Mein Wagen hat . . . km von hier auf der Straße eine Panne.	La mia macchina è in guasto a . . . km da qui, sulla strada.
Kann ich hier meinen Wagen reparieren lassen?	Posso lasciare riparare qui la mia macchina?
Wie lange wird diese Reparatur dauern?	Quanto tempo occorre per questa riparazione?
Wieviel kostet sie?	Quanto costerà?
abschleppen	rimorchiare
beschädigt	danneggiato

Hinweisschilder

attenzione pericolo	Achtung, Gefahr!
bivio	Abzweigung
caduta massi	Steinschlag
deviazione	Umleitung
discesa pericolosa	gefährliche Abfahrt
divieto di sorpasso	Überholverbot
divieto di sosta	Halteverbot
entrata	Einfahrt
fondo sdrucciolevole	Schleudergefahr
ingresso	Einfahrt
lavori in corso	Straßenarbeiten
parcheggio	Parkplatz
passaggio a livello incustodito	unbewachter Bahnübergang
pedaggio	Straßengebühr (Maut)
ponte stretto	schmale Brücke
pronto soccorso	Erste Hilfe
sostare	anhalten
strada statale	Hauptstraße
uscita	Ausfahrt
vietato	verboten

Unfall

Es hat sich gerade ein Unfall ereignet an . . .	E accaduto un incidente a . . .
Haben Sie den Unfall gesehen?	He assisto all'incidente?
Würden Sie bitte als Zeuge fungieren?	Vuol fare da testimonio?
Können Sie mir bitte Namen und Adresse geben?	Può darmi il suo nome e l'indirizzo?

Es gibt Verletzte.	Ci sono dei feriti.
Es gibt keine Verletzten.	Non ci sono (dei) feriti.
Sind Sie verletzt?	È ferito?
Kann ich Ihnen helfen?	Posso aiutarla?
Wollen Sie bitte sofort einen Arzt rufen?	Mi chiami un medico d'urgenza.
Wo ist das nächste Krankenhaus?	Dov'è l'ospedale più vicino?
Wollen Sie bitte nach einem Krankenwagen telephonieren?	Telefoni subito per un'autoambulanza.
Wollen Sie bitte die Polizei rufen	Chiami la polizia.
Wo ist der nächste Polizeiposten?	Dov'è il posto più vicino di polizia?
Hier ist meine Versicherungsnummer.	Ecco il numero della mia polizza d'assicurazione.

Topographische Namen

Friedhof	campo santo, cimitero
Hof	cortile
Garten	giardino
Stadtpark	giardino pubblico
Platz (Ort, Stelle)	luogo, posto
Park	parco
Spazierweg, Promenade	passeggio, passeggiata
Platz	piazza, piazzale
Hafen	porto
Treppe	scala, scalinata
Straße	via
breite Straße, Allee	viale
Gasse	vicolo

Stadtverkehrsmittel

Straßenbahn	tram
Autobus	autobus
Obus	filobus
Haltestelle	fermata
Taxi	taxi, tassi
Chauffeur	autista
Fährt eine Straßenbahn nach . . .?	C'è un tram per . . .?
Welche Strecke fährt sie?	Dove passa?

Im Hotel

Hotel	albergo
Gasthof	osteria
Pension	pensione
Zimmer	camera
Ich möchte ein Zimmer	Desidero una camera
mit einem Bett	con un letto; singola
mit 2 Betten	con due letti; doppia
mit Bad	con bagno
mit Dusche	con doccia
Doppelzimmer mit Bad	doppia con bagno
Ich benötige ein ruhiges Einzelzimmer, möglichst mit Dusche, nur für eine Nacht.	Mi occorre una singola tranquilla, possibilmente con doccia, soltanto per una notte.
reservieren	prenotare
Reservierung	prenotazione
Ich komme am 13. am Nachmittag an.	Arrivo il giorno 13 nel pomeriggio.
Ich bleibe drei Nächte	Resto tre notti.
Bitte wecken Sie mich um sieben Uhr.	Mi svegli alle sette.
Vergessen Sie nicht	Non dimentichi
Wollen Sie mir bitte meine Rechnung machen.	Mi prepari il conto, per favore
Bestellen Sie mir ein Taxi . . .	Mi chiami un tassi . . .
Lassen Sie mein Gepäck herunterbringen.	Mi faccia portar giù i bagagli.

Im Restaurant

Speisesaal	sala da pranzo
Mahl	pasto
Um wieviel Uhr servieren Sie . . .?	A che ora è . . .?
Frühstück	prima colazione
Mittagessen	colazione
Abendessen	pranzo
Speisekarte	carta; lista
Weinkarte	lista dei vini
Menü	pranzo a prezzo fisso; menu turistico
Kellner, Kellnerin	cameriere, cameriera
Tisch	tavola
Sessel	sedia
Ich habe einen Tisch reserviert.	Ho prenotato una tavola.

Können Sie mir schnell etwas zu essen geben?	Può prepararmi presto da mangiare?
Was haben Sie fertig?	Che cosa c'è di pronto?
Geben Sie mir die Weinkarte.	Mi dia la lista dei vini.
Mahlzeit nach der Karte	pranzo alla carta
komplette Mahlzeit zu festem Preis	colazione completa a presso fisso
Gedeck	coperto
Besteck	posate
Teller, Platte	piatto
Untertasse	piattino
Flasche	bottiglia
Glas	bicchiere
Tasse	tazza
Serviette	tovagliolo
Salz	sale
Pfeffer	pepe
Öl	olio
Essig	aceto
Senf, Mostrich	senape
Zahnstocher	stuzzicadenti
Speisen	piatti
fertige Speisen	piatti del giorno
frischgemachte Speisen	piatti da farsi
Brot	pane
Brötchen, Semmeln	panino
Butter	burro
Ei	uovo
weiche Eier	uova à la coque
harte Eier	uova sode
Eierspeise (Omelette)	frittata
Spiegeleier	uova a tegame
Fisch	pesce
Fleisch	carne
Gemüse	verdura
Obst	frutta
Eis (Speiseeis)	gelato
Eis (zum Kühlen)	Ghiaccio
Käse	formaggio
Nudeln	tagliatelle; lasagne; conchiglie
Nudelgericht	pasta (asciutta)
Obsttorte	torta di frutta
Omelette	frittata
Pilze	funghi
Rahm	panna

Rohkostplatte	verdura cruda
Salat (grüner)	insalata
Salat, gemischt	insalata mista
Sauce	salsa
Senf	mostarda, senape
Suppe	minestra
Süßspeise	dolce
Vorspeise	antipasto
Getränke	bevande
Bier	birra
Kaffee	caffè
— mit wenig Milch	Cappucino
Milchkaffee	caffèlatte
Kakao	cioccolata
Likör	liquore
Milch	latte
Mineralwasser	acqua minerale
Obstsaft	succo di frutta
Rotwein	vino rosso
Wasser	acqua frescia
Sodawasser	acqua di soda
Weißwein	vino bianco
Herr Ober, bitte zahlen!	Cameriere, prego il conto!
Rechnung	conto
Bedienung inbegriffen	servizio compreso
zusammen?	assieme?
ja, bitte	sì, faccia
getrennte Rechnung	conti separati
Wieviel macht es?	Quant'è?
Was bin ich schuldig?	Cosa devo?
Ist das nicht ein Irrtum?	Non c'è uno sbaglio?
Trinkgeld	mancia

Beim Einkauf

ich suche	cerco
ich möchte	vorrei
Was kostet das?	Quanto costa? Quant'é?
Was kosten . . .?	Cosa vengono . . .?
Das ist zu teuer.	È troppo caro.
Anzug, Kleid	vestito, abito
Damen-	da donna
Herren-	da uomo

(Leib-)Wäsche	biancheria
Hemd	camicia
Sporthemd	maglia
Kragen	collo
Ärmel	maniche
Strumpf	calza
Socken	calzine
Hosen	calzoni, pantaloni
Schuhe	scarpe
Jackett	giacca
Mantel	capotto
Regenmantel	impermeabile
Hut	cappello
Bluse	camicetta
Handtasche	borsa
Handschuhe	guanti
Schal	sciarpa
Taschentuch, Halstuch	fazzoletto
Stoff	stoffa
Muster	campione
Wolle	lana
Baumwolle	cotone
Seide	seta
Tuch	tela
Leder	cuoio
Farbe	colore
weiß	bianco
schwarz	nero
rot	rosso
gelb	giallo
grün	verde
grau	grigio
violett, lila	viola
rosa	rosa
orange	arancione
braun	marrone, bruno
blau	blu
dunkelblau	azurro
hellblau	celeste
dunkel	scuro
hell	chiaro
blaß	pallido
groß	grande
klein	piccolo
breit	largo
schmal	stretto

lang	lungo
kurz	corto; breve
ändern	modificare
ändern lassen	far modificare
Größe	misura
ich habe Größe . . .	la mia misura è . . .
Bitte, ändern Sie diesen Ärmel, er ist zu lang.	Per cortesia mi faccia modificare questa manica. È troppo lunga.
Es paßt mir nicht.	Non mi va.
Bis wann kann es fertig sein?	Fin' a quando può essere pronto?
Sagen Sie mir, wo kann ich das bekommen?	Mi dica, dove posso trovarlo?
Kann ich darauf warten, bis es fertig ist?	Posso aspettare fino a che sia pronto?
Ich habe es eilig.	Ho fretta.
Aber ich brauche es bis morgen!	Ma mi occorre per domani!
Zeigen Sie mir noch andere.	Me ne faccia vedere altri.
Haben Sie nicht noch anderes?	Non ha altro?
gute Qualität	di buona qualità
billig	buon mercato
teuer	caro
Machen Sie mir einen Preis.	Mi farà un prezzo.

Arzt, Zahnarzt, Apotheke

Erste Hilfe	Pronto soccorso
Arzt	medico, dottore
praktischer Arzt	medico condotto
Facharzt	specialista
Zahnarzt	dentista
Ordination	ambulatorio
Sprechstunde	orario (di visita), ore di ambulatorio
Medizin	medicina
Pille	pillola
Pulver	polverina
Salbe	unguento
Injektion	iniezione
Rezept	ricetta
ärztliche Behandlung	cura
Schmerzen	dolori
Gesundheit	salute
Krankheit	malattia
erkranken	ammalarsi, ammalare

Kranker	malato
ansteckende Krankheit	malattia contagiosa
es geht mir besser	sto meglio
ich bin geheilt	sono curato, sono guarito
Schicken Sie mir bitte den Arzt.	Per favore mandami il medico?
Ich brauche einen Arzt, der Deutsch spricht.	Ho bisogno di un medico che parla il tedesco.
Wann hat der Doktor Sprechstunde?	Quando il dottore fa l'ordinazione?
Kopfschmerzen	mal di testa
Migräne	emicrania
Halsschmerzen	mal di gola
Herzbeschwerden	disturbo cardiaco
Magenbeschwerden	mal di stomaco
Fieber	febbre
fiebrig	febbrile
ich habe Fieber	ho la febbre
Fieberblasen	pustole di febbre
Verletzung	lesione
Abschürfung	escorazione
Blutung	emmoragia
Ich blute stark.	Sanguino molto.
Ich habe Blasen am Fuß.	Ho bolle ai piedi.
Durchfall	diarrea
Verstopfung	constipazione
Abführmittel	lassativo
Juckreiz	prurito
Allergie	allergia
geschwollen	gonfio
Sonnenbrand	scottatura
Mückenstich	puntura di zanzara
Eine Gelse hat mich gestochen.	Una zanzara mi ha puntato.
Ich habe Zahnschmerzen.	Ho mal di denti.
Geben Sie mir bitte ein Schmerzlinderungsmittel.	Mi dia qualche cosa che calmi il dolore per il momento, per favore.
Wie hoch ist Ihr Honorar?	Quanto le devo?

Post, Telephon

die Post	poste e telegrafi
Postamt	ufficio postale
Hauptpost	posta centrale

Schalter	sportello
Briefkasten	cassetta delle lettere; da lettere; buca per le lettere
Wann wird ausgehoben?	A che ora si leva la posta?
Brief	lettera
— per Eilboten, expreß	— espresso
— eingeschrieben	— raccomandata
Adresse	indirizzo
Absender	mittente
Empfänger	destinatario
Name	cognome
Vorname	nome
Bestimmungsland, -ort	destinazione
frankieren, freimachen	affrancare
Porto	porto, affrancare
Was kostet ein Brief nach Deutschland?	Qual'è la tariffa per una lettera per la Germania?
Briefmarke	francobollo
Ausland	estero
eine 10-Lire-Briefmarke	un francobollo da 10 Lire
Telegramm	telegramma
— dringend	— urgente
Brieftelegramm	— lettera = notturno
Blitztelegramm	— lampo
Postkarte	cartolina
Drucksache	stampe
Muster ohne Wert	campione senza valore
Postpaket	pacco postale
postlagernd	fermo in posta
Ist ein postlagernder Brief für mich da?	C'è per me una lettera fermo in posta?
öffentliche Fernsprechstelle	telefono pubblico
Telephonmünze	gettone telefonico
Kann ich telephonieren?	Posso telefonare?
hallo!	pronto!
Die Nummer ist besetzt.	Il numero è occupato.
Verzeihung, falsch verbunden.	Scusi, sbagliata la linea.
Leitung	linea
Kann ich Herrn . . . sprechen?	Posso parlare col signor . . .?
ist Herr . . . zu Hause?	È a casa signor . . .?
Buchstabieren Sie!	Dica le lettere!
Ich möchte eine Nachricht hinterlassen.	Vorrei lasciare una notizia.
Wollen Sie bitte ausrichten, daß . . .	prego, le communichi che . . .
Ich bitte um Rückruf.	Prego richiarmarmi!

Bank- und Geldwesen

am Bankschalter	alla banca
Ich möchte Geld wechseln.	Vorrei cambiare denaro.
Kann ich . . . wechseln?	Posso cambiare . . .?
diese Noten	questi biglietti
Wie ist der Wechselkurs für . . .?	Qual'è il cambio?
Kann ich diesen Scheck einlösen?	Posso incassare questo assegno?

Bauwerke, kunstgeschichtliche Ausdrücke

abbazia	Abtei
abside	Apsis
affreschi	Fresken
arazzo	Bildteppich
arcata	Laubengang
badia	Abtei
bassorilievo	Basrelief
battistero	Taufkapelle
calvario	Kalvarienberg
campanile	Glockenturm
castello	Schloß
chiesa	Kirche
chiostro	Kreuzgang
ciborio	Sakramentshäuschen; Altarbaldachin
collegiata	Stiftskirche
colonna	Säule
coro	Chor
convento	Kloster
croce	Kreuz
cupola	Kuppel
duomo	Dom
eremo	Einsiedelei
fontana	Brunnen
fortezza	Festung
fregio	Fries
guglia	Turmspitze
libreria	Bibliothek
mercato	Markt
monastero	Kloster
municipio	Rathaus
mura	Mauern, Mauerwall (Stadtmauer)
museo	Museum
navata	Langhaus

oratorio	Betkapelle
organo	Orgel
ospedale	Krankenhaus
pala	Altartafel
palazzo	Palast
palazzo vescovile	bischöfliches Palais
paliotto	Altarvorsatz
panello	Tafelmalerei
pavimento	Fliesenboden
pontile	Lettner
portico	Säulenhalle
pozzo	Ziehbrunnen, Brunnenschacht
presepio	Krippe
pulpito	Kanzel
quadro	Gemälde
rocca	Zitadelle
rovina	Ruine
scavi	Ausgrabungsarbeiten
sepolcro	Grab
stalli	Chorgestühl
stampe	Kupferstiche
tapezzeria	Bildteppich
tavola	Tafelbild
tempio	Tempel
tesoro	Schatzkammer
tomba	Grabmal
torre	Turm
transetto	Querschiff
vetrata	Glasgemälde, Kirchenfenster
volta	Gewölbe

B. Einleitung

1. Land und Leute

Die italienische Adriaküste stellt natürlich keine gewachsene historische oder geographische Einheit dar. Demgemäß behandelt dieser Führer mehrere italienische Regionen in unterschiedlicher Vollständigkeit: die Marken (Marche), die Abruzzen und Molise (Abruzzo el Molise) sowie Apulien (Puglia) werden ziemlich vollständig beschrieben, die Emilia-Romagna sowie Umbrien gewissermaßen gestreift.
Trotzdem geht aus dieser Liste wohl eindeutig hervor, wie umfangreich und wenig homogen das zu beschreibende Gebiet ist. So seien nur einige Streiflichter hingeworfen, die ein kurzes, bei einer Reise zu vertiefendes Bild der Region geben sollen.
Da ist zunächst Ravenna, eine Stadt, die für ihre Geschichte und wegen ihrer Kunstschätze einen Platz an vorderster Stelle verlangt. Aber auch Perugia ist eine Stadt voll Anmut und Leichtigkeit, die jeden Reisenden bezaubert und gefangennimmt. Zwischen diesen Städten erstreckt sich die sanft hügelige Landschaft Umbriens einerseits, die strandreiche Küstenlandschaft mit Rimini und der grotesk-bezaubernden Republik San Marino andererseits.
Die südlich anschließenden Marken sind vom mittleren Apennin geprägt, an der Küste liegen auch hier schöne — teils überlaufene — Seebäder. Urbino, Pesaro oder Loreto wieder belegen, daß es sich auch um ein kulturell reiches Gebiet handelt.
Die Abruzzen und Molise haben vor allem einen großen landschaftlichen Höhepunkt (in jedem Sinne) aufzuweisen: den Gran Sasso (2.914 m). Im Nationalpark der Abruzzen bei Pescasseroli können sich Naturliebhaber ergehen und im freien Gelände Gemsen, Rehe, Luchse und angeblich manchmal sogar Bären erspähen. Wenn auch kaum ein Reisender zu diesem Zweck in den Süden fahren wird, so sei es doch erwähnt: hier läßt sich auch prächtig schifahren.
Das karge Apulien schließlich, das schon ganz dem italienischen Süden angehört und ihn verkörpert, ist landwirtschaftlich kaum genutzt und eher von kunsthistorischem Interesse. Kathedralen aus der Normannenzeit und solche aus der Zeit der Hohenstaufer machen die wenig reizvolle Landschaft wett.

2. Geographisches Portrait

Umbrien ist ein Bergland und liegt am oberen Tiber. Westliche Grenzen sind der Trasimenische See und der Val di Chiana, der Apennin bildet die natürliche Begrenzung im Osten und Süden; im Norden schließt die italienische Tiefebene mit der Emilia an, in der Ravenna liegt. Östlich des Apennins, längs der Adriaküste, erstrecken sich die Marken. Ihr Haupthafen ist Ancona.
Die Landschaft, die südlich an Kampanien und Apulien, im Westen an Latium (Rom) und im Norden an die Marken und Umbrien angrenzt und größtenteils vom Zentralmassiv des Apennins bedeckt ist, heißt in Italien Abruzzo e Molise. Die Kalkklötze der Abruzzen verdanken ihre hochalpinen Formen der eiszeitlichen Vergletscherung. Höchster Gipfel ist der Gran Sasso (Monte Corno, 2.914 m). Eine zur Küste hin abfallende Hügellandschaft schließt im Osten an. Das Gebiet der Abruzzen ist besonders erdbebengefährdet.
Apulien bildet einen starken Kontrast zu seinem nördlichen Nachbarn. Hier sind es nicht mehr Kalkberge, sondern eine flache Kalktafel, die die Landschaft prägt. Nördliche Gebirgsgrenze Apuliens ist die Rumpfscholle des Gargano-Massivs (der Stiefelsporn), ein Hochland mit überraschenden Karsterscheinungen.

3. Wirtschaft

Auch die Wirtschaft der Adriaküste ist natürlich alles andere als einheitlich. Umbrien, einst zu zwei Dritteln von der Landwirtschaft geprägt, hat den Sprung in die moderne Industriegesellschaft teilweise geschafft; heute beschäftigt der Agrarsektor nur mehr ein Drittel der Bevölkerung. Die Industrie freilich leidet am Rohstoffmangel und so ist hier vor allem die Metall- und die chemische Industrie — beide heutzutage besonders krisenanfällig — von größerer Bedeutung.
In den Marken sind noch heute Landwirtschaft und Fischerei die wichtigsten Erwerbszweige, wenn auch die in der Landwirtschaft beschäftigten nur mehr 20% der Werktätigen ausmachen. In Ascoli Piceno befindet sich einer der größten Fischgroßmärkte Italiens. Daneben ist es vor allem die Textil- und die Lebensmittelindustrie, der in den Marken Bedeutung zukommt.
Im Bergland der Abruzzen werden Wein, Oliven und Feigen angebaut, die einst bedeutende Viehzucht ist heute auf die Schafhaltung beschränkt. An den Küsten hat sich da und dort, vor allem um Pescara, Industrie angesiedelt. Die Abruzzen sind für ihre

Handwerkskunst — kein zu geringer wirtschaftlicher Faktor — berühmt. Apulien bietet das typische Bild Unteritaliens: veraltete Anbaumethoden, ungenügende Infrastruktur, schlechte Agrarverfassung sind nur einige der Faktoren, die das inneritalienische Nord-Süd-Problem kennzeichnen. Apulien liefert Wein, Feigen, Mandeln und Zitrusfrüchte sowie Getreide. Um den Flottenstützpunkt Tarent ist Schwerindustrie angesiedelt.
Alle genannten Regionen beziehen wichtige Einkünfte aus dem Fremdenverkehr, aber auch hier gibt es in der „Ausbeute", nicht zuletzt durch die Entfernungen bedingt, ein beträchtliches Nord-Süd-Gefälle.

4. Kunstgeschichte

In Umbrien gibt es bereits steinzeitliche Zeugnisse, auch aus der Bronzezeit sind Spuren vor allem durch die Ausgrabungen von Belvedere sul Cetona gesichert. Die Etrusker haben mit Zyklopenmauern und Grabanlagen bereits deutlichere Spuren hinterlassen. Die Römer setzten mit dem Bau der Via Flaminia einen entscheidenden Akzent in der Entwicklung der Region, der ein Präjudiz für die Straßenentwicklung und Städteentwicklung bis in unsere Zeit hinein bildete. Von den zahlreichen Siedlungen entlang dieser wichtigen Straße sind etliche Reste erhalten.
Bereits wesentlich besser erhalten sind freilich die christlichen Bauwerke, die in Umbrien bis ins 4. Jahrhundert zurückreichen. Im 12. Jahrhundert spiegeln sich die Machtverhältnisse in der Architektur: der romanische und lombardische Einfluß dominieren. Alle wesentlichen Strömungen haben sich in dieser Region breitmachen können, und von allem ist ein wenig erhalten. Die berühmtesten Baumeister Umbriens waren Angelo da Orvieto und Matteo Gattaponi, bedeutende Bildhauer die Brüder Pisano und Arnolfo di Cambio. Die Malerei des 12. und 13. Jahrhunderts ist unleugbar byzantinisch, römisch und sienesisch beeinflußt. Hauptvertreter sind Cimabue, Giotto, Simone Martini und Pietro Lorenzetti. Die Frührenaissance wird auch hier von Florentinern bestimmt, die in Umbrien ihre Schulen gründen: Gozzoli, Lippi, Veneziano; Raffael wird in der Werkstatt Peruginos ausgebildet. Das 16. Jahrhundert stellt den letzten großen Höhepunkt der künstlerischen Blüte Umbriens dar.
In den Marken sind Zeugnisse bereits aus der Eisenzeit, aber auch aus den folgenden griechischen, gallischen (!) und römischen Kulturen erhalten. Der Ehrenbogen des Trajan in Ancona ist wohl das prominenteste Beispiel aus der römischen Zeit; etliche Städ-

te in der Region, etwa Ascoli und Falerone, sind römische Gründungen. Auch die Marken werden von der römischen Via Flaminia durchquert. Aus dem 8. Jahrhundert stammt der Dom in Osimo und der Dom San Ciriaco in Ancona. In Loreto befindet sich eine gotisch begonnene und im Renaissance-Stil vollendete Kirche. Prunkstück der Renaissance aber ist zweifellos Urbino mit dem Schloß der Herzöge. Raffael und der Baumeister Bramante sind die bedeutendsten Söhne der Marken.

Abruzzen und Molise ist als Kulturlandschaft nicht von herausragender Bedeutung. Immerhin sind Katakomben aus der urchristlichen Zeit bei L'Aquila erhalten. Aus dem 8. Jahrhundert sind Reliefreste von Trasacco und ähnliches erhalten. Das 11. bis 13. Jahrhundert werden durch die Kunst der Benediktiner geprägt. Die Gotik setzt sich nur langsam durch, erst später werden Assisi und Apulien Vorbilder. In der Plastik des 12. Jahrhunderts sind vor allem Roberto di Ruggero und Nicodemo da Guardiagrele von Bedeutung. Ab dem 14. Jahrhundert ist der Einfluß Neapels auch in der Kunst augenscheinlich.

Apulien. — Um Tarent fanden sich Spuren, die bis in die prähistorische Zeit zurückreichen: Megalithgräber, Dolmen. Auch die Griechen und Römer hinterließen hier ihre Spuren. Aus der Normannenzeit stammen die Kathedralen von Troia und Canosa, deren byzantinische Einflüsse offenkundig sind. Eindrucksvoll sind auch die staufischen Kathedralen, allen voran jene von Bari, sowie Burgen und Festungen aus der Zeit Friedrichs II.

Mit den Anjous wird die Kunst Apuliens vor allem von Ausländern, insbesondere natürlich von Franzosen bestimmt. Erst die Florentiner stellen den Übergang zur italienischen Renaissance her. Lecce ist ein Beispiel für die reiche Entfaltung, die das Barock in Apulien fand.

Geschichte im Zeitraffer

5000—4500 v.Chr. — Bemalte Keramik in Mittel- und Unteritalien, Ripoli-Gruppe.
2500—2100 v.Chr. — Felskammergräber von Celino S. Marco; Waffenbeigaben aus Stein und Kupfer, Gruftbestattungen, Einzelbestattungen selten.
1300—1100 v.Chr. — Bronzezeitliche Siedlungen bis Apulien; in Apulien Urnenfelderkulturen.
1000—800 v.Chr. — Kontakte mit dem ägäischen Kreis am Golf von Tarent; „umbrische Gruppe".
ab Mitte des 8. Jhs. v. Chr.— Kolonisation durch Griechenland.
342—338 v.Chr. — Süd-Italien ist bis zum Pyrrhuskrieg Teil der griechischen Welt.
Archidamos III. von Sparta hilft dem von Lukanern bedrängten Tarent, er fällt in der Schlacht von Manduria.
333—330 v.Chr. — Alexander I. v. Epeiros (Onkel Alexanders des Großen) unterwirft große Teile Süd-Italiens; er ist mit Rom gegen die Lukaner verbündet.
320—315 v.Chr. — Bündnis Roms mit den Marsern, Pälignern, Frentanern und mit den Städten Ponte di Civitá, Arpe und Canosa.
314 v. Chr.— Gründung der römischen Kolonie Lucera — in der Folge erstreckt sich Roms Gebiet bis zur Adria.
303/2 v.Chr. — Schlacht zwischen Rom und den Lukanern, es geht um den Golf von Tarent, den Rom schließlich nicht mehr befahren darf.
298/297 v.Chr. — Agathokles, König von Syrakus, verbündet mit den großgriechischen Städten, unterstützt Tarent gegen die Lukaner.
298—290 v.Chr. — 3. Samnitenkrieg: Niederlage der Senonen und Etrusker beim Sassoferato — Niederlage der Samniten.
282—270 v.Chr. — Krieg Roms mit Tarent und den süditalienischen Stämmen — Lukaner und Bruttier werden von Rom besiegt, Thurioi wird besetzt, Reggio di Calabria verbündet sich mit Rom. Rom dringt in den Golf von Tarent ein — Roms Flotte wird vernichtet, Tarent besetzt Thurioi.
282/281 v. Chr.— Kriegserklärung Roms an Tarent, welches König Pyrrhus von Epeiros zu Hilfe ruft; ganz Süd-Italien wendet sich gegen Rom.
280 v.Chr. — Niederlage Roms bei Heraclea.
279 v.Chr. — Pyrrhus greift Apulien an, besiegt die Römer bei Ascoli Satriano.
279/278 v.Chr. — Pakt Rom-Karthago.

278 v.Chr. — Pyrrhus wird von Syrakus nach Sizilien gerufen, kehrt unverrichteter Dinge zurück. Es kommt
275 v.Chr. — zur Schlacht von Benevent, die ohne Entscheidung bleibt.
274 v.Chr. — Pyrrhus kehrt nach Makedonien zurück, nach seinem Tod (272) wird Tarent übergeben.
Rom besiegt nun die Samniten, es kommt zum Bündnis mit den Lukanern.
267—266 v.Chr. — Annexion Brindisis durch Rom. Mit der Zerstörung Vulsiis ist Unter- und Mittelitalien erobert.
218—201 v. Chr. — 2. Punischer Krieg
216 v.Chr. — Schlacht von Cannae; Hannibal fügt einem 80.000 Mann starken römischen Heer eine vernichtende Niederlage zu.
213/212 v.Chr. Eroberung Tarents durch Hannibal; es folgen Metapont, Herakleia und Thurioi.
209 v.Chr. — Einnahme Tarents durch Rom, Zurückdrängen Hannibals nach Bruttium.
207 v.Chr. — Hannibal wird auf Locri und Croton beschränkt, Hasdrubal wird nach der Alpenüberquerung in Umbrien geschlagen.
187 v.Chr. — Bau der Via Aemilia von Rimini nach Piacenza und der Via Flaminia von Arrezzo nach Bologna.
184/181 v.Chr. — Gründung von Potenza und Pesaro.
167 v.Chr. — Die römische Bürgersteuer wird abgeschafft.
133 v.Chr. — Ti. Sempronius Gracchus bringt neues Ackergesetz ein.
132 v.Chr. — Trotz seiner Ermordnung bleibt das Gesetz wirksam.
123/122 v.Chr. — Sein jüngerer Bruder setzt sein Werk fort.
121 v.Chr. — Selbstmord des G. Gracchus.
91—88 v.Chr. — Im Bundesgenossenkrieg zwingen Italiker von Corfinium aus Rom zum Gewähren des Bürgerrechtes.
85 v.Chr. — Cinna wird bei der Einschiffung in Ancona von Meuterern getötet, als er Sulla im Osten entgegentreten will.
83 v.Chr. — Sulla trifft mit 40.000 Mann in Brindisi ein, vereinigt sich dort mit einem privaten Heer und zieht gegen Rom.
82—81 v.Chr. — Nach Einnahme Roms durch Sulla erhalten viele Veteranen Land in Samnium.
15. März 44 v.Chr. — Ermordung Caesars.
41 v.Chr. — L. Antonius, Bruder des Triumviren, setzt sich in Opposition zu Octavian in Perugia fest.
40 v.Chr. — Nach Belagerung fällt Perugia und wird geplündert. Belagerung Brindisis durch Antonius und Pompeius — es kommt zu Verständigung zwischen Octavian und Antonius. W-Italien geht an Octavian, O-Italien an Antonius.
37 v.Chr. — Treffen Octavian — Antonius in Tarent; Verlängerung des Triumvirates um 5 Jahre, Antonius gibt Octavian 120 Schiffe zur Unterstützung gegen Sex. Pompeius.

19. Aug. 14 v.Chr. — Tod des Augustus.
14 v.Chr.—37 n.Chr. — Tiberius.
37—41 — Caligula.
41—54 — Claudius.
54—68 — Nero.
69—79 — Vespasian.
117—138 — Hadrian: in dieser Zeit herrscht in fast allen Gebieten Italiens Friede, unter Hadrian kommt es zu Städtegründungen, großer Bautätigkeit, Organisation der Verwaltung.
161—180 — Marc Aurel: humanitäre Gesetzgebung.
212/213 — Constitutio Antoniana — Verleihung des Bürgerrechtes an fast alle Einwohner des Reiches.
257/258 — Edikte Valerians gegen die Christen.
395 — Die italienische Adriaküste kommt an das Weströmische Reich.
404 — Ravenna wird Hauptstadt des Weströmischen Reiches.
490 — Nach seiner Niederlage in der Schlacht an der Adda gegen Theoderich zieht sich Odoaker nach Ravenna zurück, nach 2 1/2 Jahren Belagerung ermordet Theoderich Odoaker.
526 — Tod Theodorichs in Ravenna.
535—540 — Nach Eroberung Neapels zieht Belisar nach Ravenna, das ihm schließlich von Witigis übergeben wird.
541 — Während Belisars Kampf mit den Persern wird Totila zum König gewählt, fast ganz Italien außer Ravenna wird zurückerobert.
552 — Narses schlägt Totila bei Gualdo Tadino, Totila stirbt.
570—580 — Errichtung des langobardischen Herzogtums Spoleto.
636—652 — König Rothari. Edictus Rothari — erste Aufzeichnung des langobardischen Rechts. Rothari erobert die Küste Liguriens mit Genua.
712—744 — Unter Liutprand kommt es zu Vorstößen nach Ravenna.
739 — Unterwerfung der Herzöge von Spoleto und Benevent; das langobardische Königtum ist am Höhepunkt angelangt.
751 — Fall Ravennas durch Aistulf — Ende der byzantinischen Herrschaft in Mittel-Italien.
773—774 — Eroberung des Langobardenreiches durch Karl den Großen. Italien ist auf Jahrhunderte dreigeteilt.
800 — Kaiserkrönung Karls des Großen, endgültiger Bruch mit Ostrom.
841 — Fall Baris und Tarents durch die Sarazenen.
846 — Vordringen der Sarazenen bis vor Rom.
871 — Eroberung Baris mit oströmischer Hilfe.
seit 885 — Durch Nikephoros Phokos wird der griechische Einfluß in Unter-Italien wieder stärker — Zentrum ist Bari.

918 — Arabische Offensive auf Tarent.
921, 924, 937 und **947** — Ungarneinfälle bis Apulien.
926 — Neuerlicher Araberangriff auf Tarent.
967 — Kaiser Otto I. gelingt die Einnahme des byzantinischen Bari nicht.
969—976 — Johannes I. Tzimiskes anerkennt schließlich Ottos Stellung in Unter-Italien.
972 — Heirat Ottos II. mit der byzantinischen Prinzessin Theophanu.
1009 und **1017** — Aufstände gegen die Sarazenen, von Papst Benedikt VIII. angeregt, bei Scheitern ruft er Heinrich II. nach Unteritalien.
1017 — Normannen helfen als Söldner im apulischen Aufstand gegen Byzanz.
1059 — Synode von Melfi: Richard von Aversa erhält Capua, Robert von Guiscard erhält Apulien und Kalabrien als Lehen.
1101—1154 — Unter Roger II. von Sizilien werden die verschiedenen normannischen Herrschaftsbereiche zu einem Unter-Italisch-Sizilischen Reich vereint.
1194 — Heinrich VI. nimmt das Unter-Italische Reich.
1197 — Tod Heinrichs VI., Zusammenbruch des Unter-Italischen Reiches.
1223 — Gründung der Militärkolonie Lucera.
1231 — Konstitutionen von Melfi: Reorganisation des Unter-Italischen Reiches.
1302 — Im Frieden von Caltabelotta bleibt Unter-Italien weiterhin französisch (Karl II. von Anjou — 1285—1309).
14. Jh. — Mark Ancona (Rimini, Urbino, Ravenna, mit starken Signorien und Stadtstaaten) ist zwar Teil des Kirchenstaates, aber weitgehend unabhängig.
1348 — Große Pestepedemie in Italien, drastische Bevölkerungsverminderung.
1375—1378 — Krieg der „Otto Santi" (8 Heiligen); Massaker Päpstlicher Söldner in Cesena.
1378—1415 — Großes Abendländisches Schisma.
1454 — Frieden von Lodi: Übereinkommen Venedig und Mailand — Grenze an der Adda.
Florenz, Papst und Neapel werden eingeladen, dem Status quo beizutreten.
1480 — Vorstöße der Araber nach Apulien.
1512 — Schlacht bei Ravenna; Niederlage des Heiligen Bundes (Julius II., Venedig, Spanien) gegen Frankreich.
1529 — Friede von Cambrai — Frankreich verzichtet auf alle Ansprüche in Italien.
1559 — Friede von Cateau-Cambrésis zwischen Karls Sohn Philipp II. und Heinrich II. von Frankreich: Vielstaatlichkeit Italiens

bleibt bestehen, es ist unter spanischem Einfluß, Frankreich scheidet aus.
1734 — Niederlage der Österreicher gegen Franzosen, Spanier und Savoyen bei Bitonto.
1831 — Aufstände in Mittelitalien, im von Papst Leo XII. autoritär regierten Kirchenstaat. Gregor XVI., Nachfolger Leos, erbittet Österreichs Hilfe, welches die Aufstände niederwirft.
Besetzung Anconas durch Frankreich zur Befriedung der Lage im Kirchenstaat.
Apr. 1849 — Österreichische Truppen besetzen den Norden des Kirchenstaates.
Juni 1859 — Aufstände in Mittelitalien — Forderung nach Anschluß an Piemont.
1860 — Plebiszite in Neapel, Umbrien und in den Marken entscheiden den Anschluß an Piemont; Garibaldi tritt zugunsten Viktor Emanuels von seiner Diktatur zurück.
14. März 1861 — Viktor Emanuel II. von Piemont nimmt auf Parlamentsbeschluß den Titel „König von Italien" an.
2. Okt. 1869 — Rom wird Hauptstadt des völlig geeinten Italiens.
1882 — Schließung des Dreibundes Italien — Deutschland — Österreich-Ungarn auf 5 Jahre, Vertrag darf auf Italiens Wunsch nicht gegen England gerichtet sein.
1909 — Abkommen von Racconigi klärt russisch-italienische Balkan- und Mittelmeer-Interessen.
1900—1946 — König Viktor Emanuel III.
März 1919 — Erste Kampfverbände unter Mussolini.
12. Nov. 1919 — Vertrag von Rapallo zwischen Italien und Jugoslawien regelt Grenzen zwischen den beiden Ländern.
1920 — Faschismus wird zur Massenbewegung.
1921 — Mussolini macht aus der Bewegung eine Partei.
Okt. 1922 — Marsch auf Rom — Mussolini wird vom König zum Ministerpräsidenten ernannt.
1924 — Bei Parlamentswahlen erhalten die Faschisten 65% der Stimmen.
10. Juni 1924 — Ermordung des sozialistischen Abgeordneten Giacomo Matteotti führt zu einer Krise des Faschismus.
3. Jan. 1925 — Mussolini unterdrückt Opposition, es kommt zur Auflösung antifaschistischer Organisationen.
Dez. 1925 — Treffen Mussolini — Chamberlain (britischer Außenminister).
6. Febr. 1930 — Freundschaftsvertrag Italien — Österreich.
25. Juli 1934 — Italien ist Garant für österreichische Unabhängigkeit nach einem fehlgeschlagenen nationalsozialistischen Putsch in Wien.
9. Mai 1936 — Annexion Äthiopiens — König Viktor Emanuel nimmt den Titel „Kaiser von Äthiopien" an.

25. Okt. 1936 — Gründung der Achse Berlin—Rom.
11. Dez. 1937 — Austritt Italiens aus dem Völkerbund.
22. Mai 1939 — „Stahlpakt" zwischen Deutschland und Italien.
10. Juni 1940 — Kriegserklärung Italiens an Frankreich und Großbritannien.
24. Juni 1940 — Italienisch-Französischer Waffenstillstand.
27. Sept. 1940 — Dreimächtepakt in Berlin: Deutschland — Italien — Japan.
1941 — Verlust Abessiniens, Rückschlag in Afrika.
13. Mai 1943 — Kapitulation der deutschen und italienischen Kräfte in Tunesien.
10. Juli 1943 — Landung der Alliierten auf Sizilien — am 17. Juli rufen Roosevelt und Churchill Italien zur Erhebung gegen das faschistische Regime auf.
25. Juli 1943 — Rücktritt Mussolinis, Verhaftung.
26. Juli 1943 — König beauftragt Marschall Badoglio mit der Regierungsbildung.
3. Sept. 1943 — Unterzeichnung eines geheimen Waffenstillstandes durch Eisenhower — Besetzung Roms durch Deutschland, weitere deutsche Gegenmaßnahmen; König und Badoglio fliehen zu den Alliierten.
12. Sept. 1943 — Mussolini wird von den Deutschen befreit und stellt sich an die Spitze einer Gegenregierung.
28./29. Jan. 1944 — Tagung des „Komitees zur nationalen Befreiung" (Kommunisten, Sozialisten, katholische Kräfte), das sich zuerst gegen König und Badoglio wendet, der Kommunist Togliatti interveniert.
4. Juni 1944 — Einnahme Roms durch die Alliierten; Viktor Emanuel ernennt seinen Sohn Umberto zum Generalstatthalter des Königreiches; Rücktritt Badoglios, Regierung unter Bonomi (mit Togliatti).
Febr. 1945 — Die alliierte Kommission hat vor allem beratende Funktion.
5. Apr. 1945 — Zusammenbruch der deutschen Front.
29. Apr. 1945 — Sonderkapitulation der deutschen Heerestruppe C (Südwest) in Caserta.
18. Juni 1946 — Proklamation der Republik Italien.
10. Febr. 1947 — Pariser Friedensvertrag: Italien muß auf alle Kolonien verzichten.
3. Aug. 1949 — Italien wird Gründungsmitglied des Europarates.
1. Okt. 1950 — Die „Cassa per il Mezzogiorno" nimmt ihre Arbeit zur wirtschaftlichen Erschließung des Südens auf.
15. Mai 1970 — Einteilung des Staatsgebietes in 14 Regionen mit parlamentarisch kontrollierten Regierungen.
November 1980 — Erdbeben erschüttern Süditalien; Epizentren: Neapel, Ispinia.

Oktober 1982 — Erdbeben mit Epizentrum in Umbrien; starke Zerstörungen in Gubbio und Gualdo Tadino.
März 1984 — Erdbeben mit Epizentren L'Aquila, Isernia, Frosinone und Trani.

C. Routen an der italienischen Adriaküste

1 — Von Bologna nach Ferrara und Padua

Eine ausgesprochen reizvolle Strecke, die vor allem die Besichtigung von Ferrara, der Renaissancestadt der Este, ermöglicht. Sie fahren durch eine außergewöhnlich malerische Landschaft, in der fast jede Ortschaft eine kurze Rast wert ist und ein Symbol für das Lebensgefühl der Italiener zu geben scheint.
Sie sollten, wie wir es beschrieben haben, sich nicht scheuen, die etwas längere, aber landschaftsnähere und genußreichere Straße der Autobahn vorzuziehen.

Straßen: A. Autobahnverbindung A-13 (mit der nachstehend beschriebenen Strecke parallel verlaufend) mit Abfahrtsmöglichkeiten zu den wichtigsten Städten (Bologna-Padua 110 km). B. 126 km gegen N auf der Straße N.64 *(Via Porrettana)* von Bologna nach Ferrara; N.16 *(Via Adriatica)* auf der anschließenden Strecke.
Beschreibung von Bologna: siehe Blauer Führer Oberitalien und Riviera.

☛ Sie verlassen Bologna über die Piazza XX Settembre und die Via Matteotti. Die Straße N.64 durchquert ein eintöniges, aber sehr fruchtbares Gebiet in der Ebene der Emilia. — **15** km: *Ca' de'Fabbri:* 2 km gegen *O: Minerbio;* den Palazzo Isolani mit sechseckigem Turm (26 m Höhe) soll *Vignola* (1536) erbaut haben. — Hinter (**30** km) *Malalbergo* überquert die Straße den Reno.

48 km: *****Ferrara,** Stadt mit 155.100 Ew., in 10 m Höhe und 6 km südlich vom Strom in der Po-Ebene gelegen. Einstmals, unter der Herrschaft des Herzogshauses Este, eine der bedeutendsten Städte Italiens, gegenwärtig Hauptort der gleichnamigen Provinz. Bischofssitz sowie Landwirtschafts- und Industriezentrum (chemische Werke, Erdölraffinerien). Trotz zahlreicher Zerstörungen im Verlauf des Zweiten Weltkrieges besitzt Ferrara nach wie vor mehrere sehenswerte Baudenkmäler. Ein Teil des früheren Stadtwalles wurde in eine Wallpromenade umgewandelt.

Geschichte. — Ferrara wurde im 5. Jh. gegründet, erlangte aber erst seit Beginn der Herrschaft der Fürsten Este (1208) Bedeutung. Im 15. und 16. Jh. förderten die Este Kunst und Kultur. Sie machten aus Ferrara eine der bedeutendsten Städte Italiens; ihr Hof war einer der prachtvollsten Europas, vor allem zu Zeiten der Lukrezia Borgia, Gemahlin Alfons I. von Este, dem Förderer Ariosts, des größten italienischen Dichters des 16. Jhs. Der Sohn Alfons I., Herkules II., vermählte sich mit Renée, der Tochter Ludwigs XII. von Frankreich; die Fürstin trat zum Calvinismus über und hielt einen schlichten, einfachen Hof, an dem Calvin und Marot gerngesehene Gäste waren. Sie hatte zwei Töchter, Lukrezia und Eleonore (die Torquato Tasso liebte), und einen Sohn, Alfons II., welcher durch Anlegung eines Kanalsystems die Trockenlegung der ausgedehnten Sümpfe in der Umgebung durchführte. Dieser Fürst war Gönner des Dichters *Torquato Tasso* (1544—1595), Verfasser des „Befreiten Jerusalems", der sieben Jahre im Krankenhaus S. Anna lag und dort auch starb. — 1597 wurde Ferrara dem Kirchenstaat einverleibt, dem es bis 1796 angehörte, anschließend wurde es von den Franzosen erobert. 1805 wurde Ferrara dem (napoleonischen) Königreich Italien zugeschlagen, im Wiener Kongreß aber dem Heiligen Stuhl zurückgegeben.

Kunstgeschichte. — Ferrara, vor allem durch seine Dichter bekannt geworden, war aber auch Sitz einer bedeutenden Malschule. Hier lebte 1443—1444 *Pisanello,* welcher *Cosmè Tura* (1425—1495), den Anführer der Ferrareser Malschule, sowie *Francesco Cossa* (1455-1477) und *Ercole de Roberti* (1450—1496) stark beeinflußte. *Lorenzo Costa* (1460—1535) übersiedelte in jungen Jahren von Ferrara nach Bologna. Besondere Bedeutung erlangte die Ferrareser Malschule im 16. Jh.: *Dosso Dossi* (1479—1542), *Benvenuto Tisi,* genannt *Garofalo* (1481—1559; „der Raffael von Ferrara"). Es folgten *Mazzuoli,* genannt *Bastarolo* (1525-1589, „der Tizian von Ferrara"), *Camillo Ricci* (1580—1618), *Scarsellino* (1551—1621) usw.

Zeiteinteilung. — Reisende, welche nur über wenig Zeit verfügen, sollten zumindest das *Kastell der Este,* die *Kathedrale,* den *Palazzo di Lodovico il Moro* (Archäologisches Museum) und den *Palazzo dei Diamanti* (Gemäldegalerie) besichtigen.

Stadtmitte. — In der Stadtmitte erhebt sich das ****Castello Estense** (Pl.I, D2), ehemalige Wasserburg der Herzöge von Este, im Jahre 1385 für Nikolaus II. begonnen. Dieses Werk von *Bartolino Ploti* ist einer der schönsten mittelalterlichen Bauten Italiens. Die viereckige Burg mit vier Ecktürmen, die durch Wehrgänge miteinander verbunden sind, wird von Wassergräben umgeben. Zugang auf einer Zugbrücke mit befestigten Toren. Der Zinnenkranz wurde im 16. Jh. durch eine Marmorbrüstung ersetzt; aus dieser Zeit stammt auch die Krönung der Türme. Ein Teil der Burg kann besichtigt werden, der andere Teil ist Sitz der Provinzverwaltung (Öffnungszeiten s. Anhang D).

Gegenüber dem Corso Ercole II gehen Sie über die Zugbrücke; durch das I. Tor (unter dem Gewölbe) gelangen Sie in den 1. Stock.

Besichtigung des **Saales der Riesen,** des **Spielsaales** (an der Decke römische Athleten im Wettkampf), des **Saales der Morgenröte** *(Fresko,* das die vier Tageszeiten darstellt), alle geschmückt mit Fresken von *Camillo Filippi* (16. Jh.) und dessen Söhnen. Anschließend kommen Sie in das **Oratorium der Renata di Francia,** Herzogin von Ferrara (Wandverkleidung aus

Marmor und Prophyr) und in den kleinen **Saal des Bacchanals** mit Fresko aus dem 15. Jh. — Der Aufseher begleitet zu den Gefängnissen unter dem Löwenturm, in denen die junge Gemahlin Nikolaus' III. von Ferrara, Parisina Malatesta, und ihr Stiefsohn Ugo, die einer gesetzwidrigen Zuneigung zueinander bezichtigt wurden, vor ihrer Enthauptung (1425) eingesperrt waren.

Die Südfront der Burg an der *Piazza della Repubblica* ist mit dem Rathaus durch einen Gang verbunden, der unter der Herrschaft Alfons' II. errichtet wurde. Wenn Sie durch diese Galerie gehen, stoßen Sie auf den *Corso Martiri della Libertà,* beim **Palazzo Comunale** *(Rathaus)* aus dem 13. Jh. (restauriert), der ersten Residenz der Este. Vor der Fassade ein kleiner Bogen aus dem 15. Jh., darüber das Reiterstandbild Nikolaus' III. von Este; daneben Säule mit Sitzbild des Borso von Este (beide Bildwerke sind Nachbildungen von Originalen aus dem 15. Jh.). Ein Portikus öffnet sich auf die *Piazza Municipio;* dort schöne Renaissancefenster und eine monumentale Freitreppe aus dem 15. Jh.
Dem Rathaus gegenüber die **Piazza Cattedrale** mit der Kathedrale; entlang der ganzen r. Kirchenfassade erstreckt sich die *Piazza Trento e Trieste.*

Die ***Kathedrale** *(S. Giorgio;* dem Hl. Georg geweiht) wurde im Jahre 1135 im romanischen Stil von *Wiligelmo* erbaut, dann mehrmals umgestaltet. In der Mitte der durch übereinanderliegende Arkaden dreifach gegliederten **Marmorfassade* eine vorspringende Vorhalle; im Giebelfeld über der Loggia ein Weltgericht, Meisterwerk der Bildhauerei des 13. Jhs. Am romanischen Hauptportal Skulpturen mit byzantinischen Stileinflüssen von dem Bildhauer *Niccolò* (12. Jh.). Die oberen gotischen Galerien und die r. Seitenfassade stammen aus dem 14. Jh. Der Renaissance-Campanile, einer der schönsten dieser Art, wurde 1412—1514 errichtet.

In der **Vorhalle** Sarkophage aus dem 5. Jh. Das Kircheninnere wurde im 18. Jh. umgestaltet. In der letzten Kapelle des r. Seitenschiffs: Kreuzigungsgruppe und Heilige, Bronzearbeiten von *Dom. Paris* und *Giov.* und *Nic. Baroncelli* (15. Jh.). Chor aus dem 16. Jh. mit schönem, eingelegtem Gestühl; im Apsisgewölbe Jüngstes Gericht, ein Fresko von *S. Filippi* (16. Jh.). Sie gehen im l. Seitenschiff zurück und sehen am 6. Altar eine Marienkrönung von *Francia.*
Von der Vorhalle aus steigen Sie hinauf ins **Museum der Kathedrale** (Öffnungszeiten s. Anhang D) mit zahlreichen sehenswerten Kunstwerken: *Bildteppiche* aus dem 16. Jh.; Madonna mit dem Granatapfel, ein Bildwerk von *J. della Quercia* (1408); *Verkündigung Mariä und *Hl. Georg von *Cosmè Tura* (15. Jh.); romanische Skulpturen, kostbare Reliquiare, Monstranzen und Meßkelche, Kirchengewänder aus dem 16., 17. und 18. Jh.

An der Südseite der Piazza Trento e Trieste das im 10. Jh. gegründete Kirchlein *S. Romano* (Pl.I, D3); r. davor ein reizvoller kleiner

Kreuzgang mit romanischen Arkaden, die sich auf Säulen mit Skulpturkapitellen stützen. Diese Platzseite wurde 1945 durch Bombenangriffe teilweise zerstört. Ein modernes Haus wurde an der Stelle des früheren Palazzo della Ragione aus dem 14. Jh. errichtet. Daneben *Uhrturm* aus dem Jahre 1603 und *Volto del Podestà* genannte *Arkade.*

Süd- und Ostviertel. — Sie gehen unter dieser Arkade durch und stehen auf dem belebten **Corso Porta Reno** (Pl.I, C3); r. die Kirche *S. Paolo* aus dem 16. Jh. (Barockausstattung) mit stark verfallenem Renaissance-Kreuzgang. Bald darauf biegen Sie l. ein in die älteste und typischste Straße Ferraras, die *Via delle Volte* (Pl.I, D3), die sich mit ihren Backsteinhäusern — sie haben vorgekragte Stockwerke und sind teilweise durch Laubengänge miteinander verbunden — echt mittelalterlichen Charakter bewahrt hat. Sie kreuzen die ebenfalls malerische *Via S. Romano,* auf der Sie zur Kathedrale zurückkommen würden. Sie folgen der Via delle Volte bis knapp zu ihrem Ende und biegen l. in die *Via Scienze* ein. In der Verlängerung der Via Scienze führt die *Via Terra Nuova* zur Kirche *S. Francesco* (Pl.I, E3) aus dem 15. Jh. (restauriert) an der Ecke der *Via Savonarola,* welcher Sie r. folgen. Etwas weiter entfernt (Nr. 30) die ***Casa Romei**, schönes Bürgerhaus aus dem 15. Jh., für Giovanni Romei anläßlich seiner Vermählung mit einer Prinzessin von Este errichtet (Besichtigung nur nach Anmeldung beim Aufseher).

Das Haus war Jahrhunderte hindurch unbewohnt und verfiel; schließlich wurde es restauriert und erhielt damit sein ursprüngliches Aussehen wieder. Besichtigt werden die Säle mit schönen Deckengemälden aus dem 15. Jh. und Wandfresken aus dem 16. Jh., in denen Skulpturen sowie Fragmente von Baudenkmälern, die im letzten Weltkrieg zerstört wurden, ausgestellt sind. Im 1. Stock zahlreiche Fresken aus Kirchen von Ferrara und Umgebung. Zwei schöne **Arkadenhöfe** sind mit Terrakotten geschmückt.

Etwas weiter entfernt, biegen Sie r. in die *Via Pergolato* ein; an dieser die r. Fassade der Kirche *S. Gerolamo* aus dem 18. Jh. R. die Kirche *Corpus Domini:* im Nonnenchor Grabmäler von Angehörigen des Hauses Este (Alfons I. und seine zweite Gemahlin Lukrezia Borgia, Alfons II. und seine erste Gemahlin Lukrezia von Medici usw.). Am Ende der Via Pergolato folgen Sie l. der *Via Borgo di Sotto* (l. *Oratorio dell'Annunziata* mit großen Fresken aus dem 15. und 16. Jh.).
Anschließend gelangen Sie zur Kreuzung mit der *Via Madama* vor der Kirche *S. Maria in Vado,* 1475—1519 nach den Plänen des berühmten Baumeisters *Biagio Rossetti* errichtet. In dieser Kirche werden die Spuren von Blutstropfen verehrt, die im Jahre 1171 aus einer Hostie geflossen sind. Etwas weiter entfernt (nach O), in der

Via Scandiana (Nr. 23), der ***Palazzo Schifanoia,** im späten 14. Jh. errichtet und im darauffolgenden Jh. vergrößert. Dieses frühere Lustschloß der Herzöge von Este beherbergt jetzt das **Städtische Museum** *(Museo Civico).* Über dem prachtvollen Portal das Wappenschild des Borso d'Este (Öffnungszeiten s. Anhang D).

Im 1. Stock der ***Saal der Monate** mit prachtvollen **Fresken,* welche die Monate und Szenen aus dem Leben von Borso d'Este darstellen, von *Francesco Cossa* und seinen Schülern geschaffen. In den darauffolgenden Sälen: Madonna mit Kind (15. Jh.), Chorgesangbücher, Handschriften, Polyptychon aus Alabaster (Die Passion, 14. Jh.) usw.

Dem Museum gegenüber führt die *Via Campo Sabbionario* zur *Via XX Settembre,* welcher Sie nach r. folgen. — Nr. 124: der ***Palazzo di Lodovico il Moro** (Pl.I, E4), üppiger Renaissancepalast, von *Rossetti* im späten 15. Jh. errichtet für Lodovico Sforza, Herzog von Mailand, Gatte der Beatrice von Este. Der schöne Arkadenhof ist nur auf zwei Seiten vollendet, da die Bauarbeiten unterbrochen wurden, als der Herzog 1508 von den Franzosen gefangengenommen und auf Burg Loches eingekerkert wurde. Der Palast beherbergt das ***Museo Archeologico Nazionale** *(Archäologisches Museum),* auch **Museo Spina** genannt, mit der zweifellos größten Keramiksammlung Europas (Öffnungszeiten s. Anhang D).

Die Säle im 1. Stock enthalten Fundgegenstände von den Ausgrabungsarbeiten des Jahres 1922 im Trebba-Tal (bei Comacchio), in deren Verlauf die alte *Nekropole von Spina* freigelegt wurde; 1235 Gräber vom 5. bis zum 2. Jh. v.Chr. wurden gründlich durchforscht, mehrere Tausend Keramikvasen, Mischkrüge und andere Gegenstände gefunden, welche jetzt den außergewöhnlichen Reichtum dieses Museums ausmachen. Einige Stükke sind von den größten Töpfermeistern Athens gezeichnet. Im letzten Saal Fundgegenstände von den Ausgrabungsarbeiten der Jahre 1954—1959 (*Mischkrug, Statuette, *Henkelbecher, wahrscheinlich der größte jemals gefundene).
Vom Hof aus kommen Sie durch einen Portikus (der in einen zweiten Hof führt), unter dem sich zwei Säle öffnen: Der r. (Schatzkammer — *Sala del Tesoro*) besitzt eine Decke mit *Garofalo* zugeschriebenem Freskenschmuck; im l. sehen Sie zwei lange, aus Baumstämmen ausgehöhlte *etruskische Barken,* die in Spina aufgefunden wurden.

Sie verlassen das Museum und folgen nach r. der Via XX Settembre; Sie kommen an der *Casa di Rossetti* vorbei, einem schönen Bürgerhaus (mit Terrakottaverzierungen), dem Wohnhaus von Ferraras großem Baumeister. Am Ende der Straße biegen Sie l. in den *Viale Alfonso d'Este* ein; die r. Straßenseite führt an dem großen öffentlichen Park entlang, der an der Stelle einer der ehemaligen Wallbastionen angelegt wurde. Von der großen Kreuzung aus kommen Sie nach l. in Richtung Stadtzentrum zurück auf dem **Corso Giovecca**, einer der schönsten und belebtesten Straßen der

Stadt. R. das *St.-Annen-Hospital:* Sieben Jahre lang war Tasso Insasse dieser Anstalt (1579—1586), in der er wegen seiner Geisteskrankheit gepflegt wurde. L. (Nr. 174) die **Palazzina di Marfisa** (Pl.I, E3) aus dem Jahre 1559, einst Residenz von Marfisa d'Este: Die Säle mit Deckengemälden und Möbeln aus dem 16. Jh. können besichtigt werden (Öffnungszeiten s. Anhang D). Etwas weiter r. (Nr. 47) der *Palazzo Roverella* aus dem frühen 16. Jh. (Fassade mit Terrakottaverzierungen).
Der Corso führt zur Stadtmitte und zum Castello Estense zurück.

Nordviertel. — Der Burg gegenüber öffnet sich der **Corso Ercole I d'Este** (von hübschen Häusern gesäumt), welcher zum (Nr. 21) ***Palazzo dei Diamanti** *(Diamantenpalast;* Pl.I, D1) führt, einem berühmten Bauwerk, das im Jahre 1492 vom Baumeister *Rossetti* für den Fürsten Sigismondo d'Este begonnen und im 16. Jh. für den Kardinal Luigi d'Este vollendet wurde.
Die Oberfläche der Marmorverkleidung ist zu facettenartigen Bukkeln, sogenannten Diamantsteinen (daher der Name des Palastes) zugeschliffen, es sind über 12.000; ein Eckpilaster und darüber ein reichbehauener Balkon. Seit 1842 enthält der Palast die **Pinacoteca** *(Nationale Gemäldegalerie)* und verschiedene andere Museen (Öffnungszeiten s. Anhang D).

Die **Gemäldegalerie** nimmt das **1. Stockwerk** ein. Das Museum wird derzeit neu gestaltet, so daß nachstehend nur die wichtigsten Exponate angeführt sind: Die Sammlungen enthalten vor allem Werke der Ferrareser Malschule. Fresken aus dem 14.—15. Jh., Triptychen und Polyptychen aus dem 14.—15. Jh. — Werke aus dem 15. Jh.; *Gefangennahme und Martyrium des Hl. Maurelius von *Cosmè Tura;* Kreuzabnahme (15. Jh.); Hl. Hieronymus von *F. del Cossa.* — Werke von *Cottellini* und Malern des 16. Jhs.; Marienbild von *Boccaccino.* — *Marienbild von *Carpaccio* (1508). — Fresken von *Garofalo,* Kniender Mann von *Perugino* sowie ein Deckengemälde, den Triumph der katholischen Kirche darstellend, von *Garofalo.* — Gemälde von *Sebastiano Filippi* und *Dosso Dossi.*
Im **Erdgeschoß:** Inschriftenmuseum, Unabhängigkeitsmuseum *(Museo del Risorgimento)* und Museum für Moderne Kunst.

Zwischen Palazzo dei Diamanti und *Corso Porta Po* der *Palazzo Sacrati* mit schönem, *Lombardi* zugeschriebenem Portal aus dem 16. Jh. Wenn Sie dem *Corso Porta Mare* nach r. (gegen O) folgen, erreichen Sie die baumbeschattete *Piazza Ariostea* (Pl.I, E1): am Platz die prachtvollen *Paläste Bevilacqua* und *Zati* aus der Renaissancezeit. In der Mitte des Platzes eine hohe Säule mit dem Standbild des Ariost (1883).
Nach l. führt die *Via Borso* zur **Certosa** *(Kartäuserkloster* — Öffnungszeiten s. Anhang D) aus dem 15.—16. Jh., im 19. Jh. in einen *Friedhof* umgewandelt. In der Mitte die Kirche *S. Cristoforo, B. Rossetti* zugeschrieben (1553), mit schönem Chorgestühl und Gemälden der Ferrareser Malschule des 16. Jhs.

Sie gehen zur Innenstadt zurück, und zwar biegen Sie r. in die *Via Aria Nuova* ein, kreuzen den Corso Ercole I d'Este und gehen geradeaus weiter bis zur *Via Ariosto* (l.); dort (r. Nr. 65) die **Casa di Lodovico Ariosto** (Pl.I, C1), in welcher der Dichter Ariost seine letzten Lebensjahre verbrachte und sein Hauptwerk „Der rasende Roland" vollendete. Er starb hier im Jahre 1533. Das Innere (Öffnungszeiten s. Anhang D) hat sein ursprüngliches Aussehen bewahrt. Am Ende der Straße gelangen Sie auf dem Corso Porta Po (r.) zur Kirche *S. Benedetto,* welche 1493 mit der angrenzenden Abtei für jene Benediktinermönche errichtet wurde, die damals ihre Abtei in Pomposa (s.u.) verlassen mußten und sich in Ferrara ansiedelten, um Zuflucht vor einer Malariaepidemie zu finden. Von diesem einst prachtvollen Gebäudekomplex sind nach den Luftangriffen des Jahres 1944 lediglich das Tonnengewölbe des Mittelschiffs der Abteikirche, der schiefe Campanile und im wiederaufgebauten Kloster (jetzt *Collegio S. Carlo*) zwei alte Kreuzgänge und ein Fresko aus dem 16. Jh. im früheren Refektorium der Mönche erhalten geblieben.
Etwas weiter entfernt, kommen Sie über die *Via Cittadella* (l.) auf den breiten *Viale Cavour,* der teilweise von modernen Gebäuden gesäumt ist und (nach l.) zur Burg zurückführt. R., hinter der *Hauptpost,* die Kirche *S. Domenico* (Pl.I, C2) aus dem 18. Jh., deren Barockfassade mit Statuen geschmückt ist (im Inneren zahlreiche Grabsteine).

1. Rundfahrt von Ferrara nach Pomposa und Comácchio und zurück (Rundfahrt von 123 km, besonders empfehlenswerter Ausflug). — Sie verlassen Ferrara auf dem Corso Giovecca, an dessen Ende Sie geradeaus weiterfahren. Die Straße durchquert das ferraresische Entwässerungsgebiet, eine ausgedehnte sumpfige Tiefebene, die mit ihren unzähligen Ableitungskanälen als „italienisches Flandern" bezeichnet werden kann. — 22 km: Sie lassen r. die Straßen nach (8 km gegen S) *Rovereto* und (7 km gegen SO) nach *Migliarino,* l. jene nach (12 km gegen N) *Copparo* liegen. — 24 km: **Tresigallo,** großer Marktflecken (Brennereien). — 34 km: **Massa Fiscaglia;** r. Abzweigung einer direkten Nebenstraße nach *Comácchio* (s.u.). — 43 km: **Codigoro,** ein wichtiges Landwirtschaftszentrum; l. Abzweigung einer Straße nach (80 km gegen N) *Padua* (s. Kleiner Blauer Venetien).

49 km: ****Abbazia di Pomposa.**

Die Abtei von Pomposa, eine Gründung der Benediktiner aus dem 6. Jh., war besonders vom 10. bis zum 12. Jh. ein bedeutendes Kulturzentrum. In dieser Zeit führte der Mönch Guido d'Arezzo eine große Musikreform durch und erfand die Notenhandschrift mit den „Gammen". Gegen Ende des 13. Jhs. zogen sich Dante und Giotto des öfteren hierher zurück. Im 14. Jh.

erstreckte sich der Machtbereich der Abtei über 18 Diözesen, und der Abt saß hier zu Gericht. Die geduldig-regelmäßigen Entwässerungsarbeiten der Mönche in diesem Sumpfgebiet wurden schließlich vom Po zunichte gemacht, welcher sein Bett verlegte. Es folgte eine Malariaepidemie, und die Mönche mußten 1496 in Ferrara Zuflucht suchen, wo sie das Kloster S. Benedetto errichten ließen. Damit begann der Abstieg von Pomposa; nur mehr von wenigen Ordensleuten bewohnt, wurde es schließlich im 17. Jh. vollständig aufgegeben. Zu Beginn des 20. Jhs. ging die Abtei in den Besitz des italienischen Staates über, welcher sie restaurieren ließ.

Die ***Klosterkirche** wurde im 10.—11. Jh. im Stil der Basilika zu Ravenna errichtet; ein Narthex mit drei Bogenstellungen ist ihr vorgelagert. An der Fassade byzantinische Verzierungen aus Terrakotta und Marmor. L. erhebt sich der hohe (48 m) romanische ***Campanile** (1063) mit Kegeldach und prachtvollen Fenstern, deren Zahl nach oben ständig zunimmt.

Das **Innere** besitzt drei Langschiffe, getrennt durch Säulen mit Kapitellen, die von römischen und byzantinischen Bauwerken stammen. Zu beiden Seiten des Portals je ein prachtvoller romanischer **Weihwasserkessel.* Der Mosaikfußboden stammt aus dem 11. Jh.; der Chor erhebt sich über einer Krypta. Die Mittelschiffwände sind mit Fresken aus dem 14. Jh. geschmückt: *Szenen aus dem Alten und dem Neuen Testament.* In der Apsis **Majestas Domini;* an der Innenseite der Fassade: *Jüngstes Gericht.*

R. von der Kirche (wenden Sie sich an das Pfarrhaus) Besichtigung des **ehemaligen Refektoriums** und des **Kapitelsaales** (Freskenschmuck aus dem 14. Jh.)

Der Kirche gegenüber der frühere ***Palazzo della Ragione,** in dem der Abt Recht sprach, eines der wenigen erhalten gebliebenen Beispiele weltlicher Baukunst des 11. Jhs.

Nach Verlassen der Abtei kommen Sie zur Hauptstraße (Strada Romeo) zurück, welcher Sie nach l. (gegen S) folgen.

Die *Strada Romea,* N.309, verbindet Ravenna mit Chioggia und Venedig. Nördl. von Pomposa gelangt sie durch *Mesola,* überquert die beiden Arme des Po vor *Contarina,* dann die Etsch (Adige), führt an einem Kanal entlang und erreicht schließlich (50 km) *Chioggia.*

Die N.309 führt weiter südlich. Abzweigungen zu den neuen Seebädern *Lido di Volano, Lido d. Nazioni, Lido di Pomposa* und *Lido d. Scacchi.*

71 km: **Comácchio,** malerisches ziemlich heruntergekommenes Städtchen mit 18.780 Ew., Zentrum für Landwirtschaft und Fischfang (Aale), auf 13 kleinen Inseln errichtet, die durch Kanäle voneinander getrennt und durch zahlreiche Brücken verbunden sind; die eigenartigste Brücke, **Trepponti* genannt, wurde 1634 errichtet. — Hinter Comacchio führt die Straße r. an der einstigen *etruskischen Nekropole von Spina* entlang, deren Ausgrabungsfunde den Reichtum des Archäologischen Museums von Ferrara bilden; l. der sumpfige, fischreiche See *Valli di Comácchio.* — 84 km: *S. Giovanni.* Sie erreichen das Ende des Sees in (90 km) *Ostellato,* Marktflecken mit Burgruine. Darauf lassen Sie die Straßen nach Codigoro (r.) und Portomaggiore (l.) liegen. — 123 km: **Ferrara.** —

Ab Comácchio besteht die Möglichkeit, parallel zur vorstehend beschriebenen Route die Autobahn als Rückfahrt zu wählen (4 km länger).

☞ **2. Von Ferrara nach Modena** (73 km gegen SW). — Sie verlassen Ferrara über den Viale Cavour und (r.) den Viale Po, welcher unter der Eisenbahnstrecke hindurchführt. Etwas weiter entfernt lassen Sie r. die Straße N.16 (nach Rovigo) liegen. — 6 km: *Porotto;* hier biegen Sie nach l. auf die N.255 ein. — 14 km: *Mirabello.* — 22 km: *S. Agostino,* nicht weit vom Reno (l. Ufer).

35 km: **Cento,** Landwirtschaftsstädtchen mit 25.150 Ew., Geburtsort von *G.F. Barbieri,* genannt *Il Guercino* (1591—1666). *Chiesa del Rosario,* Kirche aus dem 17. Jh. (am Gewölbe Himmelfahrt Mariä von *Guercino;* die von Guercino gestiftete Kreuzkapelle enthält mehrere seiner Werke). In der Kirche *S. Pietro* ein berühmter Sterbender Christus von *Guercino.* Das *Schloß* aus dem 15. Jh. ist mit Fresken von *Guercino* geschmückt. In der *Via Matteotti* die **Pinacoteca** *(Gemäldegalerie,* Öffnungszeiten s. Anhang D) mit zahlreichen Werken von *Guercino* und seinen Schülern, außerdem Gemälde von *Carracci* und Malern der Schule der Emilia vom 15. bis zum 18. Jh. — 2 km gegen O (am r. Ufer des Reno): *Pieve di Cento,* malerischer mittelalterlicher Marktflecken (Kirche mit Campanile aus dem 14. Jh.).
50 km: **S. Giovanni in Persiceto;** die Kirche *S. Giovanni* besitzt zahlreiche Gemälde, darunter eine Madonna mit Heiligen von *Fr. Albani;* im *Palazzo Comunale* (Rathaus) Johannes der Täufer von *Francia.* L. Abzweigung einer Straße nach (21 km gegen SO) *Bologna;* Sie biegen r. ein. — 63 km: **Nonantola,** ehemalige romanische Backstein-Abtei, im 8. Jh. gegründet (im Inneren: Polyptychon aus dem 15. Jh.; Taufbecken aus antiken Fragmenten). — Die Straße überquert den Panaro. — 73 km: **Modena** (s. Blauer Führer Oberitalien und Riviera). Auch für diese Strecke besteht eine Autobahnverbindung. Ab Ferrara die A-13 nach Bologna-Arcoveggio, weiter die A-14 zur AB-Anschlußstelle Bologna-Panigale und die A-1 nach (84 km) Modena.

☛ **Fortsetzung der Hauptstraße. — 44** km: Ferrara; Ausfahrt aus Ferrara über den Viale Cavour und (r.) den Viale Po. Hinter der Eisenbahnunterführung biegt die Straße N.16 nach r. ein und überquert den Po, dem sie dann nahe dem l. Ufer 14 km hindurch folgt; dann biegt die Straße nach l. ein und entfernt sich vom Strom.

82 km: **Rovigo,** Stadt mit 51.800 Ew., Hauptort der gleichnamigen Provinz, bedeutendstes Landwirtschaftszentrum und Mittelpunkt des *Polesine* genannten Gebietes am Mündungsbecken des Po, Schauplatz des Filmes „Bitterer Reis“.

Im Mittelpunkt der Stadt die **Piazza Vittorio Emanuele II.** mit einer Säule aus dem 16. Jh., die einen Markuslöwen trägt, dem *Palazzo Municipio* (Rathaus; 18. Jh.), dem *Stadtturm* und einer *Loggia* aus dem 16. Jh.; an der Ecke einer schmalen Gasse (l.) der *Palazzo Roncale,* ein Werk von *Sammicheli* (1555). An der anderen Seite des Platzes die *Pinacoteca dei Concordi* (Gemäldegalerie; Öffnungszeiten s. Anhang D) mit Werken von *Tiepolo, Piazzetta, A. Longhi, I. del Fiore, Q. da Murano, Vivarini, Carriera* und einer schönen *Madonna von *G. Bellini.*
Dieser Platz ist durch eine kurze Straße mit der *Piazza Garibaldi* verbunden; im Hintergrund führt die *Via Silvestri* an der Kirche *S. Francesco* entlang zur ausgedehnten *Piazza XX Settembre;* an dieser erhebt sich die sogenannte *Rotonda* oder Kirche *Madonna del Soccorso,* achteckiger Bau aus dem 16. Jh. (reiche Innenausstattung mit Loggien, Nischen und Gemälden).
Ausfahrt aus Rovigo auf der Via Porta Adige. — **86** km: Brücke über den Adige (Etsch) vor der Ortschaft *Boara.* — Die Straße kreuzt nach Boara die Autobahn A-13 (Bologna—Padua). — **101** km: *Monselice;* hier stoßen Sie auf die Straße nach Mailand, Cremona und Mantua. — **124** km: **Padua** (Kleiner Blauer Venetien).

2 — Von Ferrara nach Ravenna und Rimini

Die Strecke gleicht einer Perlenreihe, führt sie doch an zahlreichen Attraktionspunkten vorbei: Ferrara, Ravenna, Rimini und San Marino seien nur als wichtigste erwähnt. Bis Sie San Marino, diese im Fels hängende altertümliche Republik erreichen, führt Sie die Via Adriatica durch die Po-Mündungsebene, dann an einem wundervoll blauen Meer entlang und bietet zauberhafte Ausblicke. Zwischen der Straße und dem Meer erstrecken sich zahllose Strände — was, und das darf nicht unerwähnt bleiben, im Sommer auch immer wieder zu Stauungen auf der Küstenstraße führen kann.

Straße: 126 km gegen SO auf der Straße N.16 *(Via Adriatica).*

☛ Sie verlassen Ferrara durch die Porta Romana und die Piazza S. Giorgio; anschließend folgen Sie (l.) der Via Adriatica, welche hier im 12. Jh. dem Tal des Po-Hauptarmes folgte, bevor dieser sein Bett weiter nach N verlegte. Besonders fruchtbares Gebiet. — **19** km: *S. Nicolò Ferrarese;* Abzweigung (r.) einer Straße nach (47 km gegen SW) Bologna, s. Blauer Führer Oberitalien und Riviera. — **28** km: *Consandolo.* 6 km nördl.: *Portomaggioro,* von wo aus Sie nach Codigoro und Pomposa gelangen können.

35 km: **Argenta,** Städtchen mit 25.000 Ew., Landwirtschaftszentrum am l. Ufer des Reno; hier spielte sich 1945 eine entscheidende Schlacht ab. Im *Rathaus* „Pinacoteca Comunale" mit Werken von *Aleotti, Garofalo, Michele da Argenta* usw. — Die Straße folgt dem Reno bis (**42** km) *S. Biagio,* überquert den Strom und läßt r. eine Straße nach (31 km gegen S) *Imola* (s. Rte 3) liegen. — **58** km: *Alfonsine,* Städtchen mit 7.000 Ew. am Serio.

●→ 17 km gegen SW: *Lugo,* an der Straße von Bologna nach Ravenna (Rte 1).

●→ 30 km gegen S: *Faenza* (Rte 3) über (13 km) *Bagnacavallo.*

☛ Sie überqueren den Lamone in *Mezzano* und folgen nach 7 km der Straße N.302 von Faenza nach Ravenna.

74 km: *****Ravenna,** Stadt mit 138.000 Ew., Hauptort der gleichnamigen Provinz, liegt am Ende der ausgedehnten Po-Ebene. Einstmals direkt an der Küste gelegener Hafen, ist Ravenna jetzt mit dem Meer nur mehr durch einen 12 km langen Kanal verbunden. — Ravenna ist Bischofssitz und zählt aufgrund des Reichtums an byzantinischen Baudenkmälern zu den sehenswertesten Städten Italiens. Außerdem ist es ein bedeutendes Industriezentrum (Fabrik für synthetischen Kautschuk, bedeutende Erdölraffinerien).

Geschichte. — Ravenna wurde von den Thessaliern auf kleinen Laguneninseln an der Adriaküste gegründet und 234 v.Chr. von den Römer erobert, welche hier eine große Schiffswerft und ein Militärlager einrichteten. Augustus ließ einen Hafen für 250 Schiffe ausbauen. Im Jahre 402 suchte hier Kaiser Honorius auf der Flucht vor Alarich Schutz und machte Ravenna zur Hauptstadt Westroms. Nach ihm regierte hier seine Schwester Galla Placidia. Im Jahr 476 bemächtigte sich Odoaker, König der Heruler, Ravennas und bereitete damit dem Weströmischen Reich ein Ende; 494 aber mußte er sich dem Ostgotenkönig Theoderich unterwerfen, welcher den Ort zur Hauptstadt seines Reiches machte (als *Raben* ging Ravenna in die deutsche Heldensage ein). Im Jahre 510 bemächtigte sich Belisar, Feldherr des oströmischen Kaisers Justinian, Ravennas, das nun Sitz eines oströmischen Statthalters (Exarchen) wurde. Das völlig byzantinische Aussehen der Stadt erklärt sich aus der 185 Jahre andauernden, ununterbrochenen Herrschaft Ostroms. Das Exarchat wurde schließlich im Jahre 752 durch die Langobarden gestürzt; 773 nahm Pippin der Kurze Ravenna ein und übergab es dem Heiligen Stuhl. — Von 1272 bis 1441 wurde die Stadt vom Geschlecht der Polenta beherrscht, welches sich nach und nach von der Oberherrschaft des Papstes befreien konnte. Anschließend von Venedig regiert, gelangte Ravenna 1509 wieder zum Kirchenstaat. — Im Jahre 1512 errangen hier die Franzosen einen Sieg über die Spanier. — Im Verlaufe des Zweiten Weltkriegs haben Luftangriffe in Ravenna starke Zerstörungen hervorgerufen, zahlreiche Bauwerke wurden schwer beschädigt.

Zeiteinteilung. — Für die Besichtigung Ravennas sollte unbedingt ein ganzer Tag vorgesehen werden. Eilige Reisende müssen sich begnügen mit der Besichtigung von *S. Vitale* und dem *Mausoleum der Galla Placidia* sowie den Kirchen *S. Apollinare Nuovo* und *S. Apollinare in Classe.*

Hauptstraße ist die **Via Roma** (Pl.II, D/E1/2/3), welche die Stadt von N nach S durchquert (begrenzt wird sie im N durch die *Porta Serrata,* im S durch die *Porta Cesarea*); dieser Straßenzug wird von W nach O von der *Via Diaz* (die von der Piazza del Popolo kommt) und dem *Viale Farini* (in Richtung Bahnhof) gekreuzt.

Stadtmitte und S.-Vitale-Viertel. — Die *Via Diaz,* gesäumt von Geschäften und modernen Häusern, endet an der Piazza del Popolo (s. weiter unten). Wir raten Ihnen aber, vorher einen kleinen Umweg zu unternehmen; r. von der Via Diaz führt eine kurze Straße zum **Baptisterium der Arianer** (Pl.II, D2, *Battistero degli Ariani;* Öffnungszeiten s. Anhang D), achteckiger Bau aus dem 6. Jh., der später unter dem Namen *S. Maria in Cosmedin* als katholisches Gotteshaus geweiht wurde; **Kuppelmosaik (Taufe Jesu mit den Zwölf Aposteln).* Neben dem Baptisterium, am gleichen Platz, die Kirche *Sprito Santo* (Pl.II, D2), die im 6. Jh. unter Theoderich errichtet und im 16. Jh. umgebaut wurde; vorgebaut ist ihr eine kleine Renaissance-Vorhalle (im Inneren Säulen mit Kapitellen und Marmorambo aus dem 6. Jh.).

Auf der sehr belebten **Piazza del Popolo** (Pl.II, C/D3) stehen zwei venezianische Granitsäulen (1483), deren Basen mit Basreliefs von *Pietro Lombardo* geschmückt sind; sie tragen die Statuen der Hl. Apollinaris und Vitalis (1640).

Im Hintergrund der *Palazzo Comunale* (Pl.II, C3; Rathaus), im 17. Jh. erneuert; er ist mit dem *Palazzetto Veneziano* (15. Jh.) durch einen Portikus verbunden, der von acht Säulen getragen wird, deren Kapitelle aus der Kirche S. Andrea (6. Jh.) stammen; vier von ihnen tragen das Monogramm Theoderichs. L. der *Palazzo del Governo* (Gouverneurspalast; Portal mit Giebelfeld), an der anderen Platzseite (an die Piazza Garibaldi anschließend) der *Palazzo dell'Orologio;* die beiden Paläste sind im klassizistischen Stil gehalten. Vom Platz aus folgen Sie der *Via IV Novembre* und biegen dann l. ein bei der *Torre Comunale* (Stadtturm), 40 m hoher, schiefer Backsteinbau aus dem 12. Jh.; über *Via Ponte Marino* und *Via S. Vitale* gelangen Sie nach S. Vitale.

Die Basilika ****S. Vitale** (Pl.II, C2) wurde 521 von Bischof Ecclesius gegründet und 547 von Erzbischof Maximianus geweiht. Es wird angenommen, daß dieses prachtvolle Werk einem aus Byzanz stammenden Baumeister zu verdanken ist, der mit *Julianus Argentarius* zusammenarbeitete. Das Innere, um 1540 erneuert, wurde im 19. und 20. Jh. restauriert. Der runde Campanile wurde im 17. Jh. neu errichtet (Öffnungszeiten s. Anhang D).

Das achteckige **Innere** ist von besonderer Schönheit; es wird von einer Kuppel gekrönt und im O durch eine runde Apsis vervollständigt. Zwischen den acht Pfeilern, welche die Kuppel stützen, liegen sieben zweigeschossige Exedren; der achte Zwischenraum öffnet sich auf den Chor. Eine Marmorverkleidung bedeckt die Seitenwände bis zur Arkadengalerie des 1. Stockwerks; dieses bildet die Emporen, die, wie in allen Ostkirchen, den Frauen eingeräumt waren. Darüber die Fenster, umgeben von Scheinarchitekturmalereien aus dem 18. Jh.

Der **Chor** ist mit prachtvollen *****Mosaiken** geschmückt, die 521—547 ausgeführt wurden und vollständig erhalten sind. Am Eingangsbogen: *Christus, die Apostel, St. Gervasius und St. Protasius.* In der **Kuppel der Apsis:** *Christus auf der Weltkugel,* zu seiner Rechten ein *Engel* und *St. Vitalis,* zu seiner Linken ein *Engel und St. Ecclesius.* Unten an der l. Wand: *Kaiser Justinian mit seinem Gefolge von Höflingen und Kriegern und Bischof Maximian mit seinen Geistlichen;* unten an der r. Wand: *Kaiserin Theodora mit ihren Hofdamen, welche die Geschenke für das Volk tragen* (am Mantelsaum der Theodora ist eine *Anbetung der Hl. Drei Könige eingestickt). Am Boden: *Jerusalem und Bethlehem.* — An den Seitenwänden oben: *Die vier Evangelisten.* — **R. Wand:** Unter dem *Hl. Markus* (r.) der *Prophet Isaias;* unter dem *Hl. Matthäus* (l.): *Moses streift seine Sandalen vor dem brennenden Dornbusch ab;* unten der *Gute Hirte;* r. ein *Altar mit Brot und Wein,* auf der einen Seite *Abel mit dem Lamm,* auf der anderen *Melchisedech mit dem Brot.* — **L. Wand:** unter dem *Hl. Lukas* (r.) *Moses erhält die Gesetzestafeln auf dem Berge Sinai;* unter Moses das *Volk;* unter dem *Hl. Johannes* (l.) der *Hl. Hieronymus;* weiter unten ein *gedeckter Tisch mit drei Engeln, denen Abraham Speisen reicht.*

Sie verlassen S. Vitale durch das dem Hauptportal gegenüberliegende Tor, überqueren die Grünanlage und erreichen das ***Mausoleo di Galla Placidia** (Pl.II, C2, *Mausoleum),* eines der ältesten Kunstdenkmäler Ravennas, um 440 von der Kaiserin Galla Placidia selbst (s. Geschichte) als ihre letzte Ruhestätte errichtet. Sie starb schließlich 450 in Rom, und es ist ungewiß, ob sie in Ravenna begraben wurde. Das Mausoleum steht heute etwa einen Meter tief im Erdboden.

Das **Innere,** in der Form des lateinischen Kreuzes, wird von einer Kuppel gekrönt; in den schmalen Fensteröffnungen Platten aus durchscheinendem Albaster. An den oberen Wänden die ältesten ****Mosaiken** von Ravenna: auf blauem Grund zeichnen sich Personen, Tiere und Schmuckmotive ab. An der sternbesäten Kuppel: *Goldenes Kreuz* und *Evangelistensymbole.* In den Wölbungen und Bogen der vier Kreuzarme und im Tambour der Kuppel die *Apostel* unter einem Band mit Fruchtgirlanden. In der Lünette gegenüber dem Eingang: *Hl. Laurentius;* Lünette über dem Eingang: die Gestalt des *Guten Hirten;* Lünette r. und l.: *Hirsche an der Quelle.* In den drei Kreuzesarmen: Sarkophage aus dem 5. und 6. Jh.

Sie kommen zum Eingang von S. Vitale zurück und gelangen durch einen kleinen Portikus im Renaissancestil in das **Museo Nazionale d'Antichità** (Pl.II, C2, *Staatl. Altertumsmuseum),* das in einem früheren Benediktinerkloster und seinen zwei Kreuzgängen eingerichtet wurde (Öffnungszeiten s. Anhang D).

Das Museum enthält eine Sammlung von Grabdenkmälern mit lateinischen Inschriften und Bildnissen der Verstorbenen, Sammlungen von Bronze- und Marmorgegenständen, Münzen, Medaillen, Stoffen usw. Besonders sehenswert sind: Apotheose des Augustus (1. Jh. v.Chr.) und Überreste der Porta Aurea (im 1. Jh. unter Kaiser Claudius errichtet, im 16. Jh. zerstört); — Basrelief, das die Arbeiten des Herkules darstellt; — Fragmente von Glasmalereien aus der Basilika S. Vitale; — Münzsammlung; — Tafelmalereien; — *mehrfarbig und mit Goldfaden bestickter Seidenstoff, *Velo di Classe* genannt; — Apollo und Daphne (Elfenbeinarbeit). — Einige Säle sind Keramikarbeiten eingeräumt. In einem **Kreuzgang:** *christlicher Sarkophag aus dem 5. Jh.; Kapitelle.

Sie verlassen das Museum und stoßen auf die *Via Cavour,* die r. von der *Porta Adriana* (Pl.II, B2, aus dem Jahr 1585) beschlossen wird; die *Via Cavour* (l.) und dann die *Via Matteotti* (r.) führen zur Piazza del Popolo zurück.

Dante-Viertel und Südteil. — Von der Piazza del Popolo gehen Sie zuerst durch die Arkaden beim Rathaus und folgen dann der *Via Cairoli,* dann gegenüber der *Via Ricci,* um die Kirche S. Francesco zu besichtigen (mit dem Wagen Umweg über die Piazza Garibaldi). Die **Piazza S. Francesco** (Pl.II, D3) wird r. von modernen Laubengängen gesäumt, l. von der *Casa Oriani* und einer Anlage, in der zahlreiche Sarkophage aufgestellt wurden. Im Hintergrund die

Kirche **S. Francesco** (Pl.II, D3), die im 5. Jh. gegründet und im 17. und 18. Jh. verändert wurde. Der lombardische Campanile stammt aus dem 10. Jh.

Das **Innere** besitzt drei Langschiffe, die von zwei Bogenstellungen mit jeweils elf Säulen voneinander getrennt werden. Den Hochaltar bildet der mit Skulpturen geschmückte *Sarkophag des Hl. Liberius* (Christus und die Apostel; 4. Jh.). Unter dem Chor die **Krypta** aus dem 4. Jh., die später überschwemmt wurde; durch das Wasser hindurch sehen Sie aber noch den Mosaikfußboden. Im **l. Seitenschiff:** Sarkophage aus dem 4. Jh. und Grabsteine des Ostasio da Polenta (1396) und des Luffo Numai (1509). Im **r. Seitenschiff** (1. Kapelle): Ausstattung von *Tullio Lombardo* und (3. Kapelle): Madonna mit Heiligen von *Sacchi.*

In der Anlage neben der Kirche die von Arkaden umgebenen *Grabmäler der Braccioforte* (15. Jh.); etwas weiter entfernt r. das **Grabmal Dantes** (Pl.II, D3, *Tomba di Dante*) aus dem 18. Jh. (Öffnungszeiten s. Anhang D).

Dante starb in Ravenna am 14. September 1321 im Alter von 56 Jahren; er hatte unter der Gönnerschaft des Guido da Polenta seine letzten Lebensjahre in dieser Stadt verbracht. Nachdem Guido aus Ravenna verjagt worden war, wären die sterblichen Überreste Dantes, die in der Kirche S. Francesco ruhten, auf Anordnung des Kardinals Bertramo del Poggetto beinahe verbrannt worden. Sie wurden von Mönchen versteckt und erst im Jahre 1865 im Garten neben der Kirche aufgefunden. Im Jahre 1483 war nach Entwürfen von Pietro Lombardo ein Mausoleum errichtet worden. Das gegenwärtige Bauwerk ist eine Rekonstruktion aus dem Jahre 1780. Im Inneren: Grabmal mit lateinischer Inschrift, über der sich ein Basrelief von *Pietro Lombardo* (der Dichter an einem Schreibpult) befindet. Alljährlich spendet an Dantes Todestag die Stadt Florenz toskanisches Öl für die Speisung der Votivlampe. Hinter dem Mausoleum ein kleines **Dante-Museum** und eine Glocke, die 1921 von den italienischen Gemeinden gestiftet wurde und das Angelus läutet. Neben dem Mausoleum der *Kreuzgang von S. Francesco* aus dem 16. Jh.

Von der Piazza S. Francesco gelangen Sie über die Via Ricci zur *Piazza Caduti per la Libertà* (Pl.II, C3) beim modernen *Palazzo della Provincia* (Provinzverwaltung). Einige Meter entfernt, in der *Via Boccarini* (Nr. 3): die *Accademia di Belle Arti* (Akademie der Schönen Künste) mit der **Galleria dell'Accademia** *(Gemäldegalerie;* Öffnungszeiten s. Anhang D).

Die Galerie besitzt sehenswerte Gemälde der Schulen Ravennas, der Romagna, der Emilia und der Toskana vom 14. bis zum 18. Jh. Im **Saal I:** (l.) schöner *römischer Mosaikfußboden,* der 1875 bei der Kirche von Classe aufgefunden wurde; mehrere Gemälde von *Luca Longhi* (16. Jh.), *Nicolo Randinelli, Guercino* (Hl. Romuald), *Paris Bordone* (Erlöser), *Giorgio Vasari* (*Kreuzabnahme). — **Saal II:** die prächtige **Liegefigur des Guidarello Guidarelli,* eines Kriegers aus Ravenna, der 1501 in der Schlacht von Imola getötet wurde, ein Werk von *Tullio Lombardo.* — **Saal IV:** eine *Antonio Vivarini* zugeschriebene Kreuzigung Christi; eine weitere Kreuzigung von *Lor. Monaco.* — **Saal V:** Werke aus dem 16., 17. und 18. Jh. — **Saal VI:** Gemälde aus dem 19. und 20. Jh.

Neben dem Museum die *Biblioteca Classense* (Pl.II, C4, 1714 gegründet) mit wertvollen Handschriften.
Dahinter, Ecke Via de Gasperi und Via Corti alle Mura (der Weg dorthin führt um die Piazza Caduti per la Libertà herum), die *Keramikschule*, deren Werkstätten Sie besichtigen können.

Von der Piazza Caduti per la Libertà erreichen Sie über die *Via Guerrini* die *Piazza Kennedy* (vormals P. del Mercato, Pl.II, C3) und l. die *Piazza del Duomo* mit dem **Dom** (Pl.II, C3), der im 5. Jh. gegründet, aber 1734—1749 unter Verwendung von Fragmenten der ursprünglichen Basilika neu aufgebaut wurde. Der Runde Campanile stammt aus dem 10. Jh. (seitdem mehrmals verändert).

Inneres mit drei Schiffen; im Hauptschiff *Kanzel des Hl. Agnellus* aus dem 6. Jh., deren Basreliefs symbolische Tiergestalten darstellen. Im r. Querschiff zwei schöne Sarkophage aus dem 5. Jh.; im l. Querschiff Gemälde von *Guido Reni.*

L. vom Dom das **Baptisterium der Orthodoxen** (Pl.II, C3), so genannt, um es vom Baptisterium der Arianer (s.d.) zu unterscheiden.

Das achteckige Gebäude, ehemaliger Saal eines römischen Bades, wurde im 5. Jh. in ein Baptisterium umgewandelt; Bischof Neon ließ es mit prachtvollen ****Mosaiken** schmücken. Es steht jetzt etwa 3 m tief in der Erde; von *Ricci* wurde es restauriert. Das Innere besitzt zweigeschossige Bogenstellungen; in den Zwickeln zwischen den Bogen die Mosaiken der *Propheten.* Die Kuppel ist völlig mit Mosaiken bekleidet (5. Jh.): in der Mitte *Taufe Christi im Jordan.*

Sie überqueren die Grünanlage und gelangen (hinter dem Dom) zum *Erzbischöflichen Palast,* der das **Erzbischöfliche Museum** (Pl.II, C3) und das **Oratorium des Hl. Andreas** oder des *Hl. Petrus Chrysologus* birgt (Öffnungszeiten s. Anhang D).

Im 1. Stock sehen Sie den prachtvollen **Bischofsstuhl* des Hl. Maximilian (6. Jh.), geschmückt mit Elfenbeinreliefs: Johannes der Täufer, die Apostel und Szenen aus dem Leben Christi. Außerdem besitzt das Museum Grabstelen und Skulpturenfragmente aus der ehemaligen Kathedrale, Stoffe aus dem 7. und 8. Jh. usw. ***Cappella di S. Pier Crisologo** *(mosaikgeschmücktes Oratorium des Hl. Petrus Chrysologus),* im 6. Jh. in Kreuzform errichtet, mit einem kleinen Vorraum: silbernes *Kreuz des Hl. Agnellus aus dem 11. Jh., im Kuppelmosaik halten vier Engel das Medaillon mit dem *Monogramm Christi,* um das Ganze die *Evangelistensymbole.* An den Bögen: Christus und Heiligendarstellungen.

Sie gehen zur Piazza Caduti per la Libertà zurück; von dort gelangen Sie über die *Via Guaccimanni* in die Via di Roma vor die Ruine des *Palazzo Calchi,* im 8. Jh. von den Exarchen, wahrscheinlich als Haus ihrer Wache, errichtet; übriggeblieben ist lediglich eine Mauerwand mit einigen Fensteröffnungen.

Ostviertel. — An der Via di Roma, in der Nähe des Palazzo Calchi (s.o.), erhebt sich die Kirche ***S. Apollinare Nuovo** (Pl.II, E3), die im

6. Jh. unter Theoderich d.Gr. errichtet wurde; unter Bischof Agnellus wurde sie als katholisches Gotteshaus geweiht. Der runde **Campanile* stammt aus dem 9. Jh. Die Fassade wurde im 16. Jh. durch Zufügung eines Portikus und eines Fensters etwas verunstaltet.

Das **Innere** besitzt drei Langschiffe, die getrennt werden durch griechische Marmorsäulen mit korinthischen Kapitellen. Dies ist die einzige Kirche Ravennas, wahrscheinlich auch ganz Italiens, in welcher die Mosaikverzierungen im Mittelschiff erhalten geblieben sind; diese Verzierung soll Bischof Agnellus (6. Jh.) in Auftrag gegeben haben. Die schöne Decke stammt aus dem 18. Jh. *Ambo* aus dem 6. Jh. aus griechischem Marmor mit Basreliefs; im Chor *Altar* aus dem 6. Jh. und vier Säulen aus rotem Porphyr mit byzantinischen Kapitellen. Die ****Mosaiken** stellen dar: r. oben: 13 Bilder über *Leidensweg und Auferstehung Christi;* in der Mitte: *Heilige und Propheten;* unten: *Ravenna mit einigen Bauwerken und dem Zug von 26 Märtyrern, die sich dem thronenden, von Engeln umgebenen Christus nahen.* L. oben: *13 Bilder aus dem Leben Jesu;* mittlerer Teil: *Heilige und Propheten;* unten: *Hafen und Stadt Classis mit dem Zug von 22 Jungfrauen, denen die Hl. Drei Könige vorangehen und dem von Engeln umgebenen Jesuskind auf dem Schoße der Gottesmutter Geschenke darbringen.*

Sie gehen in Richtung Stadtmitte zurück und folgen r. dem *Viale Farini* (der zum Bahnhof führt); ganz in der Nähe dieser Straße die Kirche **S. Giovanni Evangelista** (Pl.II, E/2/3), im 5. Jh. von Galla Placidia auf Grund eines Gelübdes gegründet. Sie wurde mehrmals vergrößert und umgestaltet und nach den Bombenschäden des Jahres 1944 restauriert. Der Campanile (Turmunterbau aus dem 10. Jh.) endet in einem Kegeldach aus dem 14. Jh. Am Portal Skulpturen aus dem 13. und 14. Jh.

Die drei Langschiffe im Inneren werden von korinthischen Säulen getragen. An den Wänden Mosaikfragmente aus dem 13. Jh. mit Szenen aus dem 4. Kreuzzug. In einer Kapelle des l. Seitenschiffs ein Fresko aus dem 14. Jh.

Umgebung. — 1. *Grabmal Theoderichs (Pl.II, F1), Mausoleo di Teodorico (2 km im O). Sie verlassen Ravenna auf der Via di Roma; nach Durchfahren der Porta Serrata biegen Sie r. ein. Die Straße gelangt an der *Rocca di Brancaleone* genannten Burg aus dem 15. Jh. vorbei und kreuzt die Eisenbahnstrecke; hinter der Brücke fahren Sie l. hinunter (Parkplatz). Das Grabmal, ein Rundbau, wurde im 6. Jh. aus istrischem Kalkstein errichtet und ist mit einer gewaltigen Monolithkuppel von 11 m Durchmesser bedeckt. Im Inneren: Untergeschoß in Form des griechischen Kreuzes, rundes Obergeschoß. Das Grab selbst ist aus Porphyr und hat die Form einer Badewanne (Öffnungszeiten s. Anhang D).

2. **Basilika S. Apollinara in Classe (5 km gegen S). — Sie verlassen Ravenna über Via Roma und Porta Cesarea. Vor dem Tor l. die Kirche *S. Maria in Porto* (Pl.II, E4) aus dem 16. Jh. und ehemaliges Kloster (durch Bombenangriffe halb zerstört), dessen rückwärtiger Teil am *Öffentlichen Park* (Pl.II, E/3/4) eine ***Loggia** aus dem Jahre 1508 bewahrt hat. Beim Stadtausgang folgen Sie l. der Straße N.16 (in Richtung Rimini).

Die Basilika ***S. Apollinare in Classe** ist ein prachtvolles Beispiel frühchristlicher Kunst und eines der bedeutendsten Baudenkmäler des ganzen Gebietes. Es bildet den einzigen Überrest der einstigen Römersiedlung *Classis* (von dem Langobardenkönig Luitprand im Jahre 728 zerstört), in deren Nähe sich der Hafen der römischen Flotte befunden hatte. Die Kirche wurde 534 gegründet, von Julianus Argentarius errichtet und im 19. Jh. restauriert. Der runde *Glockenturm* stammt aus dem 11. Jh.

Das **Innere** (Öffnungszeiten s. Anhang D) ist ausgedehnt und lichtdurchflutet. Die drei Langschiffe werden durch Säulen aus geädertem griechischem Marmor mit Kompositkapitellen getrennt. Im Mittelschiff der *Altar* des Hl. Maximian aus dem 6. Jh.; im r. Seitenschiff wunderschöne Sarkophage aus dem 6. und 8. Jh. Vorne am l. Seitenschiff *Ciborium* aus dem 9. Jh. über einem Altar mit Basreliefs.

Der **Chor** (über einer Krypta) ist mit ****Mosaiken** aus dem 6. und 7. Jh. geschmückt. Der Altar (18. Jh.) enthält die Reliquien des Hl. Apollinaris. Am Apsisbogen: *Christus mit den Evangelistensymbolen und zwölf Lämmern.* An der Halbkugel: *Großes Kreuz,* zu beiden Seiten *Moses und Elias.* Darunter der *Hl. Apollinaris mit einer Schafherde.* R. *Opfer Abels, Melchisedechs und Abrahams;* l. *Konstantin IV., der Kirche zu Ravenna Privilegien erteilend.* Zwischen den Fenster: *Vier Bischöfe von Ravenna.*

2 km gegen O entfernt, liegt am Meer die **Pineta di Classe,** Pinienwald, der bereits von Dante *(Göttliche Komödie,* 28. Gesang) und Lord Byron *(Don Juan)* besungen wurde. Die Pinien sind in der Düne angepflanzt (Campingplatz).

3. Marina di Ravenna (13 km gegen NO). — Sie verlassen Ravenna auf der Via Trieste, welche r. vom *Bahnhof* die Eisenbahnstrecke kreuzt. Die Straße führt am *Canale Candiano* entlang, der von Industriewerken gesäumt ist (Erdölraffinerie, Kautschukfabrik). Am r. Ufer des Kanals liegt **Marina di Ravenna,** ein *Seebad* mit ausgedehntem Strand, der sich gegen S über mehrere Kilometer bis Punta Marina erstreckt. Am l. Kanalufer **Porto Corsini,** ein im 18. Jh. gegründeter, sehr aktiver Hafen (Frachtschiffe, Fischerboote).

4. Gegen N können Sie auf der Strada Romea erreichen: (39 km) *Comácchio,* (50 km) *Pomposa* und *Chioggia.*

Hinter Ravenna kommt die Straße nach Rimini (N.16) an der Basilika S. Apollinare in Classe (s. oben unter 2.) vorbei. — **88** km: (ab Ferrara) **Savio,** wo Sie den gleichnamigen Fluß überqueren. Von Savio 5 km (l. einbiegen) nach *Lido di Classe* und nach weiteren 3 km: *Lido di Savio* (moderne neue Seebäder). Die Straße nähert sich jetzt dem Meer. — **90** km: l. Abzweigung einer Nebenstraße zum in der Nähe des Meeres gelegenen *deutschen Kriegerfriedhof Cervia.* Dieser Friedhof wurde von deutschen Kriegsgefangenen angelegt und ist mit seinen 7.150 Gräbern eine der großen deutschen Gräberstätten in Italien.

95 km: l. führt eine Straße nach (1 km) **Milano Marittima,** prachtvolles Seebad, das inmitten eines ausgedehnten Pinienwaldes vor einem wunderschönen Sandstrand errichtet wurde. Der Ort besitzt zahlreiche Villen, Hotels aller Kategorien und ausgezeichne-

1 *Ferrara, Castello Estense*
2 *Ravenna, Basilika San Vitale*

3 *Ravenna, Grabmahl Theoderichs*

4 *Ravenna, Mausoleum der Galla Placidia*

5 *San Marino*

te Wassersporteinrichtungen, so daß er zu den besonders beliebten und stark besuchten Fremdenverkehrszentren zählt.

96 km: **Cervia,** Städtchen mit 22.660 Ew. und Seebad, ist Bischofssitz. Die ausgedehnten Salzseen in unmittelbarer Umgebung verleihen seinem Kanalhafen große Bedeutung. Alljährlich wird zu Christi Himmelfahrt in Cervia das Fest der Hochzeit der Meere gefeiert; wobei der Bischof symbolisch seinen Ring in die Adria wirft.

104 km: **Cesenatico,** besonders malerisches Städtchen mit 18.800 Ew.; am Nordrand ein **Kanalhafen* (lebhafter Verkehr von Booten mit bunten Segeln). Das Badeviertel erstreckt sich an einem schönen Sandstrand. — Die Eisenbahnstrecke trennt die Straße vom Ufer, an dem dicht aufeinander zahlreiche Seebäder folgen: *Gatteo a Mare, S. Mauro a Mare, Bellaria, Igea Marina, Torre Pedrera, Viserbella, Viserba* und *Rivabella,* die alle zur *Riviera di Rimini* gehören: Sie stoßen wieder auf die Hauptstraße aus Bologna (s. Rte 4).

126 km: **Rimini** (s. Rte 3, km 113).

3 — Von Bologna nach Rimini

Für diese Strecke bieten sich prinzipiell zwei Varianten an. Strekke A, die direkte, führt über Imola, die Stadt der Fayencen Faenza, sowie das am Ufer des Montone gelegene Forlì, bis zum südlichen Ende der Poebene, bei Rimini, wo man an die Adria gelangt. Diese Strecke ist nicht nur landschaftlich reizvoll, sie ist auch geschichtsträchtig, führt sie doch über die antike Via Aemilia. Mit Rimini erreichen Sie auch San Marino, diese leicht anachronistisch anmutende kleinste und älteste (!) Republik der Welt.
Strecke B ist etwas länger und führt über Lugo bereits bei Ravenna an die Adriaküste (s. Rte 2).

Straßen: A. 113 km gegen SO auf der Via Emilia, N.9. — B. 130 km, Möglichkeit der Benützung der Autobahn.

A. — Auf der direkten Straße über Forlì

Sie verlassen Bologna (s. Blauer Führer Oberitalien und Riviera) über Piazza Porta Maggiore und Via Mazzini. Die N.9 durchquert die fruchtbare Po-Ebene, die r. (S) von den Vorläufern der Apenninen beherrscht wird; sie überquert die Savena und den Idice.
23 km: *Castel S. Pietro Terme,* Städtchen mit 14.000 Ew., Landwirtschaftszentrum und Heilbad mit mehreren Quellen (Schwefel- und Schlammbäder, Kurbehandlung von April bis Oktober). Die Hauptstraße umfährt die Stadt und überquert dann den Sillaro.
28 km: *Wallfahrtskirche Madonna del Piratello* aus dem Jahre 1491; Campanile aus dem 16. Jh. (im Inneren schöner Marmortabernakel aus dem Jahre 1494; Fresko aus dem 16. Jh. mit Mariendarstellung).

34 km: **Imola,** Stadt mit 60.000 Ew., in 47 m Höhe am l. Ufer des Santerno gelegen, das ehemalige *Forum Cornelii* der Römer. Aktives Landwirtschaftszentrum und seit 422 Bischofssitz.
Die *Via Emilia* führt geradeaus durch die Stadt. L. (Nr. 80) *Palazzo dei Musei — Museum und Pinakothek* (Öffnungszeiten s. Anhang D).

Im **Erdgeschoß** das *Museum* mit vorgeschichtlichen und römischen Sammlungen (schönes Mosaik mit Komödienmasken aus dem 1. Jh.). — Im **1. Stock** die *Gemäldegalerie:* abgelöste Fresken aus dem 15. Jh. und Gemälde der Schule der Emilia vom 15. bis zum 18. Jh.

Etwas weiter l. der *Palazzo della Volpe* aus dem Jahre 1482. Hinter der Kreuzung, welche den Mittelpunkt der Stadt bildet, fahren Sie

an der *Piazza Matteotti* entlang; an dieser erheben sich der *Palazzo Comunale* (Rathaus) aus dem 18. Jh. und der *Palazzo Sersanti* mit Portikus, 1482 von *Giorgio Fiorentino* errichtet.
Im S der Via Emilia der im 18. Jh. erneuerte *Dom;* weiter gegen W die *Zitadelle* (Rocca) mit einem Rundturm; sie stammt aus dem frühen 14. Jh.

Von Imola nach Florenz: s. Kleiner Blauer Toskana.

42 km: *Castel Bolognese,* ehemalige Festung der Bolognesen; r. Abzweigung der Straße nach (8 km gegen S) *Riolo Terme,* einem kleinen Heilbad mit kalten Schwefelquellen. — Die Straße überquert den Serio.

50 km: ****Faenza,** Stadt mit 55.600 Ew. am l. Ufer des Lamone; zahlreiche sehenswerte Baudenkmäler. Faenza wurde berühmt durch seine Majolikaarbeiten, die heute noch allgemein „Fayencen" genannt werden. Der Höhepunkt dieser einheimischen Keramikkunst lag im 15. und 16. Jh. Alljährlich veranstaltet Faenza einen internationalen Wettbewerb für Keramikkunst.

Geschichte. — Faenza, das klassische *Faventia* der Römer, wurde im 11. Jh. Freie Gemeinde. Es trat der Lombardischen Liga bei und wurde dann der Republik Venedig angeschlossen. Im Verlaufe des Zweiten Weltkrieges erlitt die Stadt starke Zerstörungen.

Der *Corso Giuseppe Mazzini* (Pl.III, A/B2), die wichtigste Straße, führt in das Stadtzentrum (Pl.III, B/C2/3), das von zwei aneinandergrenzenden Plätzen gebildet wird: Piazza della Libertà und Piazza del Popolo. An der *Piazza della Libertà* ein Brunnen aus dem 17. Jh. und der *Dom* (Pl.III, C2), der 1474 nach Plänen von *G. da Maiano* begonnen wurde (die Fassade blieb unvollendet).

Das **Innere** in toskanischer Bauform der Frührenaissance ist dreischiffig. In den r. Kapellen: (1.) Verkündigung Mariä, Basrelief von *Sperandio* (15. Jh.) und Grabdenkmal des G.B. Bosi von *Barilotti* (16. Jh.); (4.) Madonna mit Heiligen von *I. da Imola* (1526). L. vom Chor eine Kapelle mit dem **Grabmal des Hl. Savinus* von *B. da Maiano* (1476).

An der von Arkaden gesäumten *Piazza del Popolo* der Uhrturm aus dem frühen 17. Jh., der *Palazzo del Podestà* aus dem 12. Jh. und gegenüber der *Palazzo del Comune* (Rathaus) aus dem 13. und 15. Jh.
Von diesem Platz aus kommen Sie über die *Via Severoli* (an der Ecke der *Post*) zur **Pinacoteca** *(Gemäldegalerie,* Pl.III, B2) mit zahlreichen Meisterwerken der Schule der Romagna (Eingang Via S. Maria dell'Angelo 1 (Öffnungszeiten s. Anhang D).

Besonders sehenswerte Werke: **Saal I:** Madonna mit Kind, auf Holz gemaltes Polyptychon (14. Jh.); *Madonna mit Kind, *da Rimini* zugeschrieben (14. Jh.); Kreuzigung (13. Jh.); Christus aus der Bologneser Schule (15. Jh.); Kreuzigung aus der Schule des *G. Pisano* (13. Jh.); Fresken aus dem 14. Jh.; Terrakottagruppe Madonna mit Kind und Heiligen von *A. Lombardi* (16. Jh.). Kapitelle und Basreliefs. — **Saal II:** Werke von *M. Palmezzano;*

Hl. Hieronymus, Terrakotta-Basrelief von *Lombardi;* Kreuztragung Christi (15. Jh.); Anbetung der Hl. Drei Könige von *B. Utili* (16. Jh.); in der Mitte Statue des Hl. Hieronymus von *Donatello.* — **Saal III:** Pietà und Madonna von *Biagio da Firenze* (16. Jh.); Madonna mit Heiligen und Engeln aus der Ferrareser Schule (15. Jh.); Maria Magdalena, Christi Geburt und Gottesmutter von *G.B. Bertucci.* — **Saal IV:** zwei Pietàs aus dem 15. Jh.; Madonna mit Kind, Terrakottaarbeit von *A. della Robbia;* Verkündigung Mariä von *B. da Firenze* (16. Jh.); Büste Johannes des Täufers, Donatello zugeschrieben, aber wahrscheinlich von *B. da Maiano;* Marmor-Basrelief aus der toskanischen Schule (15. Jh.); kleines Triptychon aus Elfenbein (15. Jh.). — In den folgenden Sälen Werke von *Dosso Dossi, G. Francia, Porbus d.J., N. Paganelli, Bronzino, Borgognone, Guercino* usw.; Zeichnungen von *D. Baccarini;* moderne Gemälde; zwei Bronzebüsten von *Auguste Rodin.*

Sie folgen nach dem Verlassen des Museums r. der *Via Maria dell' Angelo* und biegen r. in die Via Cavour ein. Sie kreuzen den Corso G. Mazzini, gehen geradeaus weiter und gelangen zum Corso G. Mazzini, gehen geradeaus weiter und gelangen zum ***Museo delle Ceramiche** *(Keramikmuseum,* Pl.III, B1/2), das 1908 gegründet, 1944 teilweise zerstört und seitdem mit Unterstützung der meisten Staaten der Erde wiederaufgebaut wurde (Öffnungszeiten s. Anhang D).

Die Sammlungen sind in hellen, gut eingerichteten Sälen ausgestellt; sie bilden ein wahres Zentrum für das Studium alter und moderner Keramik, in dem sämtliche Länder vertreten sind. Erwähnt seien: **Saal 4:** volkstümliche italienische Keramik; **Säle 5** und **6:** italienische Keramik vom 13. bis zum 18. Jh.; **Saal 7:** zeitgenössische italienische Keramik; **Säle 8** und **9:** ausländische Keramik (darunter zahlreiche deutsche und französische Stücke); **Saal 10:** Fernost; **Säle 11** und **12:** koptische, ägyptische, vorkolumbische, maurische Keramik. Das Museum enthält außerdem eine entsprechende *Fachbibliothek mit Photoarchiv.*

17 km gegen N: *Lugo* an der Straße von Bologna nach Ravenna.
32 km gegen NO: *Ravenna* über *Russi.*

Von Faenza nach Florenz: s. Kleiner Blauer Toskana.

Beim Verlassen von Faenza überqueren Sie den Lamone.
65 km: **Forlì** (110.900 Ew.), am r. Ufer des Montone gelegen, ist die bedeutendste Stadt der Romagna, Hauptort der gleichnamigen Provinz und Bischofssitz.

Geschichte. — Forlì, das klassische Forum Livii, wurde von Livius Salinator nach der Niederlage Hasdrubals gegründet. Freie Gemeinde im Mittelalter, dann unter der Lehensherrschaft der Herzöge Ordelaffi, kam die Stadt im 16. Jh. zum Kirchenstaat, dem sie bis 1858 angehörte. — Forlì ist Geburtsort des Malers *Melozzo da Forlì* (1438—1494).

Aus Richtung Bologna fahren Sie über die *Montone-Brücke* und folgen geradeaus dem *Corso G. Garibaldi,* welcher zum Stadtzentrum führt, der **Piazza Saffi.** Der Platz wird beherrscht vom hohen romanischen **Campanile* (1180), der Kirche **S. Mercuriale** aus dem 12.—13. Jh. Am Giebelfeld des Hauptportals eine Anbetung der Könige, Basrelief aus dem 12. Jh.

Das dreischiffige Innere wurde im 18. Jh. umgestaltet. Im r. Seitenschiff Grabmal von Barbara Manfredi (15. Jh.) und drei Gemälde von *M. Palmezzano.*

R. von der Kirche der restaurierte *Kreuzgang* aus dem 16. Jh., der als öffentlicher Durchgang dient. An den anderen Seiten des Platzes: im N die *Hauptpost* (modern); im W der *Municipio* (Rathaus); auf der gegenüberliegenden Seite der *Palazzo del Podestà* aus dem 15. Jh.

Gegenüber der Kirche S. Mercuriale führt die *Via dei Torri* zur *Piazza Ordelaffi* mit dem *Palazzo Paolucci* aus dem 17. Jh. (gegenwärtig Präfektur) und dem *Dom,* der im 19. Jh. erneuert wurde.

Vorne im r. Seitenschiff **Taufbecken* aus dem Jahre 1504; am l. Seitenschiff öffnet sich die *Capella della Madonna del Fuoco* (Feuermadonna) aus dem 17. Jh. mit einem Bild der Gottesmutter, der Schutzherrin Forlìs, das besonders verehrt wird.

R. vom Dom führt eine kurze Straße wieder zum *Corso Garibaldi,* dem Sie nach l. folgen, um zur Piazza Saffi zurückzukehren. Gegenüber öffnet sich der *Corso della Repubblica* mit (Nr. 72) der **Pinacoteca e Musei Comunali,** dem **Städtischen Museum** (Öffnungszeiten s. Anhang D).

Das Museum enthält archäologische und ethnographische Abteilungen, eine Waffensammlung und eine Gemäldegalerie mit Werken von *Melozzo da Forli* (darunter das prachtvolle Aushängeschild einer Apotheke), *M. Palmezzano, Lorenzo di Credi, Beato Angelico, Guercino, Carracci* usw.

Hinter dem Museum stößt der Corso della Repubblica auf die *Piazza della Vittoria* (Kriegerdenkmal; 1932), welche r. vom *Stadtgarten* gesäumt wird.

Vom Platz aus führt die *Via Filippo Corridoni* in den S der Stadt,

●⟶ 27 km gegen NO: *Ravenna* auf einer direkten Straße, welche dem Laufe des Ronco folgt.

Von Forlì nach Florenz: s. Kleiner Blauer Toskana.

☛ Sie verlassen Forlì über die Piazza della Vittoria und den Viale Roma. — **69** km: Brücke über den Ronco. — **73** km: *Forlimpopoli.* Marktflecken und Landwirtschaftszentrum (im März Volksfest). Kleines *Museum* im ehemaligen Schloß der Sforza. Beim Ortsausgang r. Abzweigung einer Straße nach Bertinoro.

●⟶ 14 km gegen SO: **Bertinoro,** malerisches Städtchen mit 8.000 Ew., in 257 m Höhe auf einem Rebhügel (berühmte Weine wie Trebbiano di Romagna, Canina, Sangiovese etc., bekannte Pfannkuchen). Eine schmale Straße führt zum terrassenförmigen Hauptplatz, von dem aus sich ein prachtvoller Ausblick auf die Romagna bietet. An diesem Platz der mittelalterliche *Palazzo di Municipio* (Rathaus) und die sogenannte *Säule der Gastfreundschaft,* in die Ringe eingelassen sind, von denen jeder eine einheimische Familie symbolisiert; jene Familie, an deren Ring ein fremder sein Gespann festhakte, nahm diesen gastfreundlich auf. Hinter dem Platz steigt die Straße bis zur ehemaligen *Burg,* jetzt ein Gasthof.

☛ Die schnurgerade verlaufende Straße läßt l. eine gute Straße nach (N.71 — 33 km gegenN) *Ravenna* liegen und überquert bei der Ankunft in Cesena den Savio.

84 km: **Cesena,** Stadt mit 89.000 Ew., in 40 m Höhe am r. Ufer des Savio gelegen, beherrscht vom Hügel, welcher die Zitadelle *(Rocca Malatestiana)* trägt.

Am l. Ufer des Savio eine Pferderennbahn, die durch ihre nächtlichen Veranstaltungen bei Scheinwerferlicht bekannt ist.

Von der Brücke (Ponte Nuovo) aus folgen Sie geradeaus der *Via Battisti* und gelangen zur Kreuzung, welche das Stadtzentrum bildet. L. mündet eine kurze Straße in die *Piazza Bufalini* vor der berühmten ***Biblioteca Malatestiana,** die 1452 in einem von *Matteo Nuti* erbauten Palast eingerichtet wurde.

Der Lesesaal ist eine prachtvolle, 40 m lange Galerie, deren drei Schiffe von Säulen aus weißem Marmor getrennt werden. Bedeutende Sammlung von Handschriften mit Miniaturenschmuck (Öffnungszeiten s. Anhang D).

Sie kommen zur Kreuzung zurück, fahren geradeaus weiter und stoßen auf die malerische *Piazza del Popolo* mit dem *Palazzo Comunale* (Rathaus, mit Uhrturm), einem schönen Brunnen aus dem 16. Jh. und dem Eingang zum *Park* am Hügel, welcher von der *Rocca* aus dem 15. Jh., der ehemaligen Zitadelle der Malatesta, gekrönt wird.

●⟶ In 2 km Entfernung (auf einer Straße, die r. den Stadtpark durchquert; Wegweiser) die **Abtei Madonna del Monte.** Die *Kirche* aus der Renaissancezeit, *Bramante* zugeschrieben, besitzt ein Langschiff mit Chor auf einer Krypta. In der 3. Kapelle r. Beschneidung des Herrn von *F. Francia;* Chorgestühl aus dem 16. Jh. — Von der Terrasse ausgedehnter *Rundblick auf die Romagna, Rimini und die Adria.

●⟶ 17 km gegen NO: *Cervia.*

Von Cesena nach Florenz: s. Kleiner Blauer Toskana; — **nach Perugia und Ravenna:** s. Rte 4.

☛ Die Straße überquert den Rubikon (Fiume Rubicone) bei (**98** km) *Savignano sul Rubicone,* Städtchen am r. Ufer jenes Flusses, welcher die Grenze zwischen dem Zisalpinischen Gallien und Italien bildete. Der Rubikon verdankt seine Weltberühmtheit Caesar, welcher bei der Überschreitung des Flusses das sprichwörtlich gewordene *Alea iacta est* (Die Würfel sind gefallen) prägte (49 v.Chr.). Eine moderne Brücke ersetzt jetzt die 1944 zerstörte römische Konsularbrücke: — R. Blick auf den *Monte Titano* (745 m) mit seinen drei Schlössern (Republik San Marino).

102 km: **Santarcangelo di Romagna,** Stadt mit 14.300 Ew., bedeutendes Landwirtschafts- und Industriezentrum. Auf dem Hauptplatz Triumphbogen, der 1772 zu Ehren des in dieser Stadt geborenen Papstes Klemens XIV. errichtet wurde. *Burg der Malatesta* aus dem 14.—15. Jh. Kirche *S.Michele* aus dem 11. Jh. (im Inneren: Kreuzigung, Tafelmalerei aus dem 14. Jh.).

☞ **1. Von Santarcangelo nach San Marino** (28 km im S). — Sie verlassen Santarcangelo gegen S und folgen dem l. Ufer der Marecchia. — 11 km: gegenüber lassen Sie die Straße nach Sansepolcro (s. weiter unten) liegen, biegen l. ein und überqueren den Fluß. — 14 km: **Verrucchio,** das von einer Burg der Malatesta beherrscht wird. — Die Straße führt in Windungen in der Republik San Marino bergauf. — 28 km: **San Marino,** von wo aus Sie direkt Rimini erreichen können (s. Nebenrte 4).

☞ **2. Von Santarcangelo nach Sansepolcro** (89 km gegen SW). — Sie verlassen Santarcangelo wie oben beschrieben und folgen dann dem Tal der Marecchia. Die Straße führt teils am r. Ufer des Flusses entlang, inmitten einer hübschen grünenden Landschaft am Fuße der Apenninen. — 28 km: *Novafeltria.* — 39 km: l. *Pennabili.* — 56 km: Die Straße verläßt das Tal der Marecchia, steigt in die *Alpe di Luna* und erreicht (68 km) den **Passo di Viamaggio,** Paß in 988 m Höhe. Anschließend Abfahrt zum Tibertal. — 89 km: **Sansepolcro,** s. Rte 4, km 174.

☛ Hinter Santarcangelo folgt die N.9 dem l. Ufer der Marecchia, läßt dann l. die Straße nach Ravenna und Ferrara (s. Rte 2) liegen und überquert den Fluß.

113 km: ****Rimini,** Stadt mit 123.300 Ew., Hauptort der gleichnamigen Provinz, liegt am Südostende der Po-Ebene am Adriatischen Meer. Historisch bedeutsam durch seine Lage an der Kreuzung der alten Römerstraßen Via Aemilia und Via Flaminia, verdankt Rimini seinen gegenwärtigen Ruf dem prachtvollen Sandstrand, durch den die Stadt zu einem der geschätztesten Seebäder Italiens wurde.

Geschichte. — Das klassiche *Ariminium* der Römer gehörte zu den Städten der Pentapolis, die von Pippin dem Kurzen dem Papst Stephan II. zur Schenkung gemacht wurden. Vom 13. Jh. an wurde die Stadt vom Hause Malatesta beherrscht, unter dem Fürsten Sigismondo erlebte sie im 15. Jh. ihre Blütezeit. Dante verewigte in der Göttlichen Komödie (5. Höllengesang) die *„schändliche Liebesgeschichte“* zwischen Francesca da Polenta (Francesca da Rimini), Gattin des Giovanni Malatesta, und ihrem Schwager Paolo sowie das tragische Ende der Liebenden unter den Schlägen des betrogenen Ehemannes. — Im Jahre 1509 kam die Stadt in den Besitz des Kirchenstaates. Im Zweiten Weltkrieg erlitt sie erhebliche Zerstörungen.

Rimini setzt sich aus zwei Teilen zusammen, welche durch die Eisenbahnstrecke getrennt werden: im W die Altstadt und im O Marina di Rimini an der Adriaküste. Die kanalisierte Marecchia fließt im Nordosten am Stadtrand. Vom Ponte di Tiberio bis zum Meer erstreckt sich der besonders malerische Kanalhafen (Fischerboote mit farbenfrohen Segeln).

Von Bologna oder Ravenna aus stoßen Sie auf die *Piazza Gramsci* (Pl.V, A2), von der zwei breite Straßen abzweigen:

1. l. die *Via Matteotti,* welche an einem Teil der ehemaligen Stadtmauern entlangführt (Reste von Türmen aus der Römerzeit) und den Kanalhafen auf einer modernen Brücke überquert (diese Straße ist die schnellste in Richtung zum Strandviertel);
2. r. der *Viale Tiberio* (an der Stelle der klassischen Via Aemilia). Er läßt l. die Kirche *S. Giuliano* (Pl.V, A3) aus dem 16. Jh. (schönes Gemälde von *Veronese:* *Martyrium des Hl. Julian; wenden Sie sich an den Küster) liegen und führt zum ***Ponte di Tiberio** *(Tiberiusbrücke,* Pl.V, A3), dessen Bau unter Augustus begonnen und unter Tiberius in den Jahren 14—21 vollendet wurde. Dieses prachtvolle Werk mit fünf Bogen aus istrischem Kalkstein ist für die Bedürfnisse des modernen Straßenverkehrs zu schmal geworden, weshalb eine weitere, moderne Brücke (s. oben) errichtet wurde.

Gegenüber führt der *Corso di Augusto* zur **Piazza Cavour** (Pl.V, A/B2), geschmückt mit dem Standbild des Papstes Pius V. (17. Jh.) und einem schönen *Brunnen* aus dem frühen 16. Jh. An der r. Seite erheben sich drei seit dem Zweiten Weltkrieg restaurierte Paläste: *Palazzo Comunale* (Rathaus; 16. Jh.), **Palazzo dell'Arengo* im romanisch-gotischen Übergangsstil des 13. Jhs. und *Palazzo del Podestà* aus dem 14. Jh. Im Hintergrund das Theater aus dem 19. Jh.

An dem ausgedehnten Platz hinter dem Theater das *Castello Malatestiano* (Pl.V, A4), in dem sich das Drama zwischen Francesca und Paolo abspielte (s. oben, Geschichte); das Schloß wurde im 15. Jh. umgebaut, später restauriert und dient gegenwärtig als Gefängnis (schönes Portal mit Wappenschildern).

Sie folgen erneut dem Corso di Augusto, welcher die Stadt vom Ponte di Tiberio bis zum Arco d'Augusto durchquert. Auf halber Strecke die *Piazza Tre Martiri* (Pl.V, B4), das ehemalige römische Forum, auf dem Julius Caesar nach Überschreiten des Rubikon zu seinen Soldaten sprach. An diesem arkadengesäumten Platz ein *Uhrturm* und ein kleines achteckiges *Oratorium,* das im 18. Jh. zu Ehren des Hl. Antonius, der an dieser Stelle einst predigte, errichtet wurde.

Der Corso endet beim ***Arco d'Augusto** (Pl.V, B4), dem 27 v.Chr. zu Ehren des Augustus errichteten Bogen. Diese Triumphpforte aus weißem istrischem Kalkstein bildet einen massiven Bau, der leider durch im Mittelalter hinzugefügte Zinnen ein wenig verun-

staltet wurde. Kannelierte Säulen mit korinthischen Kapitellen tragen den Giebel (in den Medaillons: Köpfe von Neptun, Venus, Jupiter und Minerva).
Sie kommen zur Piazza Tre Martiri zurück und folgen (nach r.) der *Via IV Novembre,* an der sich der ***Tempio Malatestiano** (Pl.V, B3) erhebt, ehemalige gotische Kirche *S. Francesco* aus dem 13. Jh. Im 15. Jh. wurde diese Kirche unter Sigismondo Malatesta umgebaut und im Renaissancestil verziert, um das Grabmal seiner dritten Gemahlin, Isotta, aufzunehmen. An diesen Arbeiten nahmen *L.B. Alberti* und *Matteo de Pasti* teil. Die Fassade besitzt drei Bogen in Nachahmung des Augustusbogens; der obere Teil ist unvollendet. Unter den Bogenstellungen der r. Langseite wurden sieben große Sarkophage in antikisierendem Stil angebracht, in denen berühmte Persönlichkeiten ruhen, welche dem Hof des Sigismondo Glanz verliehen hatten.

Das einschiffige **Innere** hat seine gotische Struktur bewahrt; zu beiden Seiten des Langhauses sind die Kapellen durch prachtvolle Marmorschranken geschlossen. Die Ausschmückung stammt zum Großteil von *Agostino di Duccio.* R. vom Eingang das *Grabmal des Sigismondo Malatesta.* In der **1. Kapelle r.:** Basrelief, das St. Sigismund und die Tugenden darstellt. Die anschließende Tür öffnet sich auf die **Reliquienkapelle** (wenden Sie sich an den Aufseher), welche eine kleine *Schatzkammer* enthält; über dem Eingangstor: **Sigismondo Malatesta betet kniend vor seinem Schutzheiligen,* prachtvolles Fresko von *Piero della Francesca* (1541). — **2. Kapelle r.:** an der l. Wand *Grabmal der Isotta degli Alli,* der dritten Gemahlin Sigismondos, von *Agostino di Duccio,* geschmückt mit den Wahrzeichen der Malatesta: der Rose (Liebe zu Kunst und Literatur) und dem Elefanten (Unbändigkeit). Überall sind die ineinander verschlungenen Initialen von Sigismondo und Isotta angebracht. An der r. Seitenwand: *Giotto* zugeschriebenes **Kruzifix* aus dem 14. Jh. — **3. Kapelle:** an den Pfeilern Bronzeverzierungen von *M. de Pasti;* Symbole der Planeten und Tierkreiszeichen. Gegenüber **(3. Kapelle l.):** an den Pfeilern die *Künste und Wissenschaften.* — **2. Kapelle:** *Spielende Kinder.* — **1. Kapelle:** *Sibylle und Propheten mit Porträt Sigismondos;* l. Grabmal der Vorfahren Sigismondos von A. di Duccio.

Hinter der Kirche gabelt sich die Via IV Novembre in zwei Teile: l. die *Via Dante,* die zum *Bahnhof* (Pl.V, C3) führt. Wenn Sie dieser Straße folgen, gelangen Sie kurz darauf (r.) durch die Eisenbahnunterführung nach **Marina di Rimini,** dem belebten Strandviertel mit schattigen Straßen, die von Hotels, Villen und Gärten gesäumt sind. Gegenüber der Eisenbahnunterführung mündet der *Viale Principe Amedeo* auf die *Piazza Indipendenza* (Pl.V, C2) nahe beim Strand. Dieser erstreckt sich über mehrere Kilometer Länge und wird vom *Lungomare Vittorio Emanuele* gesäumt. Der parallel verlaufende *Viale Amerigo Vespucci* ist die belebteste Straße dieses Viertels (zahlreiche Hotels, Kaffeehäuser und Läden, die in der Hauptsaison teilweise bis Mitternacht geöffnet bleiben).

Der Strand von Rimini liegt etwa in der Mitte der **Riviera di Rimini**, an der sich folgende Seebäder (alle mit schönem Strand) aneinanderreihen: (gegen N) *S. Giuliano a Mare, Rivabella, Viserba,Viserbella,Torre Pedrera;* gegen S: *Bellariva, Marebello, Rivazzurra, Miramare.* All diese Orte sind gut für den Fremdenverkehr eingerichtet.

Von Rimini nach Ravenna und Ferrara: s. Rte 2; — **nach Ancona und Pescara:** s. Rte 5; — **nach Florenz:** s. Kleiner Blauer Toskana.

3. Von Rimini nach S. Leo (32 km SW). — Sie verlassen Rimini auf dem Viale Valturio und folgen einer Nebenstraße, welche Aussicht auf San Marino bietet. — 17 km: l. lassen Sie eine Straße nach San Marino über **Verrucchio** (Marktflecken in 116 m Höhe mit Malatesta-Schloß) liegen. — 19 km: Sie stoßen in das Tal der Marecchia, dem Sie 7 km hindurch folgen; dann verlassen Sie das Tal und die Straße nach Sansepolcro und fahren l. im Tal des Mazzocco hinauf. Die Straße steigt in Windungen; schöne Aussichtspunkte.
32 km: **S. Leo,** malerischer kleiner Marktflecken, in 589 m Höhe an einem Felsabhang errichtet, beherrscht von einer alten *Festung* mit runden Türmen, in der der Abenteurer Cagliostro im Jahre 1795 als Gefangener starb. Die Pfarrkirche *S. Leo,* die älteste des ganzen Gebietes, wurde im 8. Jh. gegründet, im 11. und 18. Jh. umgebaut (romanische Säulen und Kapitelle). Schöne romanische *Kathedrale* aus dem frühen 13. Jh.

4. Von Rimini nach San Marino (24 km gegen SW auf der guten, breiten Straße N.72). — Sie verlassen Rimini über die Via S. Marino r. jenseits des Augustusbogens. Die Straße durchquert eine Ebene, erreicht (14 km) die Grenze der Republik San Marino (keinerlei Grenz- oder Zollformalitäten) und steigt dann in steilen Windungen; sie durchfährt die Ortschaften *Serravalle* und *Borgo Maggiore* (521 m Höhe), am Fuße eines Steilfelsens gelegen, und erreicht dann die Hauptstadt.
24 km: **San Marino,** s.u.

**Die Republik San Marino

Geschichte. — San Marino ist die kleinste und älteste Republik der Welt. Sie wurde der Legende nach im 4. Jh. von einem dalmatinischen Steinmetz, Marinus *(Marino),* gegründet, der mit seinem Kameraden Leo nach Rimini gekommen war, um an den Befestigungsarbeiten des Hafens teilzunehmen. Zur Zeit der von Kaiser Diokletian angeordneten Christenverfolgungen soll dieser fromme Marino, von dem Monte Titano angezogen, den er von Rimini aus sehen konnte, sich auf den Gipfel geflüchtet haben, um hier ungestört seinem Handwerk und seinem Christenglauben nachkommen zu können. Schnell kam er in den Ruf der Heiligkeit, und so zog er ungezählte Schüler und Nachahmer an. Der Berg selbst wurde ihm von einer Prinzessin geschenkt, deren Kinder er durch ein Wunder heilte. So wurde St. Marinus zum Gründer eines Gemeinwesens, das sich schließlich zu einer Republik formte. Die erste Urkunde über ihre Unabhängigkeit stammt aus dem Jahre 885, und die Republik überstand ohne geringsten Schaden sämtliche unglückliche Ereignisse, die Italien Jahrhunderte hindurch erleiden mußte. Als im Jahre 1797 Bonaparte als Sympathiebeweis San Marino eine Gebietserweiterung vorschlug, war die Republik weise genug, dies auszuschlagen. Im Jahre 1849 fand hier Garibaldi Asyl und Schutz. Obwohl während des Zweiten Weltkrieges strikt neutral geblieben, wurde San Marino 1944 bombardiert; während der schlimmsten Zeiten gegen Kriegsende suchten 100.000 Flüchtlinge aus stark heimgesuchten Gebieten in San Marino Zuflucht, die ihnen auch gewährt wurde.

Verwaltung. — Die Verwaltungsgesetzgebung von San Marino stammt aus dem 13. Jh. und hat seitdem nur geringe Veränderungen erfahren (im 18. Jh. und schließlich im Jahre 1906, als das allgemeine Wahlrecht eingeführt wurde). Die gesetzgebende und die vollziehende Gewalt besitzen die folgenden Organe: der „Große Rat", die „Regierenden Kapitäne", der „Staatskongreß" und der „Zwölferrat". — Der *Große Rat* wird von dem *Arengo,* der Wählerschaft der Republik, d.h. von sämtlichen volljährigen Bürgern der Republik, gewählt. Er besteht aus 60 Mitgliedern und stimmt über das Budget ab, veranschlagt die Staatsausgaben, legt die Gesetzestexte fest und wählt die „Kapitäne", welche seinen Versammlungen vorstehen. Die Mitglieder des Großen Rates, die mindestens 25 Jahre alt sein müssen, werden alle vier Jahre neu gewählt. Die zwei „Regierenden Kapitäne" werden für sechs Monate ernannt und treten ihr Amt am 1. April und am 1. Oktober an. Der „Staatskongreß" wird unter den Mitgliedern des Großen Rates gewählt; seine zehn Mitglieder stehen je einem Verwaltungszweig vor. Der *„Zwölferrat"* hat für die Förderung der Volkswirtschaft Sorge zu tragen und bildet zugleich das Oberste Straf- und Zivilgericht. Staatskongreß und Zwölferrat werden von den beiden Regierenden Kapitänen präsidiert. Die Armee von San Marino zählt 120 Soldaten.
San Marino hat 21.000 Ew., von denen 4.700 in der Hauptstadt wohnen. Besonders feierlich wird das Nationalfest (3. September), der Jahrestag der Gründung der Republik, begangen (großer Festzug).

Wirtschaft und besondere Erzeugnisse. — San Marino, das eine Fläche von 61 km² bedeckt, produziert Getreide, Oliven und den berühmten, *Moscato* genannten Schaumwein. Es hat außerdem Baumwollwebereien und Schokoladefabriken. Zahlreiche Handwerker führen das in San Marino seit dem 16. Jh. bestehende *Keramikkunstgewerbe* weiter.
Bis zu Beginn unseres Jahrhunderts prägte San Marino noch seine eigenen Münzen. Nach wie vor gibt es eigene Briefmarkenserien heraus, die zu den wichtigsten Einkommensquellen der Republik gehören. Ein weiterer bedeutender Einkommenszweig ist der Fremdenverkehr, der sich ständig aufwärtsentwickelt.

Die Hauptstadt ****San Marino** (750 m Seehöhe), mit engen, steilen, für Kraftfahrer gesperrten Gäßchen, hat sich ihren mittelalterlichen Charakter bewahrt. Die Anfahrtsstraße gelangt vor die *Porta*

S. Francesco aus dem 14. Jh. (Parkplatz); dahinter die Kirche *S. Francesco* aus der gleichen Zeit, teilweise im 17. Jh. umgebaut (in der Apsis: Hl. Franziskus von *Guercino).* Etwas weiter l. in der Via Carducci, das *Museum — Museo e Pinacoteca Governativi* (Öffnungszeiten s. Anhang D).

Im Museum zahlreiche Gemälde, darunter Werke von *B. Strozzi, Guercino, Ribera, Palma d.J., Domenichino* usw. Sammlungen mit Münzen, Reliquiaren, Elfenbeinarbeiten, etruskischen und ägyptischen Statuetten, Schmuckstücken aus der Römerzeit, Waffen und Rüstungen usw.; außerdem zahlreiche Erinnerungsgegenstände an Garibaldi.

Weiter oben die **Piazza della Libertà,** der Stadtmittelpunkt; prachtvoller **Rundblick.* An diesem Platz die *Post* und der *Regierungspalast* (Palazzo Pubblico, vormals del Governo), 1894 im Stil toskanischer Gotik des 15. Jhs. erbaut.

Besichtigung des Inneren mit Eintrittskarte, die gleichzeitig für das Museum (s. oben) und für die Festungen Rocca und Cesta (s. unten) gilt. — Eine schöne Treppe steigt zum Obergeschoß mit dem **Audienzsaal** (St. Marinus von *Guercino),* dem **Saal des Großen Rates** und dem **Abstimmungssaal** (St. Marinus von *G. Lafranco;* 17. Jh.).

Noch höher liegt die **Basilika S. Marino,** klassizistischer Bau aus dem 19. Jh. Durch die Sakristei gelangen Sie in die *Kapelle;* hier in den Fels gehöhlt die Lagerstätten der Hll. Marinus und Leo; ferner in der Kapelle Altar aus dem 16. Jh. mit einer Statue des Hl. Marinus aus Carrara-Marmor. In der Krypta das Grab des Heiligen. — Bei der Basilika ein *Wachsmuseum.*

Die drei Gipfelspitzen des Monte Titano werden von drei wuchtigen Festungen gekrönt: Rocca (oder Guaita), Cesta (oder Fratta) und Montale; alle drei sind auf Steilfelsen errichtet.
Die **Rocca** *(Zitadelle)* stammt aus dem 10. Jh. und ist damit die älteste; sie wurde im 15. Jh. restauriert; Zugang über eine Zugbrükke. — Die Festung **Cesta** wurde im 13. Jh. auf der höchsten Spitze des Berggipfels errichtet und im 14. Jh. restauriert; gegenwärtig ist sie Sitz des *Museums für alte Waffen — Museo delle Armi Antiche;* Waffen seit dem 13. Jh. — Der **Montale** ist weniger leicht zugänglich (Festung aus dem 14. Jh.). Ein Wehrgang verbindet die drei Festungen untereinander.
Von den überall angelegten Terrassen, von den Wehrgängen und von den Festungen selbst bieten sich prachtvolle **Ausblicke* auf die Apenninen und das Adriatische Meer. Auf der Panoramastraße, welche am Kasino vorbeiführt, kommen Sie nach Borgo Maggiore zurück, wo Sie wieder auf die Straße nach Rimini stoßen.

Von San Marino nach Santarcangelo: s. Rte 3,1.

B. — Über Lugo und Ravenna

☛ Sie verlassen Bologna über die Via S. Vitale, den gleichnamigen Platz und die Via Massarenti. Die Straße durchquert eine gut bebaute, fruchtbare Ebene. — **14** km: Abzweigung nach l. in Richtung *Budrio* und (53 km) *Ferrara* (s. unten). — **25** km: *Medicina;* r. eine Straße nach (10 km gegen S) *Castel S. Pietro* (Rte 3) an der Straße von Bologna nach Rimini. — Hinter (**44** km) *Massa Lombarda* lassen Sie r. eine Straße nach (18 km gegen SW) *Imola* (Rte 3) liegen.

52 km: **Lugo,** Stadt mit 34.800 Ew., bedeutendes Landwirtschaftszentrum (Weinbau). Die *Rocca* („Burg") hat einen Glockenturm aus dem 14. Jh. erhalten, der übrige Bau wurde im 16. Jh. verändert.

57 km: **Bagnacavallo;** Kirche *S. Pietro in Silvis,* im 5. Jh. gegründet, im 15. Jh. erneuert; in der Apsis Fresken aus dem späten 14. Jh. Sie kreuzen die Autobahn A-14 (s. unten). Die Straße überquert den Lamone, läßt r. eine weitere Straße nach (19 km gegen SW) Faenza liegen und stößt dann auf die Straße N.16 von Ferrara nach Ravenna.

78 km: **Ravenna,** s. Rte 2, km 74.

Von Bologna kann auch auf der Autobahn A-14 (Bologna-Rimini) bis zum AB-Ast Castelnuovo und von hier auf der Autobahn A-14 bis nach (75 km) Ravenna gefahren werden.

Von Ravenna nach Rimini, s. Rte 2.

4 — Von Ravenna über Cesena nach Perugia

Bis Cesena durchquert diese Route die Po-Ebene, dann führt sie das Tal des Sàvio hinauf, um dann vom Valico di Montecoronaro über eine kehrenreiche Bergstraße an Pinienwäldern vorbei den Tiber zu überqueren. Einen ersten Höhepunkt bildet nun das malerische Städtchen Città di Castello am l. Tiberufer. Sie überqueren nun mehrmals den Tiber und gelangen schließlich zum Zielpunkt der Fahrt, nach Perugia, das aus seiner Lage auf einem freistehenden Hügel den Tiber beherrscht und schöne Ausblicke, vor allem aber natürlich seine reichen Kunstschätze bietet. Assisi, das wohl bedeutendste Wallfahrtszentrum Italiens, bildet den krönenden Abschluß der Route.

Straßen: 257 km in südlicher Richtung auf der N.71 bzw. E 7.

☛ Von Ravenna fahren Sie gegen S auf der N.71, überqueren die Autobahn A 14 Bologna-Rimini und erreichen nach **33 km Cesena** (s. Rte 3). Von dort weiter auf der N.71, der Straße aus Florenz. — **92** km: Kreuzung. Die Straße führt das Tal des Sàvio hinauf. — **99** km: *Verghereto,* Marktflecken in 812 m Höhe. — Vom *Valico di Montecoronaro* in 861 m Höhe fällt die Straße in Windungen, gesäumt von Äckern und Pinienwäldern, überquert den Tiber und verläuft weiter in der engen Schlucht. Von *Bibbiena* führt eine kleine Gebirgsstraße am Kloster *La Verna* vorbei. Sie überqueren den Tiber.

132 km: *Sansepolcro.* Bei der Stadteinfahrt lassen Sie l. die Straße nach Rimini durch das Tal der Marecchia (s. Rte 6) liegen; r. Abzweigung nach *Urbino* (s. Rte 6,1).

168 km: *Città di Castello,* 37.500 Ew., malerisches Städtchen in 288 m Höhe am l. Tiberufer gelegen. An der *Piazza Mateotti,* dem Stadtzentrum, der *Palazzo del Podestà,* der zu einem großen Teil seine gotische Anlage bewahrt hat. Am Ende des Corso Cavour die *Piazza Gabriotti* beim *Rathaus* (Palazzo Comunale), gotischer Bau aus dem 14. Jh.

Zu seiner Rechten der **Dom,** im 11. Jh. gegründet, im 14. Jh. vergrößert, im 15.—16. Jh. umgebaut. Inneres im Renaissancestil, Säulen mit schönen korinthischen Kapitellen. Im **Kapitelsaal** (r. vom Chor) ein *kleines Museum* (erkundigen Sie sich in der Sakristei): silberner **Altarvorsatz* aus dem 12. Jh. Muttergottes von *Pinturicchio,* Bischofskreuz aus Silber (16. Jh.), Werke sakraler Goldschmiedekunst und liturgische Gewänder. — Schöne **Krypta** aus dem 11. Jh. mit wuchtigen Gewölbepfeilern.

Hinter dem Dom erreichen Sie die *Via d. Casceri* in der Nähe der **Gemäldegalerie** *(Pinacoteca Nazionale);* sehenswerte Werke von *Signorelli* (Martyrium des Hl. Sebastian), *Raffael* (*Kirchenbanner), *Ghirlandaio* (Marienkrönung), *Bicci di Lorenzo, A. Vivarini, G. d'Alemagna, Maestro di Città di Castello* (*Muttergottes mit Engeln, 13. Jh.) usw., Terrakottaarbeiten von *A.* und *Giov. della Robbia,* Basreliefs aus dem 13. und 14. Jh., Schnitzstatuen usw. (Öffnungszeiten s. Anhang D). Im O der Stadt an der *Piazza Garibaldi* der schöne *Palazzo Vitelli* aus dem 16. Jh.

In Richtung O nach (3 km) *Terme di Fontecchio,* kleines Heilbad in 333 m Höhe (Schwefelquellen).

Sie überqueren zweimal den Tiber. — **189** km: *Umbertide,* Marktflecken in 245 m Höhe; in der Kirche *S. Croce* eine Kreuzabnahme von *Luca Signorelli* (1516); *Rocca* (Festung) aus dem 14. Jh. mit Rundtürmen und gezinntem Hauptturm. Sie fahren am l. Ufer des Tiber weiter und überqueren den Fluß bei *Ponte Felcino.* Die Straße führt in Windungen vom Tibertal wieder hinauf.

Parallel zur beschriebenen Strecke verläuft eine vierspurige Schnellstraße, die die angeführten Orte meist umfährt. Abfahrtsmöglichkeiten sind aber immer vorhanden.

223 km: ****Perugia,** Stadt mit 140.000 Ew., Hauptort der gleichnamigen Provinz, bedeutendste Stadt Umbriens, Sitz eines Bischofs und zweier Universitäten. Perugia liegt in 493 m Höhe auf einem freistehenden Hügel, welcher das Tibertal beherrscht. Es ist nicht nur ein Industrie- und Landwirtschaftszentrum, sondern vor allem auch eine bedeutende Kunststadt.

Geschichte. — Perugia ist das klassische *Aperusia,* eine der mächtigsten der zwölf etruskischen Bundesstädte. Im Jahre 309 v.Chr. wurde es von den Römern erobert. Im Jahre 41 v.Chr. belagerte hier Oktavian den Lucius Antonius, Bruder des Marcus Antonius; die Stadt mußte sich wegen einer Hungersnot nach monatelangem Widerstand ergeben, wurde dann geplündert und gebrandschatzt. Unter Oktavian wurde sie wiederaufgebaut und unter dem Namen *Augusta Perusia* römische Kolonie. Später wurde sie nach einer siebenjährigen Belagerung von den Ostgoten unter Totila zerstört (546). Dann wurde sie von Narses, dem Feldherrn Justinians eingenommen und von den Langobarden erobert. Nach der Schenkung Pippins des Kurzen an den Papst gehörte die Stadt wie Bologna zum Kirchenstaat. Mehrere Aufstände fanden im Laufe der folgenden Jahrhunderte statt; diese endeten erst unter der Herrschaft von Papst Paul III. Nach einer kurzen, blutigen Revolution im Jahre 1848 wurde die Stadt 1849 von den Österreichern besetzt; gleichzeitig mit ganz Umbrien wurde sie 1860 dem Königreich Italien endgültig zugeschlagen.
Im 14. und 15. Jh. war Perugia Mittelpunkt der berühmten umbrischen Malschule; deren bedeutendste Vertreter sind *Pietro Vannucci* (1446—1524), *Perugino* genannt, und *Bernardino Betti* (1454—1513), *Pinturicchio* genannt. Diese Schule unterscheidet sich von der florentinischen durch die ernstere Stimmung der Figuren, die leicht ins Schwärmerische und Sentimentale umschlägt.

Zeiteinteilung. — Rechnen Sie mit etwa **eineinhalb Tagen.** Zumindest müssen Sie besichtigen: *Piazza IV Novembre* (Brunnen und Dom), *Palazzo dei Priori* (Museum), *Collegio del Cambio* (Fresken) und die schmalen mittelalterlichen Gassen, welche diese Bauwerke umgeben: *Oratorio S. Bernardino,* die unterirdische Straße bei der Porta Marzia; Kirche *S. Pietro.*

I. Stadtmitte. — Die Straße führt in Windungen in die Stadt; über den *Viale Indipendenza* erreichen Sie die *Piazza Italia* an der Stelle der ehemaligen Rocca Paolina, einer im 19. Jh. geschleiften päpstlichen Zwingburg. Die *Präfektur* (Palazzo della Prefettura; 1870) teilt den Platz in zwei Hälften. An der Südseite eine *Terrasse* mit weitem Ausblick bis zum Tibertal und nach Assisi; an der Nordseite öffnen sich zwei parallel verlaufende Straßen: l., Ecke des *Palazzo Donnini* aus dem 18. Jh., der **Corso Vannucci,** die belebteste Straße der Stadt; sie führt zur Piazza IV Novembre; r. (Verlängerung des Viale Indipendenza) die *Via Baglioni,* welche die Piazza Italia mit der Piazza Matteotti verbindet.

Die ***Piazza IV Novembre** (Pl.XII, C3) ist mit der ****Fontana Maggiore** geschmückt, einem der schönsten gotischen Brunnen Italiens.

Der Brunnen wurde 1275— 1278 nach Entwürfen von *Fra Bevignate* errichtet. Die untere Marmorschale ist mit ****Basreliefs** von *Nicolo Pisano* geschmückt. Die mittlere Marmorschale besteht aus 24 Feldern, getrennt durch Statuetten, die *Giov. Pisano* zugeschrieben werden. Über der dritten, bronzenen Schale drei Bronzenymphen, die ebenfalls von *Giov. Pisano* stammen sollen.

Die Nordseite des Platzes wird gesäumt vom Dom und der *Loggia di Fortebraccio* (1423). An der Treppe eine Statue Papst Julius' III. (1555) und r. vom Seitenportal **Außenkanzel* aus dem 15. Jh., aus alten Fragmenten zusammengestellt (hier predigte der Hl. Bernhard im Jahre 1425). An der anderen Platzseite das *Rathaus* (Palazzo dei Priori oder Palazzo Comunale; s. weiter unten).

Der ***Dom** *(S. Lorenzo,* Pl.XII, C3) ist ein gotischer Bau aus den Jahren 1345—1490. Die unvollendete Fassade auf der Piazza Danti erhielt später ein Barockportal.

Das **Innere** ist eine dreischiffige gotische Hallenkirche. R. vom Hauptportal die **Cappella S. Bernardino** mit schmiedeeisernem Gitter aus dem 15. Jh.; Kreuzabnahme von *Baroccio* (1569). L. die **Capella del S. Anello** *(Heiliger Ring),* ebenfalls durch ein Gitter geschlossen (1511); sie enthält in einem Tabernakel (1489—1511) einen Achatring, welcher der Legende nach der Ehering Mariä sein soll. — In einer Kapelle des r. Seitenschiffs ein schönes Holzkruzifix des Franzosen *Fournier* (1656); am 3. Pfeiler r.: Madonna delle Grazie, *Giov. di Paolo* zugeschrieben (16. Jh.). In der Apsis: intarsiertes Chorgestühl aus dem 15. Jh., Bischofsstuhl aus dem Jahre 1524.

Vom **Kreuzgang** (Skulpturenfragmente) kommen Sie in das **Dombaumuseum** *(Museo dell'Opera del Duomo,* Öffnungszeiten s. Anhang D) mit zahlreichen wertvollen Kunstwerken, darunter Gemälde von *Luca Signorelli* (*Muttergottes mit Heiligen), *B. Caporali* (*Pietà), *Meo da Siena* (Muttergottes mit Heiligen), *Vanni* (Muttergottes), *Nic. di Paolo* (Martyrium des Hl. Laurentius) usw. — Im zweiten Raum: Handschriften, illuminierte Chorgesangbücher ab 11.—13. Jh., Werke sakraler Goldschmiedekunst, liturgische Gewänder.

Der ****Palazzo dei Priori** oder Palazzo Comunale ist ein zinnengekrönter Bau, der gegen 1293 von *Giacomo di Servadio* und *Giov. di Benvenuto* begonnen und 1443 vollendet wurde. Der älteste Teil liegt am Platz; an dieser Seite eine Treppe vor dem Portal, das von den Bronzefiguren eines Löwen und eines Greifen (1281), den Wappentieren der Stadt, gekrönt wird; darunter Ketten und Torriegel, welche 1358 bei einem Sieg von Perugia über Siena erbeutet wurden. Im 3. Stock (Fahrstuhl) des Palastes die ***Galleria Nazionale dell'Umbria,** das *Umbrische Nationalmuseum* (Öffnungszeiten s. Anhang D).

Im großen **Eingangssaal** *(Sala del Consiglio)* Fresken aus der Schule des Perugino sowie der sienesischen und umbrischen Schule des 14. und 15. Jhs., aus Kirchen von Perugia stammend. Gekreuzigter Christus (13. Jh.).
Saal I: *Maestro di S. Francesco* (*Kreuzigung aus dem Jahre 1272; Triptychon und weitere Werke); *Duccio* (*Madonna mit Kind und Engeln; 1308); *Vigorosa da Siena* (Madonna mit Kind und Heiligen, 1293); toskanische Schule des 13. Jhs. (Triptychon); umbrische Schule des 13. Jhs. (Majestas Dominini).
Saal II: Skulpturen von *Giov.* und von *Nic. Pisano* (13. Jh.) und *A. di Cambio* (14. Jh.).
Saal III: Werke von *Meo da Siena* und eine Madonna mit Kind in der Manier des Perugino.
Saal IV: Werke von Malern aus Perugia und Siena (14. Jh.); *Francesco da Rimini* (*Maria Magdalena mit vier Heiligen); Glasmalerei von *Giov. di Bonino;* Marienstatue (14. Jh.).
Saal V: *Taddeo di Bartolo* (Thronende Madonna mit Engeln, 1403; Verkündigung Mariä und weitere Werke); *Bartolo di Fredi* (Triptychon); *Lippo Vanni* (Muttergottes); *Dom. di Bartolo* (Madonna mit Kind und Heiligen).
Saal VI: *Gentile da Fabriano* (*Madonna mit Kind); *Lello da Velletri* (Triptychon); *Pietro di Domenico da Montepulciano* (Triptychon); *Ottaviano Nelli, Bicci Lorenzo* und weitere Maler aus dem 14. und 15. Jh.; Fresko (*Kreuzigung) von *Salimbeni da Sanseverino.*
Saal VII: *Fra Angelico* (*Polyptichon der Muttergottes); *Piero della Francesca* (*Polyptichon); *B. Gozzoli* (Madonna mit Kind und Heiligen); *Fr. di Giorgi Martini* (*Christus an der Geißelsäule, Bronzearbeit aus dem Jahre 1478).
Saal VIII: *Giov. Boccali* (Pietà; *Madonna mit Kind; Triptychon usw.); *Nic. di Liberalore* (Verkündigung Mariä); *Fr. di Gentile da Fabriano* (Verkündigung Mariä).
Saal IX: Werke von *Benedetto Bonfigli* und *Bart. Caporali.*
Saal X: *Girolamo da Cremona* (Madonna mit Kind und Engeln); *Mariano d'Antonio Nutoli* (Kreuzigung; Wunder des Hl. Antonius); *Ant. Romano* (Muttergottes); *Nic. del Fiore* (Wundmale des Hl. Franziskus und andere Werke); Statue des Hl. Sebastian (Umbrien, 15. Jh.).

Saal XI: *Bart. Caporali* (*Madonna mit Kind und Engeln; Pietà; Engel; Himmelfahrt Mariä usw.); *Fiorenzo di Lorenzo* (Gemälde und Fresken).
Saal XII: Werke von *Fiorenzo di Lorenzo* (Polyptychon; Triptychon; Hl. Sebastian; Geburt Christi).
Saal XIII: *Perugino* (*Anbetung der Drei Weisen; Pietà); *Fiorenzo di Lorenzo* (Fresko; Muttergottes; Geburt Christi); Hl. Franziskus, Terrakottaarbeit aus der Werkstatt der *della Robbia.*
Saal XIV: Werke von *Pinturicchio* und von *Perugino; Benedetto Bonfigli* (Hl. Bernhard).
Saal XV: *Perugino* (*Pietà; Madonna mit Kind; Gottvater; Taufe Christi; Geburt Christi usw.); *Pinturicchio* (**Polyptychon).
Saal XVI: *Perugino* und seine Schule (Kreuzigung; Muttergottes); *Gian. di Paolo* (Kreuzigung; Heilige); *Spagna* (Fresken und Gemälde).
Saal XVII: *Piero di Cosimo* (Pietà); *Perugino* (Hl. Franziskus).
Saal XVIII: *Bern. di Mariotto* (Anbetung des Jesuskindes; Mystische Vermählung der Hl. Katharina; drei Muttergottesdarstellungen); Werkstatt des Luca Signorelli (Himmelfahrt Mariä).
Saal XIX: Werke von *Berto di Giovanni* und *Sinibaldo Ibi.*
Saal XX: *Tom. Alfani, Pompeo Cocchi.*
Saal XXI: *Dosso Dossi, Benedetto Nucci, B. di Gerolamo Rosselli, G. Naldini.*
Saal XXII (Tesoro): Schatzkammer mit Werken der liturgischen Goldschmiedekunst seit dem 12. Jh.
Saal XXIII (einst **Cappella dei Priori):** schöner Fußboden, Truhe aus dem 15. Jh., Fresken von *Bonfigli* (15. Jh.).
Saal XXIV: Skulpturen von *Agostino di Duccio* (15. Jh.).
In den weiteren Sälen **(XXV—XXXIII)** Werke von *Domenico Cerrini, A. Tassi, G.M. Crespi* sowie Skulpturen und historische Dokumente.

Sie verlassen das Museum auf dem Corso Vannucci und besichtigen daneben das ****Collegio del Cambio** (Öffnungszeiten s. Anhang D), ehemalige Handelskammer und Börse der Geldwechsler, in der Mitte des 15. Jhs. errichtet und mit einer **Freskenreihe von Perugino* geschmückt.

Vom Vestibül (Tafelwerk aus dem 17. Jh.) kommen Sie r. in die **Sala dell'Udienza** *(Audienzsaal):* Schnitz- und Einlegearbeiten an Richterstuhl, Wechslerbank und Täfelwerk *(Dom. del Tasso,* 1493); in einer Nische die Statue der Gerechtigkeit von *B. da Maiano* (15. Jh.). *Wandfresken, die 1496 von *Perugino* und seinen Schülern (darunter *Raffael)* ausgeführt wurden. An der l. Wand die Tugenden: Weisheit, Gerechtigkeit, Kraft und Mäßigkeit, und Persönlichkeiten, welche sich durch diese Tugenden auszeichneten. Am Pilaster ein Bildnis des Perugino. An der hinteren Wand: Verklärung Christi und **Anbetung des Jesuskindes.* An der r. Wand: Gottvater, Propheten und Sibyllen (diese ganze Seite wird dem *Raffael* zugeschrieben). An der Wölbung: Planeten und Tierkreiszeichen. — R. **Kapelle** mit Fresken von *G. di Paolo* (Leben Johannes' des Täufers, 1519).

Sie verlassen das Collegio und sollten die anschließend beschriebene Strecke vorzugsweise zu Fuß unternehmen. Folgen Sie dem *Corso Vannucci,* und sehen Sie sich die malerischen Gassen mit Arkaden und Treppen an, die nach r. (vor allem bei der *Piazza della Repubblica)* abzweigen. Sie stoßen auf die *Piazza Italia (Carducci-*

Gärten mit prachtvollem ***Panorama),* biegen zuerst l. und etwas weiter r. ein und gehen die *Via Porta Marzia,* etwas tiefer als der Platz gelegen, hinunter, entlang den Mauern der ehemaligen Zwingburg *Rocca Paolina.*
R., bei der Straßenbiegung, die ***Porta Marzia** (Pl.XII, C4) mit Bogen und Krönung aus der Etruskerzeit (3.—2. Jh. v.Chr.); diese führt auf die seltsame ***Via Bagliona Sotteranea,** eine unterirdische Straße mit Häusern aus dem 15. Jh. und den Überresten der ehemaligen Rocca (Festung) aus dem 15. Jh. (läuten Sie beim Wärter an).

Sie gehen wieder zur Porta Marzia zurück und kommen über die *Via Oberdan* auf die **Piazza Matteotti:** r. die *Alte Universität* aus dem Jahre 1453 mit schönen Renaissancefenstern und der **Palazzo del Capitano del Popolo* (1472) mit Balkon und schönem Portal. Daneben (Nr. 18) können Sie die *Loggia* (14. Jh.) durchqueren und einen weiten **Ausblick* genießen. Gegenüber die *Hauptpost.* Im Hintergrund des Platzes (N) gehen Sie l. die treppenförmige **Via Volte della Pace* hinauf, die schönste mittelalterliche Gasse von Perugia; sie ist von einem gotischen Gewölbe bedeckt, mit Häusern aus dem 14. Jh. gesäumt und folgt der etruskischen Stadtmauer. Oben biegen Sie r. und dann gleich darauf l. ein, um der *Via Raffaello* zu folgen; diese führt zum gleichnamigen Platz (*Rundblick) und zur Kirche *S. Severo,* geschmückt mit einem Fresko von *Raffael* (Dreifaltigkeit und Heilige, 1505) über dem sich sechs Heiligendarstellungen von *Perugino* (1521) befinden. Sie steigen wieder hinunter und erreichen über *Via Bontempi* und *Piazza Piccinino* die Piazza Danti vor dem Dom.

II. Nord- und Westviertel. — Von der Piazza IV Novembre gehen Sie die kurze Straße hinunter, welche sich bei der Loggia di Fortebraccio öffnet, und kommen vor das gotische Portal einer ehemaligen Kirche; Sie biegen r. ein, gelangen durch Arkaden aus dem Mittelalter (13.—14. Jh.) und überqueren einen malerischen kleinen Platz. Gegenüber führt die *Via Battisti* (nach l. unten Blick auf die eigenartige *Via dell'Acquedotto)* hinunter zur *Piazza Fortebraccio.* R. der ***Arco Etrusco** (auch *Augustusbogen* genannt), ehemaliges Haupttor der etruskischen Stadtumwallung. Der untere Teil ist etruskisch (3.—2. Jh. v.Chr.), der obere römisch; die Loggia l. am Turm und der Brunnen stammen aus dem 16. Jh. An der Westseite des Platzes der *Palazzo Gallenga,* Sitz der *italienischen Universität für Ausländer* (1925 gegründet; die Kurse haben inzwischen Weltruf erlangt).

An der Westseite des Platzes führt die *Via Pinturicchio* zu der Kirche **S. Maria Nuova,** die teils aus dem 13. Jh. stammt (im Chor geschnitztes Tafelwerk von *P. da Ascoli* aus dem Jahre 1465; r. vom Altar Kirchenfahne von

B. Bonfigli, 1472). Jenseits der Kirche führt die Straße durch ein Tor und mündet dann in die *Piazza Porta Pesa;* von dieser nach l. auf dem *Viale Bonacci Brunamonti* bis vor das Ospedale und die Kirche **S. Maria di Monteluce** aus dem 13.—14. Jh. (schönes Portal aus dem 13. Jh.). Das Innere wurde im frühen 17. Jh. ausgeschmückt; r. vom Hochaltar ein Tabernakel von *Fr. Ferrucci* (1487).

Von der Piazza Fortebraccio gehen Sie (r. vom Palazzo Gallenga) den *Corso Garibaldi* hinauf. R., an einem kleinen Platz, die Kirche **S. Agostino** aus dem 13. Jh. (im Chor: intarsiertes **Gestühl* von *Baccio d'Agnolo,* 1502). Etwas weiter (Nr. 69): **Monastero della Beata Colomba** mit einer **Kreuztragung* von *Giov. di Pietro,* genannt *lo Spagna* (15. Jh.). Kurz vor dem Ende des Corso steigt eine kleine Straße r. zu einem reizenden, stillen, mit Zypressen bepflanzten Platz (Brunnen); an ihm die Kirche ***S. Angelo** (Pl.XII, B1), ein Rundbau, der im 5. oder 6. Jh. unter Verwendung antiker Bauteile an der Stelle eines ehemaligen heidnischen Tempels errichtet wurde. Portal aus dem 14. Jh. Im Inneren 16 antike Säulen: Der Tisch des Hochaltars ruht auf dem Sockel eines antiken Meilensteines.

Sie kommen zum Corso Garibaldi zurück und biegen vor der *Porta S. Angelo* (1326) l. ein. Die *Via Zefferino Faina* führt in ausgedehnten Windungen bergab und gelangt an der *Universität* vorbei. Etwas weiter entfernt biegen Sie hinter dem Palazzo Gallenga r. ein; Sie gelangen unter eine Arkade und unter den Aquädukt, hinter dem r. (Nr. 15) ein modernes Gebäude das ***Museum römischer Mosaiken** *(Museo Mosaico Romano)* des 2. Jh. beherbergt (Pl.XII, C2).

Gegenüber steigt die *Via A. Pascoli* zur *Piazza S. Francesco* mit der Kirche *S. Francesco* (13. Jh.) und dem ***Oratorio di S. Bernardino,** dessen **Fassade* mit Renaissance-Basreliefs von *A. di Duccio* (15. Jh.) geschmückt ist: Szenen aus dem Leben des Hl. Bernhard (im Inneren ein Hochaltar, der auf einem Sarkophag aus dem 4. Jh. ruht).

Sie gehen zum Stadtzentrum zurück und kommen dabei vorbei an der Kirche *S. Maria della Luce* (16. Jh.) und dem *Arco di S. Luca* (altes Etruskertor). L. folgen Sie der *Via dei Priori,* welche das mittelalterliche Viertel durchquert, und kommen nahe an der *Torre degli Sciri* aus dem Mittelalter vorbei; etwas weiter l. führt die Straße vorbei an der Kirche *S. Filippo Neri* (17. Jh.) und r. an der kleinen Kirche *S. Agala* (aus dem 13. Jh., mit Fresko aus der gleichen Epoche); sie gelangt dann durch den *Arco del Priori* und mündet auf den Corso Vannucci zwischen dem Palazzo dei Priori und dem Collegio del Cambio.

III. Südostviertel. — Von der Piazza Italia steigen Sie in Windungen die Via Indipendenza hinunter; hinter einem kleinen Platz geht sie über die Via Masi; diese führt zur *Piazza Cacciatori delle Alpi* (Pl.XII, C5, von einigen modernen Gebäuden gesäumt) in der Nähe des Bahnhofs S. Anna (Pl.XII, C5).
Zu Fuß können Sie abschneiden, indem Sie eine treppenförmige Straße hinuntergehen, die an der Kirche *S. Ercolano* vorbeiführt; vor dieser folgen Sie dann dem Corso Cavour. Die Kirche ist ein im frühen 14. Jh. errichteter Rundbau und jetzt dem Gedächtnis der Kriegsgefallenen geweiht.
Sie lassen l. die *Via Marconi* liegen und steigen den tiefergelegenen *Viale Roma* hinunter, einen ausgedehnten Straßenzug, der zum Stadtpark führt. Am Ende biegen Sie l. ein, kommen durch die *Porta S. Costanzo* zur Kirche ***S. Pietro** aus dem 10. Jh., beherrscht von einem achteckigen Campanile aus dem Jahre 1468. Vor ihr ein Arkadenhof, in dessen Hintergrund Sie l. durch ein Portal aus dem 16. Jh. die Kirche betreten.

Im **Inneren** sind die drei Langschiffe durch antike Säulen getrennt. Das Mittelschiff hat eine schöne, geschnitzte Decke. An den Wänden elf Gemälde von *Aliense,* einem Schüler des Tintoretto (16. Jh.). Im **r. Seitenschiff:** Muttergottes, Maria Magdalena und Hl. Sebastian von *E. da S. Giorgio;* Hl. Benedikt vom gleichen Maler. — Vorne ein Christus von *Caravaggio.* Sie kommen r. in die **Sakristei:** Schränke aus dem 15. Jh., vier *Bildnisse von *Perugino* und ein Gemälde von *Raffael* (Jesuskind mit dem Johannesknaben). Im benachbarten Raum: illuminierte Meßbücher und Chorgesangbücher aus dem 15.—16. Jh. — Im **Chor:** Hochaltar aus Marmor und Bronze (16. Jh.); intarsiertes und geschnitztes *Chorgestühl von *S. Zambelli* und *B. Antonibi* (1526—1536); Adlerpult von *S. Zambelli* (1535). Im Hintergrund der Apsis geht eine kleine intarsierte Tür von *Fra Damiano* (1536) auf einen Balkon mit prachtvoller *Aussicht bis nach Assisi und noch weiter hinauf. — Im **l. Seitenschiff,** beim Chor: Pietà und Heilige, *B. Bonfigli* (1469) zugeschrieben; St. Petrus und St. Paulus von *Guercino.* In der 1. Kapelle: Skulpturentabernakel von *Mino da Fiesole* (1473) und Verkündigung Mariä von *Caporali* (1521). Hinter der 3. Kapelle: Dreikönigsfest von *E. dà S. Giorgio* (1508). Daneben ein Kruzifix aus dem 15. Jh. und *Pietà von *Perugino.*
Das ehemalige Kloster ist jetzt Sitz der *Landwirtschaftlichen Fakultät.*

Wenn Sie in Richtung Stadtmitte zurückgehen, kommen Sie durch die ***Porta S. Pietro** (Pl.XII, D5), im 15. Jh. von *Agostino di Duccio* errichtet) und auf dem *Corso Cavour* zur Kirche ***S. Domenico** (Pl.XII, D5), die 1305 erbaut und 1632 von *Maderno* teilweise erneuert wurde.

Ausgedehntes dreischiffiges Inneres. In der 4. Kapelle r.: Altar mit Basreliefs und Statuen von *A. di Duccio* (1459); in der Apsis Glasmalerei aus dem 15. Jh.; im l. Querschiff: **Grabmal des Papstes Benedikt XI.* (1325). Jüngst wurden Fresken aus dem 14. Jh. freigelegt.
L. von der Kirche das ehemalige Kloster (16. Jh.); jetzt Sitz des ***Nationalen Umbrischen Archäologie-Museums** mit bedeutender *etruskisch-römischer*

Abteilung (Museo Etrusco-Romano) und einer *Abteilung für die Vorgeschichte Mittelitaliens* (Museo Preistorico dell'Italia Centrale; Öffnungszeiten s. Anhang D).
Unter den Bogen des **Kreuzganges:** Grabmäler und Steininschriften. Im Erdgeschoß die *Archive.* R. steigen Sie zur **oberen Galerie des Kreuzganges:** Sie beginnen den Rundgang nach l., um die *etruskischen* und *römischen Altertümer* zu besichtigen: archaische Sphinx, Grabsteine und Sarkophage seit dem 6. Jh. v.Chr., Graburnen usw. aus den Nekropolen, die in der Umgebung von Perugia ausgegraben wurden. Unter anderen Stücken ist besonders sehenswert (Ecke der 2. und 3. Galerie) ein **Grabstein* mit der berühmten „peruginischen Inschrift“ (mit 15 Worten die längste von allen erhaltenen etruskischen Inschriften). Im **großen Saal,** der sich auf die Galerie öffnet: Vasen, Bronzestatuetten, Becher, Mischkrüge, Waffen, Schmuckstücke usw. An der anderen Seite der Galerie kommen Sie in das *Museo Preistorico dell'Italia Centrale,* das mehrere Säle einnimmt: Fundstücke aus der Stein-, Kupfer-, Bronze- und Eisenzeit, welche einen Gesamtüberblick über die Entwicklungsstufen Mittelitaliens geben. Im Obergeschoß ein großer Saal mit Schmuckstücken und Handwerksgeräten aus der Kupfer-, Bronze- und Eisenzeit.

Die Via Cavour führt wieder zur Stadtmitte zurück.

Umgebung. — 1. **Begräbnisstätte der Volumner — *Ipogeo dei Volumni* (7 km gegen SO auf der N.75 Richtung Route S. Giovanni; Öffnungszeiten s. Anhang D), l. von der Straße N.75, vor der Eisenbahnüberführung. Gruft aus dem 2. Jh. v.Chr., *eine der schönsten uns bekannten etruskischen Grabanlagen,* im 19. Jh. freigelegt. Sie setzt sich aus zehn in den Fels gehauenen Grabkammern zusammen; diese enthalten die ***Urnen** der Volumner-Familie, die bedeutendste ist jene des Oberhauptes dieser Familie, des Aruns Volumnius Aules.
2. Bettona (20 km gegen SO). — Sie folgen der Straße nach Todi (N.3) bis (13 km) *Ost. dei Cipressi,* wo Sie l. in eine Nebenstraße einbiegen; in weiterer Fortsetzung steigt die Straße nach **Bettona** (3.400 Ew.), dem alten malerischen Marktflecken in 355 m Höhe mit prachtvollem Rundblick auf das Chiascio-Tal. Überreste der Etruskermauern aus dem 4. Jh. v.Chr. Kirche **S. Maria Maggiore** aus dem 13. Jh. (teilweise restauriert) mit einem Gemälde von *Perugino* (Anna selbdritt). Der *Palazzo del Podestà* aus dem 14. Jh. enthält eine kleine Gemäldegalerie (Werke von *Perugino, Fiorenzo di Lorenzo, Tiberio d'Assisi, Ribera).* — In Ortsnähe eine etruskische Nekropole aus dem 3. Jh. v.Chr.
3. Gubbio (40 km gegen NO): s. Rte 10.

☛ Die Straße nach Assisi führt aus Perugia über den Viale Roma; hinter der Porta S. Costanzo: r. die kleine Kirche *S. Costanzo* (13. Jh.). — Abfahrt zum Tibertal (*Aussicht). — **238** km: l. die **Begräbnisstätte der Volumner** (s. o.). — Sie überqueren die Eisenbahnstrecke, lassen r. die Straße nach Rom über Todi liegen und bald darauf l. die Straße, welche über Umbértide und Città die Castello (s. oben) das Flußtal hinaufführt. Auffahrt auf die 4spurige Schnellstraße nach Assisi. — **239** km: *Ponte S. Giovanni* am Tiber. Sie kommen in die Ebene von Assisi, die vom *Monte Subasio* (1.290 m) beherrscht wird.

247 km: Abfahrt l. nach *Bastia.* In Bastia r. abzweigen. — **252** km: *S. Maria degli Angeli,* Ortschaft, die nach der berühmten Basilika ***S. Maria degli Angeli** benannt wurde. Die Basilika wurde im 16. Jh. nach Plänen von *Alessi* errichtet und 1840 von *Poletti* umgebaut. Fassade aus dem Jahre 1928.
Auf der l. Seite langgestreckter *Brunnen* mit 26 Röhren, 1610 auf Anordnung der Mediceer errichtet.

Die prächtige Basilika wurde eigens über dem vom Hl. Franziskus im Jahre 1208 selbst erbauten Bethaus S. Maria degli Angeli, das er *Portiunkula* (seinen „kleinen Anteil") nannte, errichtet, das heute unterhalb der Kuppel der Basilika liegt (s. unten). In diesem Portiunkulakirchlein wurde der Franziskanerorden gegründet und fand das erste Generalkapitel dieses Ordens statt.
Im imposanten *Inneren,* unter der Kuppel, die **Portiunkula-Kapelle** *(Capella della Porziuncola):* Einer altüberlieferte Legende zufolge wurde sie im 4. Jh. von aus dem Heiligen Land gekommenen Mönchen errichtet, um ein Fragment des Mariengrabes aufzunehmen. Im Jahre 1208 wurde sie vom Hl. Franziskus selbst neu aufgebaut; hier empfing er 1212 die junge Klara Scifi, die spätere Hl. Klara, ein Mädchen aus vornehmer Familie in Assisi, das alles aufgab und sich nach seinem Beispiel dem göttlichen Dienst weihte. Hier hatte der Hl. Franziskus im Jahre 1216 eine Vision, auf Grund derer dann vom Papst der *Portiunkula-Ablaß* bewilligt wurde; am Tag der Ablaßgewinnung (2. August) findet alljährlich eine grandiose Wallfahrt statt. An den Außenwänden der Kapelle Fresken aus dem 15.—16. Jh.; jenes an der Fassade (Ablaß und Nachlaß der Sündenstrafen) stammt von dem deutschen Maler *J. F. Overbeck* (1829). Im Inneren großes Tafelgemälde (Verkündigung Mariä und Szenen aus dem Leben des Hl. Franziskus) von *Ilario da Viterbo* (1393). — Dahinter r. die **Cappella del Transito,** die einst als Krankenzelle der Mönche diente; hier starb der Hl. Franziskus von Assisi am 4. Oktober 1226. Statue des Heiligen von *Andrea della Robbia* und Fresken mit Heiligen aus dem Franziskanerorden von *Giov. Spagna* (1516). — Vom r. Querschiff kommen Sie in den *Roseto* genannten Hof, in dem im Sommer der berühmte Rosenstrauch ohne Dornen blüht. An ihn ist die Legende geknüpft, nach der sich der Hl. Franziskus, als ihn der Teufel versuchte, unbekleidet in diesem Dornengestrüpp gewälzt haben soll, wobei das Wunder geschah, daß der Strauch seine Dornen verlor. Die braunen Flecken auf den Blättern sollen an das von dem Heiligen vergossene Blut erinnern. — Von hier aus gelangen Sie zur **Capella del Roseto** (mit Fresken von *Tiberio d'Assisi* geschmückt) und zu einem kleinen **Museum** (Öffnungszeiten s. Anhang D. — Tafelgemälde in Form eines Kreuzes, von *Giunta Pisano* aus dem 13. Jh., liturgische Gewänder und einige Gemälde).

Von S. Maria degli Angeli führt die Straße nach N und kommt am Bahnhof von Assisi vorbei. Sie steigt in Kehren an und bietet einen prachtvollen Gesamtblick auf Assisi und den gewaltigen Bau des Klosters und der Basilika S. Francesca, die sich auf mächtige, festungsartige Strebemauern stützen.

257 km: ****Assisi,** Stadt mit 24.500 Einwohnern, in 424 m stufenförmig an den Ausläufern des Monte Subasio gelegen, ist eines der berühmtesten und bedeutendsten Wallfahrtsziele Italiens. Außerdem ist die Stadt ein besonderer Anziehungspunkt für Reisende und Kunstfreunde, denn sie besitzt schmale, malerische Gassen, mittelalterliche Häuser aus rosarotem Stein mit blumengeschmückten Fenstern, herrliche Baudenkmäler, alte Stadtmauern und prächtige Aussichtsstellen. — Eine Spezialität der Stadt sind die im sogenannten „Assisi-Stich" ausgeführten Stickereien.

Geschichte. — Assisi wurde vor allem durch den Gründer des Franziskanerordens, den Hl. Franziskus, berühmt, der hier im Jahre 1182 das Licht der Welt erblickte und am 4. Oktober 1226 starb (s. oben). Er kam aus wohlhabender, vornehmer Familie, strebte aber dem Ideal der Besitzlosigkeit in einem freien, armen, nur durch die liebesinnige Hingabe an den Herrn gebundenen Leben nach und wanderte Buße predigend durch viele Lande. Schnell fand er Anhänger, die mit ihm im gleichen Geiste der Armut und Demut verbunden waren. Aus der von Franz 1209 aus schlicht zusammengestellten Bibelworten bestehenden sogen. ersten Regel dieser Genossenschaft entstand schon 1221 der fest gegliederte und 1223 von Papst Honorius III. bestätigte Orden der *Fratres minores* oder Franziskaner. Der Hl. Franz ist einer der volkstümlichsten Heiligen der katholischen Kirche, das reinste Urbild katholischer Mystik, dem bei aller Versenkung ins Himmlische das Auge nicht fehlte für den irdischen Jammer, den er mit opferfreudigem Frohsinn zu verklären trachtete. Als Brüder und Schwestern hat er im „Sonnengesang" die ganze Schöpfung gepriesen, in deren Dienst er sich zum Lobe Gottes gestellt hat. Sein von unzähligen Legenden umwobenes Leben hat die größten Maler zu Meisterwerken inspiziert (Giotto, Zurbarán usw.). Der Ruf seiner Heiligkeit war so groß, daß er bereits zwei Jahre nach seinem Tode heiliggesprochen wurde. Sein Fest wird am 4. Oktober gefeiert. Die große Portiunkula-Wallfahrt findet alljährlich am 2. August statt.
Assisi ist außerdem Geburtsort der *Hl. Klara* (1194—1253), die, von Franz erschüttert und angeregt, dem väterlichen Reichtum entsagte, unter der Leitung von Franz ein Gott geweihtes Büßerleben zu führen beschloß und mit seiner Hilfe den Klarissinnenorden, der auch Zweiter Orden des Hl. Franziskus genannt wird, gründete.

Beim Aufstieg zur Basilika lassen Sie r. die *Porta S. Pietro* (Pl. XV, B2), aus dem 14. Jh., das besterhaltene Stadttor, liegen; hinter diesem der gleichnamige Platz und die von den Benediktinern gegründete Kirche *S. Pietro* (Pl. XV, B2); dieses Bauwerk aus dem 12.—13. Jh. besitzt eine Fassade mit drei Fensterrosen (im Inneren: Freskenfragmente aus dem 12.—14. Jh.; ein *Triptychon von *Matteo de Gualdo,* 15. Jh.). Weiter oben biegt die Straße r. ein und führt durch die *Porta S. Francesco* (14. Jh.). Hinter dem Tor Auffahrt nach l. in der *Via Frate Elia* zur ***Piazza Inferiore di San Francesco** (Pl.XV, A1), welche von einem Portikus (15. Jh.) umgeben ist und vom Campanile aus dem 13. Jh. beherrscht wird. Im Hintergrund l. das ehemalige *Oratorio di S. Bernardino* (15. Jh.); daneben Eingang zum Kloster; r. Portal zur Unterkirche der Basilika.

Die Klosterkirche oder Basilika ***S. Francesco** (Pl.XV, A1) besteht aus einer hohen, einschiffigen Oberkirche, niedriger Unterkirche und einer unter beiden in den Felsen gebauten Krypta. Sie wurde 1228 nach Plänen des Frate Elia begonnen; bereits im Jahre 1230 war die Unterkirche fast vollständig fertiggestellt, so daß die sterbliche Hülle des Hl. Franziskus überführt werden konnte. Damals wurde sie jedoch von Frate Elia verborgen und konnte erst 1818 wieder aufgefunden werden. Die Oberkirche wurde 1253 von Papst Innozenz IV. feierlich geweiht.

Eingang zur **Unterkirche** durch ein gotisches Doppelportal aus dem 14. Jh., dem eine Renaissancevorhalle (1487) vorgelagert ist. — Der schlichte, niedrige Innenraum ist in feierlich-geheimnisvolles Dunkel gehüllt. Im **Narthex** r. gotische Grabmäler (14. Jh.) und Kanzel mit Marmorintarsien (14. Jh.). Im Hintergrund (dem Eingang gegenüber) die **Cappella di S. Caterina** von *Gattaponi* für Kardinal Albornoz geschaffen, aber erst nach dessen Tod vollendet (1367); Wandfresken von *Andrea da Bologna* (Leben der Hl. Katerina, 1368); Glasfenster aus dem 14. Jh. — R. die **Cappella die S. Antonio Abate** in der sich (l.) das (häufig geschlossene) Tor zum **Cimitero** *(Friedhof* oder ***Kreuzgang der Toten**) öffnet; zweistöckiger Säulenhof. — Das **Mittelschiff** der Kirche wird von Kapellen gesäumt, die im 14. Jh. hinzugefügt wurden. Die damaligen Wandfresken wurden daher mehr oder weniger stark beschädigt; sie stellen das Leben des *Hl. Franziskus* und das *Leben Jesu* dar und werden *Giunta Pisano,* genannt *Maestro di S. Francesco,* zugeschrieben. — Vor der zweiten Kapelle steigen Sie hinunter in die **Krypta,** in den Fels hineingehauen und erst 1818 wieder freigelegt, als man Ausgrabungsarbeiten unternahm, um die sterblichen Überreste des Hl. Franziskus aufzufinden, die Frate Elia verborgen hatte. Die Krypta wurde dann im klassizistischen Stil erneuert und 1932 restauriert. Der *Steinsarg mit den Gebeinen des Hl. Franziskus* wurde, so wie er aufgefunden wurde, unter den Altar gestellt und mit einem Gitter umgeben. Am Eingang der Krypta, beim Treppenabsatz, *Grab des Seligen Jacopo del Settesoli.* — Sie gehen wieder zum Mittelschiff hinauf; vorne l. schöne Kanzel aus Marmor und Glasmosaik (13. Jh.); das Kruzifix darüber und die Fresken in der darunterliegenden Nische stammen von Schülern des Giotto. In den Seitenkapellen Glasfenster aus dem 13. Jh. und Fresken. Besonders schön sind jene der 3. Kapelle r.: **Leben der Hl. Maria Magdalena* und *Heilige* von Schülern des Giotto; in der 1. Kapelle l.: **Leben des Hl. Martin* von *Simone Martini.* — In der Vierung: gotischer *Hochaltar* mit Mosaikschmuck. Gewölbefresken von *Maestro delle Vele,* einem Schüler des Giotto: *Allegorien von Armut, Keuschheit und Gehorsam* und (an der Apsisseite) *Verklärung des Hl. Franziskus.* — Am Gewölbe des **r. Querschiffes:** Fresken mit Szenen aus der Kindheit Jesu von einem Giotto-Schüler, r.: *Muttergottes, Engel und Hl. Franziskus* von *Cimabue;* an der Schlußwand *Wunder des Hl. Franziskus* von einem Giotto-Schüler, r. unten *Heilige* von einem sienesischen Meister unter Mitarbeit von *Simone Martini.* An der Schlußwand des Querschiffes die **Capella di S. Nicola** mit Fresken aus dem *Leben des Hl. Nikolaus* von einem Giotto-Schüler. — In der **Apsis** Chorgestühl aus dem 15. Jh. — Am Gewölbe des **l. Querschiffes: *Fresken** (Szene aus der *Leidensgeschichte Christi*) von *P. Lorenzetti* und seinen Schülern; an der Schlußwand Fresken von den gleichen Künstlern. An der l. Wand: **Ma-*

donna mit Kind, Hl. Franziskus und Hl. Johannes von *P. Lorenzetti.* — Auf einer Treppe (r.) steigen Sie zum Obergeschoß des **Kreuzganges,** der 1470 im Renaissancestil errichtet wurde. — Von dort aus (mit Sondergenehmigung) Besichtigung des ***Kirchenschatzes** (Tesoro) möglich. — R. steigen Sie zur Oberkirche.
Die **Oberkirche** ist einschiffig, hoch aufragend, hell und freundlich, in reinstem gotischem Stil gehalten — sie sticht damit stark von der streng-herben Unterkirche ab. Glasfenster aus dem 13. Jh. — Die Wände von Apsis und Querschiff sind mit Fresken von *Cimabue* und dessen Schülern geschmückt (von l. nach r.: *Kreuzigung, Versionen aus der Apokalypse, Marienleben, Leben des Hll. Petrus und Paulus;* über dem Altar die *Vier Evangelisten* von *Cimabue*). Chorgestühl aus dem Jahre 1501. — Am Langschiffgewölbe: Fresken, die *Risuti* und *Torriti* zugeschrieben werden. Oben an den Wänden des Schiffes: *Darstellungen aus dem Alten Testament* (r.) und *aus dem Neuen Testament* (l.) von der römischen Schule *(Cavallini* und *Rusuti*), der Schule des Cimabue und vielleicht auch von Giotto. Darunter die Reihe der 28 ****Fresken mit Darstellungen aus dem Leben des Hl. Franziskus,** 1290—1295 von *Giotto* und seinen Schülern ausgeführt; dies ist wahrscheinlich die berühmteste Freskenreihe der italienischen Malerei.

Beim Hinausgehen kommen Sie auf die *Piazza Superiore di S. Francesco* (Pl. XV, A/B1), die ihr Gepräge von der schönen Fassade der Oberkirche (Fensterrose aus dem 13. Jh.) erhält. — Gegenüber folgen Sie der ausgedehnten *Via S. Francesco* (l. lassen Sie die *Via Card. Merry del Val* liegen, welche zur *Porta S. Giacomo* aus dem 12. Jh. steigt). Die Via S. Francesco ist von schönen mittelalterlichen Häusern gesäumt; besonders sehenswert sind: (Nr. 14) ***Casa dei Maestri Comacini** aus dem 13. Jh.; (Nr. 11) *Oratorio dei Pellegrini* (Pilgeroratorium; Pl. XV, B2), aus dem 15. Jh. mit einem Fresko aus der gleichen Zeit von *Matteo da Gualdo;* (Nr. 8) *Palazzo Bindangelo* aus dem 16.Jh. mit Buckelquader-Portal. Gegenüber der *Portikus des Monte Frumentario* aus dem 13. Jh. und die *Fonte Oliviera,* Brunnen aus dem 16. Jh. Hinter dem *Arco del Seminario* (13. Jh.) beschreibt die Straße Windungen und nimmt den Namen *Via del Seminario* und später *Via Portica* (Nr. 9: Portal aus dem 15. Jh.) an; diese stößt dann auf die ***Piazza del Comune** (Pl. XV, D2), das Stadtzentrum. Der Platz, an der Stelle des antiken Forums errichtet, wird l. gesäumt vom *Palazzo del Capitano del Popolo* aus dem 13. Jh. (1927 restauriert), vom *Stadtturm* (Torre del Comune) aus dem 13. Jh. und vom ***Pronaos,** der aus sechs korinthischen Säulen gebildeten Vorhalle eines ehemaligen ***Minervatempels** (gegenwärtig Kirche *S. Maria Sopra Minerva).* An der anderen Seite der *Palazzo dei Priori* (1337), jetzt Sitz der Stadtverwaltung und der **Städtischen Gemäldegalerie** (Öffnungszeiten s. Anhang D).

Die Pinakothek enthält Freskenfragmente aus dem 13. und 14. Jh., Gemälde der umbrischen Schule vom 15. und 17., Keramiken aus Deruta, einen persischen Teppich aus dem 16. Jh. usw.

Bei der *Post:* eine kleine *Kapelle* mit Fresko eines Schülers von Simone Martini; im Inneren eine *Marmorkanzel* (14. Jh.), von der aus der Hl. Bernhardin im Jahre 1425 gepredigt haben soll.
Etwas später (Via Portica Nr. 2) die Krypta der ehemaligen Kirche S. Nicolò aus dem 11. Jh.; sie beherbergt jetzt das **Städtische Museum** (Öffnungszeiten s. Anhang D, Pl. XV, D2).

In den zwei Schiffen, die durch gedrungene Pfeiler getrennt werden, sind etruskische und römische Sammlungen aufgestellt (Grabsteine, Sarkophage, Statuen usw.). R. kommen Sie in das ehemalige *römische Forum,* das unter dem gegenwärtigen Platz liegt. Sie sehen noch den Fußboden sowie den massiven Unterbau des Minervatempels.

Am anderen Ende des Platzes steigen Sie l. die *Via S. Rufino* hinauf; sie führt zum gleichnamigen Platz mit dem **Dom** *(S. Rufino;* Pl. XV, D2), der ab 1140 errichtet und 1228 geweiht wurde. Die **Fassade* wird von einem quadratischen Campanile (11. Jh.) beherrscht und besitzt drei Portale mit romanischen Skulpturen.

Das *Innere* wurde 1571 von *Alessi* erneuert. R. nach dem Eingang Taufbekken, an dem Pietro di Bernardone (der spätere Hl. Franziskus) im Jahre 1182 und Klara Scifi (die Hl. Klara) 1194 getauft wurden. In der Apsis Täfelwerk und Gestühl aus dem Jahre 1520; Statuen der Hll. Franziskus und Klara von *A.* und *G. Dupré* (19. Jh.). L. vom Chor die **Kapelle der Tränenmadonna** mit einer verehrten Terrakottastatue der Muttergottes (deutsche Arbeit des 15. Jhs.). — Wenn Sie sich an den Mesner wenden, wird Ihnen das **Museum** geöffnet (Triptychon aus dem Jahre 1470 vom *Alunno;* Gemälde und Freskenfragmente aus dem 13. Jh.; Fresken von *P. Capanna;* liturgische Gewänder, Kapitelle usw.). Von der Sakristei steigen Sie in eine Grotte hinunter, die in eine Kapelle verwandelt wurde zur Erinnerung an den Hl. Franziskus, der hier vor seinen Predigten zu beten pflegte. Vom l. Seitenschiff der Kirche können Sie auch zur ehemaligen **Römischen Zisterne** hinuntersteigen, einer Kammer mit Rundbogengewölbe.

Wenn Sie von der Piazza S. Rufino der *Via del Torrione* folgen, die l. am Dom entlangführt, stoßen Sie auf die Ruinen eines *römischen Theaters* und, wenn Sie weiter l. hinaufsteigen, auf jene eines *römischen Amphitheaters.* L. vom Amphitheater führt die *Via Porta di Perlici* (r.) *zur Porta Perlici* (12. Jh.) und (l.) zur Piazza S. Rufino. Im Bogen (beim Restaurant La Rocca) öffnet sich die Straße auf die **Rocca Maggiore** (Pl. XV, D1/2), die im 14. Jh. an der Stelle einer Festung des Jahres 1171 errichtet wurde. Prachtvoller Rundblick.
Von der Piazza S. Rufino können Sie zur Piazza del Comune zu rückkehren über die *Via S. Maria del Rose* (r. der *Palazzo dei Consoli* aus dem 13. Jh.) und auf malerischen Treppengassen hinuntersteigen.
Im Hintergrund der Piazza del Comune folgen Sie dem *Corso Mazzini,* welcher in die *Piazza S. Chiara* mündet (terrassenförmig angelegt; prachtvolle Aussicht); am Platz die Kirche ***S. Chiara** (Pl.

XV, D/E3), die 1257—1265 im gotischen Stil errichtet wurde. Die Seitenkapellen und die Strebebogen an der l. Fassade stammen aus dem 14. Jh. Über der Hauptfassade aus weißen und rosa Steinen mit Rundbogenportal eine prachtvolle ***Fensterrose.**

Das einschiffige *Innere* ist besonders weitläufig. An der r. Seite eine Kapelle mit zwei Triptychen aus dem 12. Jh., Fresken aus dem 19. Jh. und auf dem Altar ein *Gekreuzigter* aus dem 12. Jh., der aus S. Damiano (s. anschließend 1.) stammt; vor ihm soll der betende Hl. Franziskus die Stimme Gottes vernommen haben; im Hintergrund der Kapelle (durch ein Gitter abgeschlossen) zahlreiche Erinnerungen an St. Franziskus und St. Klara (Brevier des Hl. Franziskus, von der Hl. Klara für den Hl. Franziskus gesticktes Chorhemd). — Am Chorgewölbe und in den beiden Querarmen Fresken aus der Schule des Giotto (13.—14. Jh.). Ein großes bemaltes Kruzifix aus dem 13. Jh. hängt hinter dem Hochaltar. — Die **Krypta** wurde im 19. Jh. errichtet, um die *Gebeine der Hl. Klara* aufzunehmen, die 1850 unter dem Hochaltar wieder aufgefunden wurden. In einem gläsernen Schrein sehen Sie den mumifizierten Leichnam der im Jahr 1253 gestorbenen Heiligen. Gegenüber steigt eine schmale Treppe zu einem kleinen Raum, in dem der erste Steinsarg der Hl. Klara aufgestellt ist.

Umgebung. — 1. *Kloster S. Damiano (2,5 km gegen SO). — Sie verlassen Assisi, indem Sie an der Kirche S. Chiara entlangfahren und dann geradeaus dem *Borgo Aretino* folgen; Sie durchfahren die *Porta Nuova,* biegen r. ein und folgen der schmalen Straße, die zum Kloster hinunterführt.
In dieser Kirche aus dem 11. Jh. vernahm der vor dem Kruzifix betende junge Franziskus (s. oben Kirche S. Chiara) im Jahre 1205 die Stimme Gottes, die sein künftiges Leben entscheidend beeinflußte. Die Hl. Klara zog sich 1212 mit ihren Gefährtinnen hierher zurück und gründete den Klarissinnenorden. Das Kloster ist seit dem 13. Jh. unverändert geblieben.
R. vom Eingang ein Fresko aus dem 15. Jh. (Madonna mit Kind, Hl. Franziskus und Hl. Klara). Vor der Kirche ein Vorhalle mit Arkaden, auf die sich r. eine Kapelle öffnet (Fresko, das Tiberio d'Assisi zugeschrieben wird. 1517). In der **Kirche:** Fresken aus dem 14. Jh. Das über dem Hochaltar aufgehängte Kruzifix ist eine Kopie dessen, das zum Hl. Franziskus sprach (s. oben, S. Chiara). In der **Kreuzkapelle** : geschnitztes Kruzifix von *Fra Innocenzo da Palermo* (17. Jh.). — Sie gehen darauf in den terrassenförmigen Garten und zum **Oratorium der Hl. Klara** (Fresken aus dem 14. Jh. und Reliquien der Heiligen) und zum **Schlafsaal,** in dem sie am 11. August 1253 starb. — Außerdem Besichtigung des schlichten, ergreifenden **Kreuzganges** mit Fresken aus dem 14. Jh. und des fast armseligen, tiefen und gewölbten **Refektoriums** (im Hintergrund zeigt ein Kreuz den Tischplatz der Hl. Klara an).

2. *Eremo delle Carceri (Einsiedelei; 4 km gegen O). — Sie verlassen Assisi durch die *Porta Cappuccini* und folgen einer Nebenstraße, welche an den Abhängen des Monte Subasio hinaufführt. Die *Einsiedelei* wurde im 15. Jh. mitten im Wald vom Hl. Bernhardin errichtet. An dieser Stelle erhob sich einst ein der Muttergottes geweihtes kleines Oratorium, von dem heute noch ein Fresko aus dem 13. Jh. auf dem Altar zu sehen ist. Prachtvoller Ausblick vom terrassenförmigen Hof. Kirchlein, Oratorium, Zellen und

Refektorium sind in den Fels hineingehauen. Unter dem Oratorium eine Grotte, in welcher der Hl. Franziskus zu beten pflegte.
Von der Einsiedelei aus können Sie die Besteigung des Monte Subasio (1.290 m) unternehmen; prachtvolle Fernsicht auf ganz Umbrien.

3. S. Maria degli Angeli (5 km gegen S), s. o.

5 — Von Rimini nach Ancona und Pescara

Das Licht der Adria, mit ihrem leichten Dunst, begleitet diese Strecke, deren Straßen zwischen dem Meer und dem Berg hindurchführen, an jüngsten Badeorten und seit Jahrhunderten in den Höhen verborgenen Ortschaften vorbei. Von Ancona, mit dem regen Kommen und Gehen der Boote und Schiffe bei Pescara, wo die Fischer scheinbar endlos ihre Netze flicken, folgen Sie einer teilweise eintönigen Küste mit zahlreichen Badeorten. Im Hinterland ist es vor allem Ascoli Piceno, das den Reisenden anzieht. Auch diese Strecke, das darf nicht unerwähnt bleiben, ist im Sommer häufig durch den Nahverkehr der Badenden verstopft.

Straßen: A. Autobahn A-14, meist parallel zur Küstenstraße (Adriatica, N.16) verlaufend, Rimini-Ancona 107 km; Rimini-Pescara 262 km. Abfahrtsmöglichkeit in den wichtigsten, auch nachstehend beschriebenen Orten. B. Auf der nachstehend beschriebenen Straße N.16 *(Adriatica),* welche vom Meer fast ständig durch die Bahnlinie getrennt wird, nach SO: Rimini-Ancona 94 km, Rimini-Pescara 254 km.

☛ Sie verlassen Rimini über den Corso di Augusto und die Via XX Settembre. — 15 km lang verläuft neben der N.16 eine Nebenstraße, welche zu allen Badeorten der Küste führt: *Bellariva, Marebello, Rivazzurra, Miramare, Fogliano Marina, Riccione* und *Misano Marina.* — **11** km: **Riccione,** Städtchen mit 29.000 Ew., hübsches Seebad (vielfältige künstlerische Veranstaltungen, zahlreiche Hotels sämtlicher Kategorien).

20 km: **Cattolica,** Städtchen mit 17.000 Ew., so genannt, weil hier jene rechtgläubigen Geistlichen Zuflucht fanden, die sich während des Konzils zu Rimini von den arianischen Bischöfen trennten. Bedeutendes Seebad und kleiner Fischerhafen an den Grenzen der Romagna und der Marken. — **22** km: l. **Gabicce Mare,** beliebtes Seebad mit schönem Strand, der von einem steil ins Wasser abfallenden Hügel (144 m) geschützt wird. Der Ort setzt sich aus zwei Hälften zusammen: die eine liegt direkt am Strand, die andere, *Gabicce Monte* (in 2 km Entfernung), auf dem Hügel (Aussicht).

●⟶ Von *Gabicce Monte* aus können Sie auf einer Panoramastraße, welche dem Grat des Hügels folgt, nach (27 km) *Pesaro* fahren (s.u.).

☛ Vor Gabicce Mare führt die Straße N.16 von der Küste weg in hügeliges Gelände; r. auf einer Anhöhe *Burg Gradara* aus dem 13. Jh. (s.u.).

33 km: *S. Maria Fabbrecce;* r. Abzweigung der Straße nach Urbino (s. Rte 6). — Sie überqueren die Foglia.

36 km: ***Pesaro,** Stadt mit 90.500 Ew., Hauptort der gleichnamigen

Provinz und Bischofssitz, liegt am r. Ufer der Foglia in der Nähe ihrer Mündung ins Meer. Pesaro ist immer schon ein bedeutendes Fischereizentrum gewesen, heute ist es überdies ein beliebter Badeort mit prachtvollen Sandstränden.

Geschichte. — Pesaro ist das alte römische *Pisaurum,* das 539 zerstört und von Belisar wiederaufgebaut wurde. Es war im 13. Jh. den Malatesta, dann 1445 den Sforza unterworfen, bis es im frühen 16. Jh. Residenz der della Rovere, Herzöge von Urbino, wurde. Seit 1631 gehörte es zum Kirchenstaat. — Hier wurde der Opernkomponist *Rossini* (1792—1868) geboren.

Stadtmittelpunkt ist die ***Piazza del Popolo** (Pl.VI, C3), mit dem ***Palazzo Ducale** (ehemaliger Herzogspalast), der im frühen 15. Jh. für die Sforza begonnen und im 16. Jh. für die della Rovere beendet wurde. An der Fassade fünf schöne Fenster über einer Galerie mit sechs Arkaden (großer Festsaal, dessen Decke im späten 16. Jh. verziert wurde). An der anderen Platzseite die *Hauptpost* an der Stelle der ehemaligen Kirche *S. Domenico,* von der jenes Portal aus dem Jahre 1390 erhalten blieb, das sich r. auf die Via Branca öffnet.
An der Ecke des neuen *Rathauses* (Palazzo del Municipio) folgen Sie der *Via Rossini* mit (Nr. 34) dem *Geburtshaus* (Pl.VI, C3) des berühmten Komponisten *(Casa natale di Rossini;* Öffnungszeiten s. Anhang D).

Etwas weiter r. der *Dom* mit einem romanisch-gotischen Portal aus dem 13. Jh. (Inneres aus dem 19. Jh.). Gegenüber dem Rossinihaus eine kurze Straße zum *Palazzo Toschi-Mosca,* Sitz des ***Stadtmuseums** (Pl.VI, C3) mit einer *Gemäldegalerie* und einer bedeutenden **Keramiksammlung* (Öffnungszeiten s. Anhang D).

Im großen Saal: *Kreuzigung von *Giov. Bellini* und andere Werke dieses Meisters, darunter die *Pala di Pesaro, großer Flügelaltar mit Marienkrönung und Heiligen; Polyptychon von *I. del Fiore;* Wunderbare Brotvermehrung von *G.F. da Rimini;* Erlöser aus der venezianischen Schule des 16. Jhs.; Leichnam Christi von *Marco Zoppo* (15. Jh.) usw. — Im **Saal r.**: zwei Bildnisse in der Manier des Tintoretto; Hl. Familie von *D. Beccafumi* (16. Jh.); *Gottvater von *G. Bellini;* Anbetung der Hirten von *R. del Colle* (16. Jh.); Madonna mit Kind von *F. Salviati* (16. Jh.); Gemälde aus dem 17. Jh. — Im **Saal l.** vom Großen Saal: Kreuzigung, toskanische Schule (15. Jh.); Marienleben von *Paolo Veneziano;* *Heilige von *N. di Pietro* (15. Jh.); Leben Christi von *C. da Bologna* (15. Jh.); Auferstehung, italienisch-byzantinische Kunst (15. Jh.); Heilige von *Vitale da Bologna* (14. Jh.) usw. — Sie kommen nun in den **Keramiksaal** *(Museo delle Ceramiche)* mit einer der bedeutendsten Sammlungen von ganz Italien. Majolikaarbeiten ab 16. Jh. aus Gubbio, Urbino, Deruta, Castel Durante, Pesaro usw. Besonders sehenswert die *metallschillernden Teller des *Maestro Giorgio* und jene des *Nicolo Pellipario.* Im letzten Saal ein Medaillon von *Andrea della Robbia.*

Sie verlassen das Museum, folgen r. der *Via Toschi-Mosca* und (erneut r.) dem belebten, malerischen *Corso XI Settembre.* Vor der Kirche *S. Agostino* (Pl.VI, B/C3; gotisches Portal aus dem Jahre 1413) biegen Sie l. ein in die *Via Mazza* mit (Nr. 97) dem *Palazzo Almerici* (Pl.VI, B3); dieser beherbergt das *Archäologische Museum* und die *Biblioteca Oliveriana* (Öffnungszeiten s. Anhang D).

Das Archäologische Museum wurde im 18. Jh. mit den Sammlungen des Archäologen Oliveriani angelegt. Es enthält Votivsteine aus Pisaurum, Basreliefs, Inschriften und Skulpturen seit dem 7. Jh. v.Chr., Bronzearbeiten usw. Die Bibliothek zählt 90.000 Bände und 2.000 Handschriften.

An der Ecke des Museums führt die *Via Zacconi* zur *Piazza Olivieri* mit dem *Rossini-Musikkonservatorium* (Pl.VI, B3); diesem gegenüber die *Via Almerici* zur *Via Branca,* einer der wichtigsten Geschäftsstraßen der Stadt, die nach l. zur Piazza del Popolo zurückführt. Sie gehen quer über diesen Platz und folgen der *Via S. Francesco* mit der Kirche *S. Francesco* (Pl.VI, C3; gotisches Skulpturenportal aus dem 14. Jh.; im Inneren Freskenfragmente aus dem 15. Jh.). Sie stoßen auf die ausgedehnte *Piazza Matteotti;* an dieser l. (gegen O) die **Rocca Costanza** (Pl.VI, D3), ehemalige Festung, die im 15. Jh. von *Laurano* im Auftrag von Costanzo Sforza errichtet wurde.

Hinter der Rocca das Badeviertel, das vom *Viale della Vittoria* begrenzt wird. Die Straßen schneiden sich rechtwinklig. Im Weiterverlauf der Via Rossini führt der *Viale della Repubblica* auf die *Piazza della Libertà;* an dieser der *Viale Trieste,* welcher an der ganzen Länge des Strandes entlangführt. L. (gegen NW) endet der *Viale Trieste* im Hafen, bei der Mündung der Foglia.

Umgebung. — 1. Panoramastraße und Villa Imperiale (5 km gegen NW). — Sie verlassen Pesaro auf der Brücke über die Foglia, hinter der Sie r. einbiegen (Wegweiser); Sie folgen der *Panoramastraße S. Bartolo,* welche bald darauf das l. Fogliaufer verläßt und in Windungen steigt; prachtvoller Blick auf Pesaro und die Adria. — 5 km: **Villa Imperiale;** sie liegt inmitten eines Parks auf dem Gipfel des S.-Bartolo-Hügels und wurde im 15. Jh. für Alessandro Sforza errichtet, im 16. Jh. im Auftrag der della Rovere vergrößert und ausgeschmückt (Fresken von *Dosso Dossi).* In dieser Villa spielte sich die Liebesgeschichte von Lukrezia Borgia und Giovanni Sforza ab. — Dahinter führt die Straße nahe beim Leuchtturm vorbei (197 m Höhe) und auf der Anhöhe entlang, welche die Adria beherrscht; sie gelangt nach **Casteldimezzo** (Kirche aus dem 15. Jh.); von dort führt ein Pfad hinunter zum *Valle del Paradiso* an der Meeresküste; die nach wie vor hügelige Straße erreicht (26 km) *Gabicce Monte* und (27 km) *Gabicce Mare,* wo sie gegenüber von Gradara (s. anschließend) wieder auf die Hauptstraße stößt.

2. Gradara (16 km gegen NW). — Sie verlassen Pesaro auf der Straße nach Rimini und biegen (bei km 12) l. ein. — *Gradara,* 142 m hoch, ist ein mittelalterlicher Marktflecken mit Stadttoren, Wehrgängen und einem auf der Anhöhe gelegenen Schloß (Rocca). Die ***Rocca** (Öffnungszeiten s. Anhang D), ausgedehnter Bau mit Ecktürmen, wurde im frühen 13. Jh. für die Malatesta errichtet und im 15. Jh. unter den Sforza restauriert. In den Sälen: Möbel aus dem 15. und 16. Jh., Waffen usw.; in der Kapelle ein Terra-

7 Perugia
6 (vorhergehende Seite) Urbino
8 Assisi, Basilika San Francesco

9 Trani, Kathedrale
10 (folgende Seite) Molfetta, Hafenansicht

kottaaltar von *Andrea della Robbia.* Von den Türmen aus prachtvoller Rundblick.
3. Urbino (36 km gegen SW). — Sie verlassen Pesaro auf der Straße nach Rimini, der Sie bis (3 km) *S. Maria Fabbrecce* folgen, wo nach l. die Straße abzweigt, welche am l. Ufer der Foglia hinaufführt. — 15 km: Sie überqueren den Fluß und fahren das Tal der Aspa hinauf. Vor der Ankunft prachtvoller Blick auf Urbino, das einen 485 m hohen Hügel krönt.
36 km: **Urbino** (s. Rte 6).

Die Straße N.16 verläßt Pesaro über den Viale della Vittoria; schnurgerade Strecke.

48 km: **Fano,** Stadt mit 53.000 Ew. am Ausgang des Metauro-Tales, einige km nördl. von der Mündung des Metauro in das Meer gelegen, hat zahlreiche Überreste aus der Römerzeit behalten; vielbesuchtes Seebad.

Geschichte. — Fano ist etruskischen Ursprungs und fiel nach der Niederlage Hasdrubals, des Bruders Hannibals, im Jahre 207 v.Chr. an Rom. Zur Erinnerung an diesen Sieg wurde hier ein Fortuna-Tempel errichtet, welcher der Siedlung den Namen *Fanum Fortunae* gab. Im 15. Jh. wurde der Ort von den Malatesta beherrscht. — Papst *Klemens VIII.* wurde 1536 in Fano geboren.

Von Pesaro aus Einfahrt auf dem *Viale 1° Maggio;* l. lassen Sie den *Viale Carducci* liegen (dieser führt zur von Hotels umgebenen *Piazza Amendola* vor dem prachtvollen Sandstrand).
Hinter der Brücke über den Kanal biegt die Hauptstraße *(Viale Buozzi)* r. ein und führt an der *Römermauer* des ehemaligen Stadtwalles entlang. Gegenüber der Via Roma l. die *Porta Maggiore* (15. Jh.); hinter dieser der ****Arco di Augusto** mit einem großen Mittelbogen und zwei kleinen Seitenbogen, früher von einer Loggia gekrönt; im 1. Jh. errichtet und im 4. Jh. unter Konstantin erneuert. Der Bogen stand einst am Abschluß der Via Flaminio, die hier am Meer endete.
R. die frühere Kirche **S. Michele:** Fassade mit Skulpturenportal von *B. da Carona* (1513) und einer Reproduktion des Augustusbogens. Hinter dem Bogen r. die *Loggia di S. Michele* aus dem 15. Jh. Etwas weiter entfernt, an der *Via Arco di Augusto,* der *Dom* aus dem 12.—13. Jh., im 20. Jh. restauriert (im Inneren eine romanische Kanzel aus dem 12. Jh.).
Über den *Corso Matteotti* (r.) zur **Piazza XX Settembre** im Stadtmittelpunkt, mit dem *Fortuna-Brunnen* aus dem 16. Jh. (an der Spitze eine Kopie der Fortuna-Statue; das Original von *D. Ambrosi* aus dem Jahre 1593 befindet sich im Museum). An der Ecke der romanisch-gotische ***Palazzo della Ragione** (1299) mit Turm aus dem Jahre 1739, durch eine kleine Straße getrennt vom **Palazzo Malatesta;** Eingang in den Hof durch einen Bogen aus dem 15. Jh. Der Palast wurde im 15. Jh. für die Malatesta errichtet und beherbert das **Stadtmuseum** (Öffnungszeiten s. Anhang D).

Das Museum besitzt Skulpturen aus der Zeit des Augustus; vorrömische und römische Töpferarbeiten; eine Sammlung von *Fayence-Töpfen von Fano aus dem 17. Jh.; Werke von Malern und Bildhauern aus Fano; das Original der Fortunastatue (1593); einige Gemälde aus dem 16. Jh., darunter eine Kreuzabnahme (unbekannter Meister); Leichnam Christi aus Terrakotta (16. Jh.); *Engel von *Guercino;* Münzsammlung.

Dem Palazzo della Ragione gegenüber führt eine kleine Straße zur *Via S. Francesco,* welcher Sie nach l. folgen, um sich die Vorhalle der ehemaligen Kirche *S. Francesco* anzusehen, die *Grabmäler der Malatesta* aus dem 15. Jh. birgt.
Sie gehen zur Piazza XX Settembre zurück und gelangen über die *Via de'Pili* zur Kirche *S. Maria Nuova* aus dem 16. Jh. (im Inneren mehrere sehenswerte Gemälde, darunter zwei Werke des *Perugino* am 2. und 3. Altar r., Madonna mit Heiligen und Verkündigung Mariä sowie von *G. Santi,* Heimsuchung, am 1. Altar l.).

●⟶ 10 km gegen SW: **Carignano Terme,** kleines Heilbad mit Sole- und Jodquellen gegen rheumatische Erkrankungen und Magen- und Darmkrankheiten (Kurmöglichkeiten von Juli bis September).

Von Fano nach Urbino und Arezzo: s. Rte 6.

☛ Hinter Fano überquert die Straße nach Ancona den Metauro auf einer großen Brücke. An dieser Stelle schlugen die Römer im Jahre 207 v.Chr. das Heer Hasdrubals. — Nach den Badeorten *Torrelle* und *Marotta* eine Brücke über den *Cesano* vor der gleichnamigen Ortschaft.
71 km: **Senigallia,** Stadt mit 40.500 Ew., an der Misa gelegen, deren Mündung kanalisiert wurde und den Fischerhafen bildet. Prachtvolles Seebad mit schönem Strand und zahlreichen Hotels.

Senigallia, das klassische *Sena Gallica* der Römer wurde 82 v.Chr. zerstört und später wieder aufgebaut. Seit dem 4. Jh. bereits ist es Bischofssitz. Hier wurde Papst Pius IX. (1792—1878) geboren.

Die *Via Portici Ercolani* führt am r. Ufer der Misa entlang. R. kommen Sie zur Rocca, einer im 15. Jh. für *Giov. della Rovere* errichteten Festung mit vier Rundtürmen. Dahinter durch eine Eisenbahnunterführung zur *Piazza della Libertà,* welche an den Strand grenzt.

Sehenswerte **Piazza del Duca** mit gleichnamigem *Brunnen* (1596; die vier Löwen wurden später angefügt); Stadtzentrum mit schönem **Palazzo Duca** (Portal d. 17. Jhs.) und *Palazzetto Baviera* (15. Jh.; im Inneren Stukkaturen von *B. Brandani).*

Umgebung. — 1. Kirche S. Maria delle Grazie (3 km gegen W; Sie verlassen die Stadt über den Viale Rossini), Ende des 15. Jhs. von *Baccio Pontelli* errichtet. Sie besitzt eine Muttergottes mit Heiligen von *Perugino* aus dem Jahre 1489.
2. Corinaldo (19 km gegen SW auf einer Straße, welche die Täler der Misa

und der Nevola hinaufführt), altes kleines Städtchen mit Festung und Mauerwall, der von Toren aus dem 15. Jh. geschlossen wird. Es ist der Geburtsort der *Hl. Maria Goretti.*

☛ **85** km: *Rocca Priora;* r., Ecke des Schlosses, Abzweigung der Straße nach Fabriano und Rom. Hinter der Brücke über den Esino gelangt die Straße durch *Falconara Marittima* (Seebad), führt l. am Strand von *Palombina* und an einem Industriegebiet vorbei.

96 km: **Ancona,** 110.000 Ew., eine der bedeutendsten Handelsstädte der Adriaküste, liegt auf einem ins Meer vorstoßenden Felsvorsprung, der im Monte Guasco endet. Es ist Bischofssitz und Hauptort des Gebietes der Marken, welches aus den Provinzen Ascoli Piceno, Macerata und Pesaro gebildet wird. Anconas Hafen ist besonders aktiv (Ausgangshafen für Fährschiffe nach Griechenland).

Geschichte. — Ancona wurde 387 v.Chr. von Griechen gegründet, die aus Syrakus gekommen waren, und nahm den Namen *Dorica Ancon* an (vom griechischen Akon — Bogen, wegen der Form des Vorgebirges so genannt). Seit 276 v.Chr. römische Colonia, erlebte es vor allem unter Trajan, der eine Mole errichten ließ, eine große Blütezeit. Im 12. Jh. wurde es Freie Gemeinde und gehörte der Lombardischen Liga an. Ancona konnte seine Privlegien bis zum Jahr 1532 bewahren; dann kam es zum Kirchenstaat unter Papst Klemens VII. Es wurde 1797 von den Franzosen, dann von den Österreichern und 1832—1838 wieder von den Franzosen besetzt, 1849 von den Österreichern belagert und beschossen. Im Jahre 1860 nahmen die Piemontesen die Stadt im Kampfe gegen die Truppen des Kirchenstaates. — Im Verlaufe des Zweiten Weltkrieges erlitt Ancona starke Zerstörungen.

Sie gelangen am *Bahnhof* (Pl.VII, A4) vorbei in die Stadt. Sie folgen (geradeaus) der *Via Gugliemo Marconi* und lassen l. die *Mole Vanuitelliana* (Pl.VII, A/B3), das frühere *Lazzaretto,* (1733 von *Vanvitelli* errichteter Bau) liegen und gelangen vor die *Porta Pia* aus dem 18. Jh. Hafen und Stadt werden (r.) von der **Zitadelle** (Pl.VII, B3) aus dem 16. Jh. beherrscht. Hinter der Porta Pia führt die *Via XXIX Settembre* und bildet einen Platz (mit Trajanssäule); sie mündet auf die *Piazza Kennedy,* die von der *Piazza della Repubblica* durch die Kirche *SS. Sacramento* (16. Jh.) getrennt wird. Auf diese beiden Plätze öffnen sich r. der Corso Stamira und der Corso Garibaldi (Hauptverkehrsstraße), die zum modernen Stadtviertel (s. weiter unten) führen.
Das **alte Viertel** ist das sehenswerteste; es liegt auf dem Felsvorsprung, der sich hinter (N) der Piazza della Repubblica erstreckt. Sie folgen einer Gasse r. vom *Teatro Muse* (19. Jh., stark verfallen) und gelangen auf die langgestreckte *Piazza del Plebiscito* (Pl.VII, B2) mit (l.) der **Präfektur** in einem Palast, der von *Fr. di Giorgio,* im 15. Jh. umgebaut wurde (aus dieser Zeit stammen die Fenster, die Arkaden und der Hof).

Im Hintergrund des Platzes steigt eine Rampe zur Kirche **S. Domenico** (Pl.VII, B2), die im 18. Jh. erneuert wurde (im Inneren, am 1. Altar l.: Verkündigung Mariä von *Guercino;* an der Apsis: Kreuzigung von *Tizian).* L. von der Kirche und dann nochmals l. (Wegweiser) kommen Sie durch eine Arkade und steigen die Via Pizzecolli hinauf durch das alte Stadtviertel, das im Zweiten Weltkrieg stark beschädigt wurde.
Nr. 17 **Palazzo Bosdari** mit *Pinacoteca Civica* (Gemäldegalerie) und *Galleria d'Arte Moderna* (Öffnungszeiten s. Anhang D). Die Pinakothek enthält Werke von Künstlern aus den Marken sowie weitere sehenswerte Gemälde, darunter: *Andrea da Bologna* (Mariaschlafbild); *Tizian* (*Madonna mit Kind und Engeln); *Lorenzo Lotto* (Heilige Unterhaltung); *Carlo Crivelli* (*Madonna mit Kind); *Andrea Lilio* (Ungläubiger Thomas, Kreuzigung, Heilige, Leben des Hl. Nikolaus); *Guercino* (Unbefleckte Empfängnis, St. Pelagia); *Simone Cantarini* (Hl. Jakobus); *Carlo Maratta* (Madonna mit Heiligen); *Giov. Peruzzini, Salvatore Rosa, Fr. Podesti* usw.

R. einen kleinen Platz beherrschend, die Kirche **S. Francesco delle Scale** (Pl.VII, B2, restauriert), welche ein **Portal* im gotisch-venezianischen Stil von *G. Orsini* (15. Jh.) bewahrt hat. Etwas weiter nach l. stoßen Sie auf die *Piazza Stracca* mit (r.) der Kirche *Il Gesù* aus dem 18. Jh. (Portikus aus dem 18. Jh. von *L. Vanvitelli)* und (l.) dem **Palazzo degli Anziani** (Pl.VII, B/C2), ehemaliges Rathaus aus dem 13. Jh., im 15. und 17. Jh. restauriert.

Hinter dem Platz der *Palazzo Ferretti* (Pl.VII, B1), 1527—1598 von *Tibaldi* errichtet; er enthält das ***Nationalmuseum der Marken** *(Museo Nazionale delle Marche)* mit kostbaren vorgeschichtlichen und archäologischen Sammlungen (Das Museum wurde kürzlich völlig neustrukturiert und renoviert; Öffnungszeiten s. Anhang D).

In den zahlreichen, gut eingerichteten Sälen sehen Sie Skulpturen aus der Vorgeschichte und der Römerzeit sowie aus dem 12. und 13. Jh.; Gegenstände aus der Eisenzeit; römische Mosaiken; Grabsteine, Sarkophage, Töpfereiarbeiten und Bronzen aus der Etruskerzeit; eine prachtvolle Sammlung von Schmuckstücken, darunter zwei **Goldblatt-Kronen* (4. Jh. v.Chr.) aus der Nekropole von Montefortino. Die anderen Stücke stammen aus den griechisch-römischen Nekropolen von Ancona und Numana (*Kopf eines behelmten Kriegers). Versäumten Sie nicht die Besichtigung der *Bronzesammlung* mit Statuetten aus vergoldeter Bronze (1. Jh.).

Hinter dem Museum kommen Sie auf die *Piazza del Senato* mit dem *Palazzo del Senato* (Pl.VII, B1) aus dem 13. Jh. (1942 restauriert); er besitzt zwei Fensterreihen mit Säulen und Skulpturenmedaillons.
L. steigt die *Via Giovanni XXIII* zum Gipfel des Monte Guasco mit dem ***Dom** (Pl.VII; B1) zur Erinnerung an den Hl. Cyriakus, den er-

sten Bischof von Ancona, auch Kirche **S. Ciriaco** genannt. Der Bau wurde auf dem Boden eines Venustempels, dessen Säulen wieder verwendet wurden, errichtet; er mischt romanische und byzantinische Stilmerkmale, stammt aus dem 11. und 13. Jh. Die Fassade aus dem 13. Jh. wird *M. d'Arezzo* zugeschrieben; die Vorhalle wird von Säulen umgeben, die auf Löwen aus rosa Stein ruhen.

Das **Innere** in griechischer Kreuzform wird von einer zwölfeckigen **Kuppel* gekrönt, die zu den ältesten von ganz Italien gezählt wird; prachtvolles Holzgebälk im offenen Dachstuhl. Die Schiffe werden durch antike Säulen mit romanisch-byzantinischen Kapitellen getrennt. An beiden Seiten erhöhte Altäre auf zwei Krypten. L. Altar von *Vanvitelli* (18. Jh.) mit einer besonders verehrten Muttergottes. Darunter die **Krypta** mit dem *Grabmal von St. Cyriakus;* während der Restaurierungsarbeiten wurden Überreste einer Kirche aus dem 6. Jh. entdeckt. — Vorne l. in der Kirche Grabmal des Kardinals Giannelli von *Giov. da Trau* (1509).

Vom l. Seitenschiff kommen Sie in das **Museum für sakrale Kunst** *(Museo Diocesano d'Arte Sacra;* wenden Sie sich an die Sakristei). Unter den Arkaden des Hofes: Fragmente von Skulpturen, Grabsteinen, Sarkophagen und Kapitellen, davon eines aus dem ehemaligen Venustempel. In den Sälen bemerken Sie vor allem: Basreliefs mit Johannes dem Täufer (11. Jh.) und mit dem Hl. Georg (13. Jh.); *Ambo mit Inschrift, byzantinische Kunst (7.—9. Jh.); großer frühchristlicher Sarkophag (4. Jh.); Kruzifix (12. Jh.) usw.

Von der Terrasse überblicken Sie den belebten Hafen. An der r. Mole zwei Triumphbögen, die jetzt unglücklicherweise in das Dockgebiet einbezogen sind; da der Zugang schwierig ist, begnügen Sie sich damit, sie von der Terrasse aus zu betrachten. Der erste, **Arco Traiano** (Pl.VII, B1), wurde 115 n.Chr. errichtet zu Ehren Trajans, um ihm für die Errichtung der Mole zu danken. Er wurde sämtlicher Statuen und Bronzeverzierungen entkleidet, ist aber ausgezeichnet erhalten. Die Attika trägt eine Inschrift.
Etwas weiter entfernt der *Arco Clementino* (Pl.VII, B1), zu Ehren des Papstes Klemens VII, errichtet; er stammt von *Vanvitelli* (18. Jh.).

Vom Dom gehen Sie auf der gleichen Strecke zur Piazza della Repubblica zurück. An der l. Seite des Theaters öffnet sich die *Via della Loggia* mit (etwas weiter l.) der **Loggia dei Mercanti** (Pl.VII, B2), die im 15. Jh. errichtet wurde: schöne **Fassade* im gotisch-venezianischen Stil mit Verzierungen von *Giov. Orsini.* Etwas weiter entfernt die romanische Kirche **S. Maria della Piazza** (Pl.VII, B2) aus dem 10. Jh., durch Bombenangriffe stark beschädigt.

Die Fassade aus dem Jahre 1210 ist teilweise mit Marmor verkleidet; sie ist mit Bogenreihen und kleinen Majolika-Medaillons verziert. Fries und Bogenrundungen des Portals besitzen Skulpturen mit Fabeltieren und Personen.

Modernes Viertel. — Ausgangspunkt ist die Piazza Kennedy (Pl.VII, B2), bei der Sie (r., am Beginn der *Via Enrico Cialdini)* die Fassade der ehemaligen Kirche *S. Agostino* (Skulpturenschmuck von *G. Orsini,* 15. Jh.) sehen können. Vom Platz aus führt der *Corso Stamira* an der *Piazza Roma* (l.) und der *Piazza Stamira* entlang und erreicht dann die ausgedehnte, schattige, mit Blumen bepflanzte **Piazza Cavour** (Pl.VII, C/D2/3), welche einen belebten Kreuzungspunkt auf halbem Wege zwischen dem Hafen sowie dem Wohn- und Badeviertel bildet. — Zwischen dem *Rathaus* (l.) und der *Hauptpost* (r.) öffnet sich der **Viale della Vittoria**; dieser endet am *Rupi di Passetto* vor dem Rundtempel, der zur Erinnerung an die Kriegsgefallenen errichtet wurde und die felsige, gezackte Küste beherrscht (Aufzug). Sie kommen zur Piazza Cavour zurück und von dort zur Piazza della Repubblica auf dem **Corso Garibaldi**, der wichtigsten Geschäftsstraße der Stadt; sie durchquert die Piazza Roma, r., am *Corso Mazzini,* der lustige Brunnen der *Tredici Cannelle* (Pl.VII, C2, Dreizehnröhrenbrunnen).

☞ **1. Rundfahrt von Ancona über Pescara nach Fabriano und zurück** (236 km). Die Ausfahrt aus Ancona erfolgt auf der N.16 (Via Adriatica). — 12 km: AB-Auffahrt Ancona-Süd. Es besteht ab hier die Möglichkeit, parallel zur N.16 auf der A-14 bis zur Abfahrt Loreto-Porto Recanati zu fahren.
27 km: ***Loreto** *(Loretto),* 10.800 Ew., stilles kleines Städtchen in 127 m Höhe, das Tal des Musone und das Meer beherrschend, heute noch von Mauern und Türmen aus dem 16. Jh. umgeben.
Loreto ist Bischofssitz und eine der berühmtesten Pilgerstätten Italiens (besonders bedeutende Wallfahrten an den Marienfeiertagen, also 25. März, 15. Aug., 8. September und 10. Dezember).

Die Wallfahrtsstätte wurde errichtet, um die *Santa Casa (Haus der Maria)* aufzunehmen, in dem die Muttergottes in Nazareth geboren wurde und in dem die Verkündigung stattgefunden hatte. Der Überlieferung nach soll das Haus im Jahre 1291 durch Engel auf einen Hügel bei Fiume (Jugoslawien) gebracht worden sein; dort verblieb es drei Jahre hindurch und wurde dann, erneut von Engeln getragen, hierher mitten in einen Lorbeerhain (in den *„Lauretum“,* nach dem Loretto benannt wurde) getragen; dieses Ereignis soll am 10. Dezember 1294 stattgefunden haben.

Die ***Piazza della Madonna** mit *Muttergottesbrunnen* von *Maderno* und *Fontana* (17. Jh.) ist gesäumt vom Portikus des ***Palazzo Apostolico** (Päpstlicher Palast), 1510 von *Bramante* und *Sansovino* begonnen (unvollendet). Er enthält die *Pinakothek* (Öffnungszeiten s. Anhang D).

Die Sammlungen umfassen vor allem kirchl. Kunst, Schmuck, Malerei und Keramik. Acht **Gemälde* von *Lorenzo Lotto,* Tapisserien nach Raffael.

Daneben das ****Santuario della Santa Casa** *(Sanktuarium des Heiligen Hauses).* Diese ausgedehnte Basilika wurde im Jahre

1468 unter Paul II. begonnen und ist im Übergangsstil von der Gotik zur Renaissance errichtet. Zahlreiche Baumeister wirkten am Bau mit: *Marino di Marco Cedrino, G. da Maiano, Baccio Pontelli, G. Sangallo* (Kuppel), *Bramante* (Seitenkapellen), *A. Sansovino, Sangallo d.J.* Die Marmorfassade stammt von *Giov. Boccalino* und *Lattenzio Ventura* (1587); der Campanile aus dem 18. Jh. wurde von *Vanvitelli* errichtet. An der Treppe eine Statue Sixtus' V. von *Vergelli* und *Calcagni* (1589). Die drei Portale werden geschlossen von **Bronzetüren* mit Basreliefs (Altes Testament) von *Calcagni* (r.), *A. Lombardo* und seinen Söhnen (in der Mitte), *Vergelli* und *Vitali* (l.; 1569—1610).

Das gotische Innere besitzt drei Langschiffe und drei Apsiden. Unter der Kuppel (1907 von *G. Maccari* bemalt) steht die **Santa Casa;** sie erhielt eine Marmorverkleidung, die von *Bramante* entworfen wurde; die Basreliefs (Marienleben) und die Statuen (Sibyllen und Propheten) stammen von bedeutenden Meistern des 16. Jhs. Durch die Bronzetüren gelangen Sie in das Innere, das noch seine einfachen Ziegelwände bewahrt hat; das Gewölbe wurde im 16. Jh. erneuert. Auf dem Altar: *Muttergottesstatue* aus Zedernholz, nach einem Brand im Jahre 1921 erneuert. — An der Ecke von r. Seitenschiff und Querschiff: **St.-Markus-Sakristei** mit Kuppel, die von *Melozzo da Forlì* und seinen Schülern bemalt wurde (1477). Im **r. Querschiff** (3. Kapelle): Fresken (Verkündigung Mariä) von *Zuccari* (16. Jh.). L. vom r. Querschiff öffnet sich die **St.-Johannis-Sakristei:** achteckiges Inneres mit Freskenschmuck von *Luca Signorelli;* schönes Lavabo von *B. da Maiano.* — **Apsis:** in der Mitte die **Capella dei Tedeschi** *(Kapelle der Deutschen),* deren Gewölbe ein Freskenzyklus aus dem 19. Jh. (Marienleben) von *Ludwig Seitz* schmückt. — Im **l. Querschiff: Kapelle der Franzosen** mit Fresken (Leben Ludwigs des Heiligen) von *Lameire;* Ludwig der Heilige, Gemälde von *Lebrun.* — Hinten im l. Seitenschiff Bronzetaufbecken von *Vergelli* (1600—1607).

Vom l. Querschiff aus oder vom Platz (über den Portikus) Besichtigung der **Schatzkammer** (Öffnungszeiten s. Anhang D): besonders bemerkenswert eine Statuette der Madonna mit Kind, französische Arbeit aus dem 13. Jh., sowie Keramikarbeiten aus dem 15. und 16. Jh. — In der Galerie: kleine Basreliefs aus dem 14., 15. und 16. Jh.

●⟶ 10 km gege NW: *Osimo* (s. Nebenrte 2, km 40) über (5 km) **Castelfidardo,** Marktflecken, der vor allem durch seine Akkordeonfabriken berühmt wurde; auf einem Hügel ein Denkmal zur Erinnerung an eine Schlacht zwischen den Truppen des Kirchenstaates und Italiens (1860). Ausgedehnter Rundblick.

☞ Die Hauptstraße N.77 führt aufwärts und bietet im Rückblick eine prachtvolle Aussicht auf Loreto.

38 km: **Recanati,** Städtchen mit 18.000 Ew. in 293 m Höhe, Bischofssitz, Geburtsort des Dichters *G. Leopardi* (1798—1837) und des durch Oper und Film berühmten Sängers *Beniamino Gigli* (1890—1957).

Im Stadtmittelpunkt die *Piazza Leopardi* (Leopardi-Denkmal), beherrscht vom *Torre del Borgo,* der mit Mauerzacken gekrönt und mit einem Uhrturm sowie einem Bronze-Basrelief aus dem 17. Jh. geschmückt ist. Im **Rathaus** *(Palazzo Comunale)* das **Museum** (Öffnungszeiten s. Anhang D).

Besonders sehenswert: ein Polyptychon, Jugendwerk des *Lorenzo Lotto;* ein Polyptychon von *Pietro di Domenico da Montepulciano* (15. Jh.); Werke einheimischer Künstler; eine geschnitzte Holztafel aus dem 14. Jh. usw.; ein Saal ist *G. Leopardi* eingeräumt (Handschriften, Erinnerungsgegenstände, seine Büste aus Marmor von *A. Ugo).* — Im 2. Stock das *Beniamino-Gigli-Museum* (Bühnenkostüme des Sängers, Nachbildung seiner Künstlergarderobe, Erinnerungsgegenstände usw.).

Die Stadt besitzt mehrere sehenswerte Kirchen, darunter: **S. Domenico** (Portal aus dem 15. Jh. und Fresken von *L. Lotto)* und **S. Maria Sopra Mercanti** (Verkündigung Mariä von *L. Lotto).* — An der kleinen *Piazza del Sabato del Villagio* der **Palazzo Leopardi,** in dem der Dichter geboren wurde und lebte; er erhält eine *Bibliothek* (Öffnungszeiten s. Anhang D), Archive und Handschriften seit dem 15. Jh.

Die Hauptstraße führt in leichten Windungen bergab. — 56 km (bei der Brücke): Ruinen der ehemaligen Römerstadt *Helvia Ricina* mit Überresten eines Theaters und zahlreicher Häuser, die im 5. und 6. Jh. zerstört wurden. Die Straße durchfährt nun das Tal der Potenza.

59 km: **Macerata,** Stadt mit 45.000 Ew., Hauptort der gleichnamigen Provinz, Erzbischofssitz und Universitätsstadt in 325 m Höhe zwischen den Tälern der Potenza (im N) und des Chienti (im S). Sie stoßen auf die *Piazza Garibaldi,* an der sich auf beiden Seiten der Umfassungsboulevard öffnet (der nach r. führt am Stadtpark entlang, an dem sich die Stadtmauern aus dem 14. Jh. erstrecken). Sie folgen l. dem *Viale Giacomo Leopardi* und steigen kurz vor dessen Ende nach r. durch die *Via Zara,* welche auf die *Via Minzoni* stößt (l., an einem kleinen Platz, der Dom mit einem Triptychon aus dem 15. Jh.; daneben eine kleine *Votivkirche* aus dem 15. Jh.: Innenausschmückung aus dem 18. Jh.).

Die Via Minzoni mündet nach r. auf die **Piazza della Libertà** im Stadtzentrum; an ihr: r. die *Präfektur* aus dem 16. Jh. mit Portal aus dem Jahre 1400; im Hintergrund die *Loggia dei Mercanti* mit zweistöckiger Arkadenreihe im toskanischen Renaissancestil (16. Jh.) und das *Rathaus* (Palazzo Comunale; im Hof: römische Inschriften und Statuen von Familien aus Helvia Ricina, s. weiter unten); an der anderen Platzseite der *Stadtturm* (Torre Civica) aus dem 16. Jh., die im 13. Jh. gegründete *Universität* und die Kirche *S. Paolo* (17. Jh.).

L. vom Palazzo Comunale der *Corso della Repubblica* in Richtung zur *Piazza Vittorio Veneto* mit der Kirche **S. Giovanni** und (l., Nr. 6) der **Gemäldegalerie** *(Pinacoteca;* Öffnungszeiten s. Anhang D) mit Werken von *C. Crivelli* (Madonna mit Kind), *Girolamo di Giovanni,*

A. Nuzi, Pietro da Montepulciano usw. Der Pinakothek angeschlossen das Stadtmuseum *(Museo Civico* — numismatische, archäologische und zeitgeschichtliche Sammlungen) sowie das Wagenmuseum *(Museo della Carozza,* s. Öffnungszeiten Anhang D) mit seltenen Kutschen, Wagen usw. Im 1. Stock befindet sich die *Biblioteca Communale* sowie das *Museo Marchigiano del Risorgimento e della Resistenza.*

Umgebung. — 1. S. Maria delle Vergini (2 km gegen SO). Sie umfahren die Stadt auf der Umfassungsstraße bis zur Piazza Porta Picena (im S), bei der sich der *Sferisterio* befindet, ein ausgedehntes Stadion mit Säulenumgang, im Jahre 1829 errichtet. Von dort führt der Corso Cairoli zum Friedhof und (l.) zur Kirche *S. Maria delle Vergini* aus dem 16. Jh., einem quadratischen Bau mit drei Schiffen, deren Pfeiler eine achteckige Kuppel tragen.
2. S. Claudio al Chienti (7 km gegen SO). Sie verlassen die Stadt wie oben unter 1., fahren aber vor der nach S. Maria delle Vergini führenden Allee r. hinunter durch das Tal des Chienti (Straße nach Civitanova Marche — N.485). L. eine zypressengesäumte Allee zur Kirche ***S. Claudio al Chienti** aus dem 6.—7. Jh., im 12. Jh. erneuert; sie besteht aus zwei übereinanderliegenden Kirchen; die Fassade wird von zwei dicken Rundtürmen flankiert.
3. Ruinen von Helvia Ricina (6 km gegen N). An der Hauptstraße nach Ancona bei der Brücke über die Potenza (s.o., km 56).

Von Macerata nach Ascoli: s. Rte 9,1.

Sie verlassen Macerata wieder auf der Piazza Garibaldi und bleiben auf der N.77. — 64 km: *Sforzacosta,* r. Straße nach *Civitanova Marche* (26 km). — 65 km: l. Abzweigung der Straße N.78 nach Ascoli Piceno (s. Rte 9). Die N.77 führt wenig später am *Castello della Rancia* (l.) einer mächtigen Festung aus dem 14. Jh., vorbei und weiter dem Tal des Chienti entlang. — 77 km: **Tolentino,** Städtchen mit 16.700 Ew., hübsch in 228 m Höhe gelegen. Hier unterzeichneten im Jahre 1797 Papst Pius VI. und Napoleon einen Vertrag. Berühmtes Kunsthandwerk (getriebene Lederarbeiten).

Die Basilika *S. Nicola* wurde im 13. Jh. an der Stelle eines römischen Tempels errichtet. Die im 18. Jh. erneuerte Fassade hat ein schönes Marmorportal von *Nano di Bartolo* (1432) behalten.
Inneres aus dem 16. Jh.; in der 1. Kapelle r.: Hl. Anna von *Guercino.* Die dem Hl. Nikolaus geweihte große Kapelle ist mit **Fresken aus der Schule von Rimini* (14. Jh.) geschmückt; Statue und Grabmal des Heiligen (15. Jh.). — Prachtvoller Kreuzgang aus dem 13.—14. Jh., umgeben von Arkaden, die auf kurzen achteckigen Säulen ruhen. Bei der Kirche ein **Keramikmuseum** (Majolikaarbeiten aus Castel Durante, Faenza, Pesaro, Recenati usw. aus dem 15. Jh.), Werke von *Giov. della Robbia,* japanisches und chinesisches Porzellan.

In der Kirche *S. Francesco* aus dem 13. Jh.: Fresken von *Guercino* (Hl. Franziskus) und *Magistris* (Rosenkranzmadonna).

3 km gegen NW: **Terme di S. Lucia,** kleines Heilbad mit kalten Mineralquellen (Harnkrankheiten, Gicht, Nierensteine).

12 km gegen NW: ***S. Severino Marche,** malerisches Städtchen am Potenza, das sich aus zwei Teilen zusammensetzt: dem *Borgo* (235 m Höhe) und dem alten Viertel des *Castello* (344 m). — Auf dem Hauptplatz des Borgo das *Rathaus* (Palazzo Comunale) aus dem 18. Jh. mit der *Gemäldegalerie* (Pinacoteca: Polyptychon von *N. Alunno;* Hl. Ursula von *Paolo Veneziano;* Triptychon von *Lor. Salimbeni;* Madonna mit Kind, Johannes der Täufer, Hl. Severinus und Engel von *Lor. d'Alessandro;* Werke von *A. Nuzi, V. Crivelli* usw.). In der Via Salimbeni 39 der *Palazzo Tacchi Venturi* mit beachtlichem *Archäologischem Museum (Museo Archeologico G. Moretti;* Öffnungszeiten s. Anhang D). Die Kirche *S. Agostino* (auch *Duomo Nuovo* genannt) aus dem 13. Jh. wurde mehrmals umgebaut (in der Sakristei: *Friedensmadonna, ein prachtvolles Werk von *Pinturicchio).* Die Kirche *S. Lorenzo in Doliolo* wurde im 11. Jh. auf einem ursprünglichen Bau des 8.—9. Jh. errichtet und im 14. Jh. restauriert (in der Krypta: Freskenfragmente von *L.* und *J. Salimbeni* aus dem 14. Jh.). — In der Oberstadt der *Torre del Castello* aus dem 14. Jh. und der *Alte Dom* (Duomo Vecchio) aus dem 10.—11. Jh., später erweitert und umgebaut; die Fassade wird von einem mächtigen Campanile aus dem 14. Jh. beherrscht (im Inneren: Fresken von *L.* und *J. Salimbeni;* Tafelwerk am Chor aus dem 15.—16. Jh.).

Die N.77 führt nach Tolentino weiter das Tal des Chienti entlang. — 97 km: r. Abzweigung einer Straße nach *Camerino.* — 99 km: l. Abzweigung einer Straße (2 km) nach der Kirche *San Giusto:* romanischer Rundbau aus dem 13. Jh.

104 km: r. Abzweigung einer Straße nach (21 km gegen S) *Visso.* Marktflecken in 607 m Höhe mit mehreren *Palästen* aus dem 15. und 16. Jh. und einer *Kirche* aus dem 12.—14. Jh. (schönes Portal).

106 km: *Muccia.* Die Straße verläßt das Tal und steigt. — 115 km: **Camerino,** Landstädtchen mit 8.000 Ew., höchstgelegener Ort der Marken (671). Sitz eines Erzbischofs und einer Universität, ehemaliger Herrschaftssitz der Varano. In Camerino wurde der Maler *Carlo Maratta* (1625—1713) geboren. An der *Piazza Cavour:* Statue von Papst Sixtus V. (von *T. Vergelli,* 1587), *Erzbischöflicher Palast* (Palazzo Arcivescovile, 16. Jh.), *Dom* aus dem 19. Jh. (im Inneren: Triptychon von *Girolamo di Giovanni* und Schutzmantelmadonna, ein Schnitzbildwerk aus dem 15. Jh.) und *Palazzo Ducale* aus dem 16. Jh., gegenwärtig Sitz der Universität (reich ausgestattete Bibliothek, schöner Hof); dahinter Botanischer Garten. — Über die *Via Roma* kommen Sie zur Kirche *S. Venanzio* hinunter; an dem Säulenportikus ein prachtvolles romanisches *Portal und eine gotische Fensterrose. In der ehemaligen Kirche *SS. Annunziata* (15. Jh.) eine Sammlung von Gemälden aus dem 15. Jh. und eine Verkündigung Mariä, das schönste Werk von *Girolamo di Giovanni.* In der ehemaligen Kirche *S. Francesco* Fragmente von Fresken, vor allem eine Madonna mit Kind und

Heiligen, *Girolamo di Giovanni* zugeschrieben (1462). — Am Südende der Stadt eine Schloßruine aus dem 16. Jh. — Die Straße führt das Tal des Esino hinunter. — 126 km: **Castelraimondo:** r. Abzweigung einer Straße, die das Tal der Potenza hinunterführt und durch (11 km gegen O) *S. Severino Marche* gelangt.

134 km: **Matelica,** Marktflecken in 354 m Höhe. Auf der *Piazza Valerio* ein Brunnen aus dem 17. Jh. *Palazzo Pretorio* aus dem 16. Jh. mit Stadtturm und Loggia. Im *Palazzo Piersanti* (Via Umberto I Nr. 1) das *Museum* (Läuten Sie beim Wärter) mit *Bildteppichen* aus dem 18. Jh. Keramik- und Goldschmiedearbeiten, Zeichnungen von *Guercino* und *Baroccio* und Gemälden: *Triptychon aus dem 15. Jh., *Kreuzigung (Meisterwerk von *A. da Fabriano),* kleiner Flügelaltar von *Jacopo Bellini* usw. — In der Kirche *S. Francesco:* Madonna mit Kind von *Marco Palmezzano* (1501) und Triptychon von *Gentile da Fabriano.* — Die Straße folgt weiterhin dem Esino bis zu seinem Einfluß in den Giano; in der Nähe zweigen Sie auf die Straße N.76 ab (Beschreibung s.o.), der Sie nach l. folgen.

156 km: **Fabriano,** s. Rte 10,2, km 14. — Von Fabriano nach Ancona s.d.

☞ **2. Rundfahrt von Ancona an die Riviera del Conero** (Rundfahrt von 58 km im S von Ancona). — Sie verlassen die Stadt über die Via Isonzo, welche nächst der Piazza Cavour den Hügel hinaufführt, die Ortschaft *Pietra la Croce* erreicht und das Meer beherrscht. Vor sich haben Sie den Monte Conero. — 11 km: Sie folgen nach l. einer Nebenstraße, welche an der Küste hinunterführt. Bei einem großen Kiesstrand (Rest., Camping), der vom Monte Conero geschützt ist, erheben sich ein quadratischer *Turm* (1712) und etwas weiter entfernt in einem Privatgrundstück (Besichtigung möglich), die prachtvolle Kirche ***S. Maria di Portonovo** aus dem 11. Jh., Schmuckstück der romanischen Baukunst, ehemalige Abteikirche der Benediktiner. Sie fahren zur Hauptstraße hinauf, biegen in diese l. ein und umfahren den Monte Conero und erreichen (26 km) **Sirolo,** malerische Ortschaft, welche einen geschützten, von Pinien umgebenen Strand beherrscht. Sie biegen r. vor der Kirche ein.

28 km: **Numana,** malerisch gelegenes kleines Seebad; einst griechisch-römische Siedlung. — Hinter Numana verlassen Sie die Meeresküste und fahren in r. Richtung zurück; nach der Eisenbahnüberquerung stoßen Sie auf die Hauptstraße N.16. Wenn Sie dort nach l. einbiegen, können Sie direkt nach *Loreto* gelangen, das Sie auf einem Hügel erblicken. Wenn Sie der N.16 nach r. folgen, kommen Sie nach Ancona zurück. — 40 km: *Bahnhof Osimo* und Abzweigung l. nach (6 km) *Osimo.*

●⟶ **Osimo,** Stadt mit 25.800 Ew., von Mauern umgeben, beherrscht das Tal des Musone. Im *Rathaus* (Palazzo Comunale) aus dem 16. Jh. römische Statuen, die von den Soldaten des Trivulcius geköpft wurden, und ein Polyptychon von *A.* und *B. Vivarini.* Der *Dom* wurde im 8. Jh. gegründet, im 13. Jh. umgebaut und seitdem erneuert. Im *Baptisterium:* Bronzetaufbecken von *Paolo* und *Tar. Iacometti* (1627). Das im 18. Jh. gegründete *Colegio Campana* hatte berühmte Schüler, darunter die Päpste Leo XII. und Pius VIII.

☞ 54 km: r. Abzweigung nach **Aspio Terme** (kleines Heilbad mit kalten Sole- und Jodquellen) und (3 km) **Camorano,** großer, auf einem Hügel sich erstreckender Marktflecken; bekannte Akkordeonherstellung. Dies ist der Geburtsort des Malers *Carlo Maratta.* — Hinter *Pinocchio* führt die Straße hinunter nach (58 km) *Ancona.*

Von Ancona nach Rom: bis Muccia s. Nebenrte 1, weiter s. Blauer Führer Rom und Süditalien.

☛ **Fortsetzung der Hauptroute nach Pescara.** — Sie verlassen Ancona über die Via Guglielmo Marconi, biegen, dem Bahnhof gegenüber, l. ein und folgen der Via G. Bruno.

Die Straße wird vom Meer durch die Kette des Monte Conero getrennt und folgt der oben beschriebenen Strecke in umgekehrter Richtung bis zur Abzweigung von Numana. — **122** km (ab Rimini, 25 km ab Ancona): Abzweigung nach r. der Straße nach Loreto. Die Straße N.16 biegt l. ein und nähert sich dem Meer; l. läßt sie **Porto Recanati** liegen, Seebad bei der Mündung der Potenza, welche die Straße überquert. — **133** km: *Porto di Potenza Picena* mit Abzweigung einer Straße nach (8 km gegen W) *Potenza Picena,* Städtchen römischen Ursprungs.

140 km: **Civitanova Marche,** Städtchen und Seebad bei der Mündung des Chienti.

●⟶ 5 km gegen NW: **Civitanova Alta,** auf einem Hügel in 155 m Höhe gelegen, teilweise noch von Mauern aus dem 15. Jh. umgeben.

●⟶ 26 km gegen W auf einer guten Straße, welche dem l. Ufer des Chienti folgt, nach *Macerata* (s. Nebenrte 1).

☛ Die Straße überquert den Chienti und hinter (**145** km) *Porto S. Elpidio,* die Tenna. — **155** km: *Porto S. Giorgio,* hübsches Seebad.

☞ **3. Von Porto S. Giorgio nach Amandola** (55 km gegen SW auf der Straße N.210). — Die Straße verläßt die Küste und führt bergauf.

8 km: **Fermo,** Städtchen mit 35.000 Ew., Bischofssitz, liegt prachtvoll in 319 m Höhe zwischen den Tälern der Tenna und des Etevivo (weiter Rundblick).

Die Straße fährt in Windungen bergauf (Viale Roma, XX Settembre und Vittorio Veneto) zum Zentrum der Stadt, der von einem Säulengang aus dem 16. Jh. umgebenen **Piazza del Popolo.** Im Hintergrund r. das **Rathaus** *(Palazzo Comunale)* aus dem 15. Jh. mit Loggia und Statue Papst Sixtus' V. von *Baldi* (1590). Im Rathaus befindet sich die **Pinakothek** (Öffnungszeiten s. Anhang D) mit Werken der einheimischen Schule des 15. Jh. (Tafelmalereien auf Goldgrund) von *Cola dell'Amatrice, Giac. del Fiore, Ghissi* und einem Polyptychon von *Andrea da Bologna.* Im *Museum:* Sammlungen von Möbeln, Keramik- und Bronzearbeiten aus der Römerzeit usw.

Nach der Pinakothek gehen Sie durch einen Arkadengang und dann die schmale *Via Cefalonia* hinunter; sie ist von alten Häusern gesäumt und gelangt zur *Torre Matteucci* aus dem 14. Jh.; bei dieser beginnt der *Corso Cavour* mit der Kirche *S. Filippo* (am 3. Altar r.: Geburt Christi von *P.P. Rubens).* Sie kommen zur Piazza del Popolo zurück; am anderen Ende führt eine schmale Straße l. bei der *Post* hinunter zu der Kirche *S. Domenico* aus dem 13. Jh. Wenn Sie der Straße l. von der Fassade, dann der Via Pescarone und der Via degli Aceli (1. r.: in Treppenform) folgen, gelangen Sie zur *Piscina epuratoria,* Wasserreservoir aus der Römerzeit (41—68 n.Chr. errichtet). Wenn der Wärter abwesend ist, wenden Sie sich an das *Informationsbüro* (Azienda di Soggiorno) im Rathaus.

Von der Piazza del Popolo gehen Sie die *Via Mazzini* hinauf, die r. einbiegt und in den öffentlichen Park mündet, welcher die höchste Stelle der Stadt besetzt. Im Hintergrund, an der *Esplanade del Girifalco* (*Ausblick), der romanisch-gotische **Dom,** 1227 von *Maestro Giorgio da Como* errichtet. Schöne Fassade aus weißem istrischem Kalkstein mit eleganter Fensterrose aus dem 14. Jh. und Skulpturenportal. In einer Nische: Himmelfahrt Mariä und Engel, Bronzearbeiten aus dem Jahre 1761.

Im **Narthex** das Grabmal von Giov. Visconti aus dem Jahre 1366. Das **Kircheninnere** wurde im 18. Jh. erneuert. Am 4. Altar r.: byzantinische Ikone der Muttergottes aus dem 11. Jh.; vor dem Chor: Mosaikfußboden aus dem 5. Jh. — In der **Krypta:** frühchristlicher Sarkophag aus dem 4. Jh. mit Basreliefs.

Sie kommen zur Hauptstraße zurück, biegen r. ein, fahren auf dem Viale Trento Nunzi um die Unterstadt herum und verlassen die Stadt bei der Porta S. Giuliano über die Via XXV Aprile. Die Straße führt bergab, erreicht (13 km) die Tenna, überquert den Fluß und führt an seinem l. Ufer hinauf. — Die Straße nach Amandola überquert vor (33 km) *Servigliano* erneut die Tenna.
55 km: *Amandola.*

☛ **Fortsetzung der Hauptroute nach Pescara.** — Südlich von *Porto S. Giorgio* wird die geradlinig verlaufende Straße N.16

durch die Eisenbahnstrecke vom Meer getrennt. Sie führt durch (**165** km) *Pedaso* am Ausgang des Aso-Tals, *Cupra Marittima* bei der Ruine eines Tempels der Göttin Cupra und (**177** km) *Grottammare* (Seebad), hinter dem sie den Tesino überquert.

12 km gegen W: **Ripatransono;** im *Dom* mehrere Gemälde, darunter ein Hl. Karl von *Guercino.* Im *Rathaus* (Palazzo Comunale) *Gemäldegalerie* und *Stadtmuseum* (byzantinische Madonnen, Triptychon von *Vit. Crivelli,* Keramik aus Urbino, Pesaro usw.).

182 km: **S. Benedetto del Tronto,** Städtchen, bedeutender Fischerhafen und stark besuchtes Seebad. Auf dem Hügel das schöne mittelalterliche Viertel mit der Kirche *S. Benedetto* (im Inneren Grabmal des Hl. Märtyrers Benedikt).
187 km: **Porto d'Ascoli** mit Abzweigung der Straße nach Ascoli.

Von Porto d'Ascoli nach Rieti: s. Rte 9.

Die Straße überquert den Tronto und fährt in die Abruzzen-Provinz ein. — **195** km: *Alba Adriatica,* hübsches Seebad. — **207** km: *Giulianova Lido,* kleines Seebad.

1 km gegen W: **Giulianova,** altes Städtchen in 61 m Höhe. Der *Dom,* Renaissancebau aus dem Jahre 1470, außen sechseckig, innen rund, ist von einer Kuppel bedeckt; er enthält ein schönes Taufbecken und unter dem Hochaltar das silberne Reliquiar des Hl. Blasius von *Paolo di Teramo* (1396). Außerhalb der Stadt die romanische Kirche *S. Maria a Mare* aus dem 12. Jh.: Rundbogenportal aus dem frühen 14. Jh.

20 km gegen NW: **San Omero** mit der Kirche **S. Maria a Vico,* im 11. Jh. in Basilikaform errichtet (drei Langschiffe, halbkreisförmige Apsiden). Dies ist die einzige in ihrer ursprünglichen Gestalt erhaltene Kirche der Abruzzen.

209 km: Hinter *Giulianova Lido* r. Abzweigung der Straße N.80 durch das Tordino-Tal nach (25 km gegen W) *Teramo.* — Brücke über den Tordino. — **217** km: *Roseto degli Abruzzi,* kleines Seebad am Talausgang des Vomano. — **219** km: Abzweigung nach r. der Straße N.150, welche das Tal hinaufführt und auf die Straße von Teramo nach Villa Vomano stößt. — Brücke über den Vomano. — **225** km: r. Straße nach Atri.

13 km gegen W: **Atri,** Städtchen in 442 m Höhe mit prachtvollem Rundblick auf die Adriaküste. Der romanisch-gotische **Dom* aus dem 13.—14. Jh. ist eines der prachtvollsten sakralen Bauwerke dieser Zeit in den Abruzzen. An der Fassade ein Portal von *Rainaldo,* eine Fensterrose und über dieser eine Nische mit Madonna mit dem Kind. An der r. Fassade öffnen sich drei Portale: das erste von *Rainaldo* (1302) mit Fresko der Marienkrönung (15. Jh.) in der Lünette; am dritten Portal (1305) mit Fresko aus dem 14. Jh. (Madonna mit Kind zwischen den Hll. Petrus und Paulus).
Hoher romanischer Campanile. Im Inneren der Kirche zahlreiche Fresken vom 14. bis zum 16. Jh., vor allem von *Andrea Delito* (15. Jh.). Schöne Kryp-

ta. In der Sakristei ein geschnitztes Polyptychon. Das *Dommuseum* enthält Skulpturen, Gemälde, liturgische Gewänder, Werke sakraler Goldschmiedekunst und Miniaturen.

☛ **226** km: *Pineto.* — **237** km: *Montesilvano Marina* mit Abzweigung einer guten Straße nach (27 km) *Penne* (s.u.).

245 km: **Pescara,** Stadt mit 137.000 Ew., Hauptort der gleichnamigen Provinz und Bischofssitz, bedeutendes Handelszentrum, Fischerhafen und Seebad mit schönem Strand. Es ist Geburtsort des Dichters *Gabriele d'Annunzio* (1863—1938).
Der wichtigste Teil der Stadt erstreckt sich beim Strand am l. Ufer der Pescara.
Die Straße aus Ancona führt geradeaus durch dieses Viertel auf dem *Corso Vittorio Emanuele* und gelangt am Bahnhof vorbei; diesem gegenüber öffnet sich der *Corso Umberto,* der zur *Piazza 1° Maggio* führt, vor dem Strand, der von einer breiten Promenade (Lungomare G. Matteotti) mit den wichtigsten Hotels gesäumt ist. Am Ende des Corso Vittorio Emanuele die *Piazza Duca d'Aosta* (l. das Rathaus, *Municipio),* von wo eine Brücke über die Pescara zur *Piazza Unione* im Viertel am r. Flußufer führt (Kanalhafen).
Von diesem Platz r. eine Straße zur *Piazza Garibaldi;* bei dieser das *Geburtshaus* von *Gabriele d'Annunzio,* jetzt in ein **Museum** mit zahlreichen Erinnerungen an den Dichter umgewandelt (Eingang Ecke Via Cardone; Öffnungszeiten s. Anhang D).
Der *Viale Marconi* durchquert schnurgerade dieses Viertel, bildet dann am Ende der Stadt einen Bogen und füht nach *Pineta,* dem eigentlichen Badeviertel der Stadt.

☞ **4. Von Pescara nach Teramo** (104 km gegen NW auf den Straßen N.16 *bis,* N.151 und N.81). — Sie verlassen Pescara über den Corso Vittorio Emanuele (r. Ufer der Pescara); gegenüber der Post biegen Sie l. in die Via Teramo ein, welche die Eisenbahnstrecke und später die Autobahn A-14 (Ancona-Pescara-Foggia) kreuzt.
14 km: Die Straße führt das Tal hinunter und stößt auf die Straße nach Montesilvano; biegen Sie l. ein. — 28 km: **Loreto Aprutino;** Kirche *S. Maria del Piano,* im 11. Jh. gegründet, im 14., 15. und 16. Jh. erneuert; vor ihrer Fassade ein Portikus. Gotisches Portal aus dem Jahre 1559; Campanile aus dem 15. Jh. Im Inneren Fresken aus dem 13.—14. Jh. und ein Jüngstes Gericht aus dem 15. Jh.
36 km: **Penne,** mittelalterliches Städtchen in 438 m Höhe mit prachtvollem Rundblick auf das Adriatische Meer und die Kette des Gran Sasso. Bei der *Porta S. Francesco* (18. Jh.) die Kirche *S. Maria in Colleromano,* romanisch-gotischer Bau, der im 16. und

18. Jh. umgestaltet wurde (in der Lünette des Portals eine Madonna mit Kind; im Inneren zahlreiche Gemälde). Kirche *S. Giovanni* mit vieleckiger romanisch-gotischer Apsis und wuchtigem Campanile, der mit Majolikaarbeiten rund um die Fenster verziert ist (im Inneren: Madonna mit Kind aus dem 16. Jh.). Der *Dom,* im 11. Jh. gegründet, im 15. und 17. Jh. sowie nach den Zerstörungen durch den Zweiten Weltkrieg wiederaufgebaut, hat eine *Krypta* der ursprünglichen Kirche bewahrt. — Hinter Penne durchquert die sehr hügelige und kurvenreiche Straße die Täler des Fino und der Piomba. — 73 km: r. Straße nach (11 km gegen O) *Atri.* — 88 km: **Villa Vomano** im Vomano-Tal; die Straße überquert den Fluß und folgt der anderen Talseite. — 104 km: **Teramo** (s. Rte 7,2 km 77).

Von Pescara nach Bari: s. Rte 11.

6 — Von Fano nach Urbino und Arrezzo

Diese Strecke führt Sie von der Küste weg ins Landesinnere bis in die Toskana. Zunächst erreicht sie Urbino, das auf zwei Hügeln liegend prachtvolle Ausblicke auf die Hügel jenseits seiner Stadtmauern bietet. Nun folgt sie dem Tal des Metauro und gelangt zum Paß Bocca Trabaria, der die Grenze dreier italienischer Provinzen, Umbriens, der Toskana sowie der Marken bildet. Die Straße wird nun „toskanisch", also kurvenreicher, steil abfallend in den Val Tiberina bei Sansepolcro. Von hier an führt die Strecke durch das von mächtigen Felsen beherrschte Tibertal bis Arezzo.

Straßen: 85 km gegen SO nach Arezzo auf den Straßen N.67 und N.69 *(Via di Val d'Arno)* und Autostrada del Sole (A-1), nahezu parallel der Staatssträße verlaufend. 106 km von Arezzo nach Urbino auf den Straßen N.73 und N.73 *bis;* 46 km von Urbino nach Fano auf den Straßen N.73 *bis* und N.3.

Sie verlassen **Fano** (s. Rte 5, km 48) auf der Autobahn, die parallel mit der *Via Flaminia* in Richtung *Fossombrone* verläuft. Ab Fossombrone r. Hauptstraße N.3. — **30** km: **Calmazzo.** Die Straße nach Urbino folgt dem Tal des Metauro und führt unterhalb der Kirche S. Bernardino entlang. Nach Urbino gelangen Sie, wenn Sie die Stadt im S umfahren und die Straße nach Pesaro r. liegen lassen.

44 km: ****Urbino,** Stadt mit 20.000 Ew., Sitz eines Bischofs und einer Universität, liegt in 485 m Höhe auf zwei freistehenden Hügeln, die nach allen Seiten prachtvolle Ausblicke bieten. Umgeben wird die Stadt von Mauern mit Stadttoren. Ihre engen, hügeligen, oft von Treppen gebildeten Gassen sind besonders malerisch und sehenswert.

Geschichte. — Urbino, einst Hauptstadt des gleichnamigen Herzogtums, gehörte seit dem 12. Jh. dem Geschlecht der Montefeltro und war vor allem im 15. Jh. ein blühendes Zentrum (damals herrschte Federico II. de Montefeltro [1444—1482], ein besonders gebildeter, feinsinniger Fürst, der bedeutende Wissenschaftler und Künstler an seinen Hof zog). Im Jahre 1508 kam Urbino an die della Rovere, und seit 1626 gehörte es zum Kirchenstaat. Im 16. Jh. wurde es zu einem der Weltzentren der Keramikherstellung, die sich durch mythologische Darstellungen auszeichnet, in denen blaue und gelbe Farben vorherrschen.
In Urbino arbeiteten *Paolo Uccello, P. della Francesca* und *Bramante* (1444—1514), welcher in der Umgebung der Stadt geboren wurde. Außerdem ist Urbino Geburtsort der Maler *Giovanni Santi (Sanzio* genannt; etwa 1435—1494), dessen Sohnes *Raffaelo Sanzio* (dies ist der berühmte *Raffael;* 1483—1520) und *Federico Baroccio* oder *Barocci* (1526—1612).

Sie gelangen zuerst auf einen großen Platz unterhalb des Palazzo

Ducale, biegen l. ein und folgen der *Via Mazzini,* die zur **Piazza della Repubblica** (Pl.VIII, B2) führt; der Platz nimmt zwischen den beiden Hügeln den Mittelpunkt der Stadt ein. Vor dem *Collegio Raffaelo* steigen Sie (nach r.) auf der *Via Vittorio Veneto;* diese mündet in die **Piazza Duca Federico** (Pl.VIII, B3) zwischen dem Rathaus (Palazzo Comunale, l.) und dem im späten 18. Jh. im klassizistischen Stil umgebauten *Dom* (Pl.VIII, B2/3).

Im Inneren r.: St. Sebastian und St. Cäcilia von *Baroccio.* In der Mariä-Empfängnis-Kapelle: Muttergottes von *Carlo Maratta;* in der Sakramentskapelle: Abendmahl von *Baroccio.* Vorne im r. Seitenschiff gehen Sie durch die Sakristei zum **Kirchenschatz:** flämisches oder rheinisches *Adlerpult aus Bronze (12. Jh.), Kreuzigung (frühes 15. Jh.), liturgische Gewänder, Pastoralkreuz aus Elfenbein (11. Jh.), sakrale Goldschmiedekunst, Bildteppiche aus dem 18. Jh. usw.
Der Kirchendiener führt (l. vom Dom) in das **Oratorio della Grotta,** Krypta mit vier Kapellen; in der 3.: Leichnam Christi, meisterhafte Skulptur, die *Giov. Bandini* zugeschrieben wird (16. Jh.); die Muttergottes stammt von einem späteren Meister.

Neben dem Dom: der **Palazzo Ducale** (Pl.VIII, B3; *Herzoglicher Palast),* ein prachtvolles Renaissancebauwerk, das im Jahre 1444 begonnen wurde. Herzog Federico II. vertraute seine Ausführung dem dalmatinischen Baumeister *Luciano di Laurana* an, welcher in seinen Bau zwei ehemalige gotische Paläste einbezog. Die Dekoration stammt von *Baroccio.* Besonders harmonisch ist der **Ehrenhof,** dessen Halbkreisbogen auf Säulen mit Kapitellen ruhen. Die Hauptfassade am Platz wird von zwei Gebäudeflügeln gebildet; an den Sohlbänken der Fenster Wappen der Montefeltro. Im Palast befinden sich die ***Nationalgalerie der Marken** *(Galleria Nazionale delle Marche;* Öffnungszeiten s. Anhang D).

Wegen Umbauarbeiten kann die Aufstellung auch eine andere als die nachfolgend beschriebene sein.
Über die Monumentaltreppe (Statue Herzog Federicos II. von *Campagna,* 1606) steigen Sie zum 1. Stock.
Thronsaal (der größte des Palastes): an den Wänden ein Markuslöwe; Gobelins aus dem 17. Jh., den Raffael-Bildteppichen des Vatikans nachgeahmt.
Saal der Nachtwache, in dem die Gäste zu kulturellen Abendveranstaltungen zusammenkamen, Türsturz und Türpfosten mit eleganten Skulpturen von *G. Romano;* Friese am Kamin und an den Fenstern von *F. di Simone Ferrucci;* flämische Bildteppiche aus dem 17. Jh. von *van den Hecke;* Gemälde von *M. Basaiti* (Heilige Unterhaltung); *L. d'Alessandro* (Taufe Christi); *P. Alemanno* (Madonna mit Heiligen).
Kleines Vestibül: *Giov. Bellini* (*Madonna mit Kind); *Carlo Crivelli* (Hl. Bernhardin von Siena): *Cola dell Amatrice* (Hl. Jakob).
Kleiner Salon der Herzogin: am Gewölbe Stuckarbeiten von *F. di Simone Ferrucci;* *Kamin und Portal von *Barocci;* Gemälde von *A. Vivarini* (*Polyptychon); *N. da Ancona* (Pietà); *Gir. di Giovanni* (Kreuzigung); *Giov. Mansueti* (Pietà); *G.A. da Pesaro* (Kreuzigung, Madonna mit Kind).

Schlafzimmer der Herzogin: Deckengemälde von *S. Ferrucci;* Tür und Kamin von *Barocci; Maestro d'Urbino* (Triptychon der Marienkrönung, Kruzifix, Kreuzigung, 14. Jh.); *Giov. Baronzio* (Polyptychon); *Schule von Rimini* (Kreuzigung); Fresken.

Kleiderkammer: *Carlo da Camerino* (Verkündigung Mariä); *A. Alberti* (Polyptychon); *Marino Angeli* (Triptychon); *F. da Rimini* (Kreuzigung).

Kapelle: *Gentile da Fabriano* (Madonna mit Kind); *Allegretto Nuzi* (Muttergottes); Holztruhe aus dem 15. Jh.

Sie kommen zum ersten Saal zurück und betreten r. die Privatgemächer des Herzogs, als erstes der **Amorsaal,** nach den tanzenden Amoretten, welche den schönen **Kamin* zieren, der, wie die Tür, ein Werk des *D. Roselli* aus Florenz ist. Die **Türen* mit Intarsien wurden nach Entwürfen *Botticellis* ausgeführt; flämische Bildteppiche aus dem 16. Jh.; Madonna mit Kind von *Verrocchio.*

Schlafzimmer des Herzogs: Kamin von *Rosselli; P. Berruguete* (Bildnisse von Federico Montefeltro und dessen Sohn Guidobaldo); *Paolo Uccello* (*Entweihung der Hostie, Predella in sechs Gemälden, 15. Jh.); *Justus van Gent* (Kommunion der Apostel); *Melozzo da Forli* (Erlöser); flämischer Bildteppich aus dem 15. Jh.

Kleiderkammer: *Piero della Francesca* (*Christus an der Geißelsäule, *Madonna Senigallia); Büste des Hl. Johannes von *Simone Ferrucci.*

Kabinett des Herzogs, *Studolo genannt: Wände mit prachtvollem *Täfelwerk in Marketerie nach Entwürfen von *Botticelli;* mehrfarbig bemalte Skulpturendecke von florentinischen Künstlern (1476).

Kapelle: Ausschmückung von *Brandani.*

Audienzsaal: prachtvolles Frauenbildnis, *La Muta genannt, von *Raffael; Luca Signorelli* (*Kreuzigung, Ausgießung des Heiligen Geistes); *Tizian* (Letztes Abendmahl, Auferstehung).

Saal der berühmten Männer: vier Bildnisse von *Justus van Gent* und *Berruguete.*

Apostelsaal: *Giov. Santi,* Vater Raffaels (Erzengel Raphael, sechs Apostel und Hl. Rochus); *P. Berruguete* (Hl. Sebastianus).

Saal des Königs von England: *Giov. Santi* (Fresko. Thronende Madonna; vier Tafelmalereien).

Saal des Timoteo Vitis: zwei Schnitzstatuen aus dem 15. Jh.; *Giov. Santi* (Hl. Sebastianus und eine große Gruppe: Thronende Madonna mit Kind und Heiligen); *Timoteo Viti* (Hl. Thomas und Martin, Hl. Apollonia).

Keramiksaal: Keramiken aus Castel Durante, Urbino und Pesaro (16.—18. Jh.); Glasmalerei (Verkündigung Mariä) von *Timoteo Viti.*

Skulpturensaal: Basreliefs aus dem 15. Jh.; *Rosselli* (mehrfarbig bemalte Muttergottes, Hl. Sebastianus), Basreliefs aus dem 15. Jh.; flämischer Bildteppich aus dem 15. Jh.

Alkovensaal: Bettnische aus bemaltem Holz; byzantinische Schiffsflagge (15. Jh.); Schutzmantelmadonna (15. Jh.); Fragment eines Muttergotteskopfes, das *Agostino di Duccio* zugeschrieben wird.

Freskensaal: *Bocati* zugeschriebene Fresken.

Jole-Saal: verdankt seinen Namen den Karyatiden am *Kamin: Jole und Herakles; Holzstatuen aus dem 15. Jh., Basreliefs.

Im **2. Stock** drei Säle mit Werken von *Federico Barocci, Guercino, Sassoferrato* und *O. Gentileschi.*

Auf dem Platz, dem Palast gegenüber, die Kirche *S. Domenico*

(Pl.VIII, B3) aus dem 14. Jh. mit einem Portal von *Tomaso di Bartolomeo* (1451); an der Lünette: Muttergottes mit Heiligen von *Luca della Robbia.*
Zu Fuß können Sie zur Piazza della Repubblica zurückkommen, wenn Sie (am l. Ende des Palastes) den Öffentlichen Park *(Pincio;* Pl.VIII B3/4) durchqueren; von dort Abstieg auf Rampen oder Treppen bis zum *Corso Garibaldi;* prachtvoller Blick auf die Turmfassade des Palastes. Der arkadengesäumte Corso Garibaldi führt zum Platz zurück.

Wenn Sie von der Piazza della Repubblica der ersten Straße r. in der Via Mazzini und dann l. der *Via Barocci* folgen, kommen Sie zur Kirche **S. Giovanni Battista** (Pl.VIII, A2): **Freskenschmuck der Salimbeni* (1416) mit Szenen aus dem Leben Johannes des Täufers (Öffnungszeiten s. Anhang D).
Von der Piazza della Repubblica steigen Sie die *Via Raffaello* hinauf; dort r. die Kirche *S. Francesco* aus dem 14. Jh. mit schönem Portikus. Etwas weiter l. (Nr. 5) das ***Geburtshaus Raffaels** (Pl.VIII, B2; Casa di Raffaello; Öffnungszeiten s. Anhang D).

Im 1. Stock: Besichtigung des Zimmers, in dem der Maler 1483 geboren wurde. Das Wandfresko (Madonna mit Kind) wird jetzt als Raffaels Erstlingswerk betrachtet: lange Zeit hindurch wurde es seinem Vater Giov. Santi zugeschrieben und sollte angeblich Raffael auf den Knien seiner Mutter darstellen. Außerdem sehen Sie Fresken von *Giov. Santi,* Zeichnungen von *Raffael* und Reproduktionen seiner Werke. Im 2. Stock das *Museum der Accademia Raffaello.* — Im malerischen kleinen Innenhof mit Brunnen und Loggia ein Stein, auf dem Raffael seine Farben zu mischen pflegte.

Die Via Raffaello endet in der Oberstadt am *Piazzale Roma* (Pl.VIII, A1), auf dem ein *Raffael-Denkmal* (1897) errichtet wurde. Von der Esplanade bietet sich eine prachtvolle Aussicht.

Umgebung. — 1. Panoramastraße. Vom Piazzale Roma (s. oben) folgen Sie nach l. dem *Viale Bruno Buozzi,* welcher nach W um die Stadt herumführt und eine prachtvolle Aussicht auf Urbino und den Herzogspalast bietet. An seinem Ende biegen Sie l. ein und kommen auf die Piazza del Mercato zurück.
2. Kirche S. Bernardino (3 km gegen SO). — Ausfahrt auf der Straße nach Fano; an der Kreuzung mit der Straße nach Pesaro folgen Sie der mittleren Straße, einer Nebenstraße, welche zum Friedhof steigt. Auf dem Hügel neben dem Friedhof die 1472 errichtete Kirche *S. Bernardino,* die *Bramante* zugeschrieben wird. Sie enthält die zwei prachtvollen Mausoleen aus schwarzem Marmor (1620) der Herzöge Federico und Guidobaldo von Urbino. Von der Terrasse prachtvoller Blick auf die Stadt.
3. Pesaro (36 km gegen NO): s. Rte 5.

Sie verlassen Urbino und überqueren den Metauro. **61** km: *Urbania* in 273 m Höhe, seit dem 16. Jh. durch seine

Keramikarbeiten bekannt. — **70** km: *S. Angelo in Vado.* Durch das Tal des Metauro fahren Sie bis nach (**81** km) *Borgo Pace,* weiter durch das Tal der Meta. Sie erreichen die *Bocca Trabaria,* Paß in 1.049 m Höhe, an der Grenze von drei Provinzen: Toskana, Umbrien und die Marken. Über eine steil abfallende kurvenreiche Straße (N.73 *bis*) gelangen Sie in den Val Tiberina, biegen 5 km vor Perugia rechts ein und erreichen, auf der N.3 fahrend, Sansepolcro.

95 km: **Sansepolcro,** Industriestädtchen in 335 m Höhe, Bischofssitz und Geburtsort des Malers *Piero della Francesca* (1416—1492). Von der Hauptstraße aus gelangen Sie durch ein Tor (r.), hinter dem sich die *Via Matteotti* öffnet. R., im ehemaligen *Palazzo Pretorio,* die *Gemäldegalerie* (Pinacoteca Comunale; Öffnungszeiten s. Anhang D).

Unter den ausgestellten Werken vor allem ein Fresko (Auferstehung) und ein Polyptychon (*Madonna della Misericordia) von *Piero della Francesca;* außerdem eine Kreuzigung von *Luca Signorelli,* ein Polyptychon von *Matteo di Giovanni,* Gemälde von *Raffaellino del Colle,* ein Basrelief von *Giov. della Robbia* usw.

Etwas weiter l. der *Dom,* im 12. Jh. gegründet und später mehrmals umgebaut (auf dem Hochaltar: Polyptychon der sienesischen Schule des 14. Jh.; im r. Seitenschiff: Kreuzigung von *Bart. della Gatta;* im l. Seitenschiff Tabernakel aus der Schule der *della Robbia* und *Himmelfahrt Christi, die *Perugino* zugeschrieben wird).
Kurz darauf mündet die Straße auf die im Stadtzentrum gelegene *Piazza Torre Berta,* die von einem Turmbau aus dem Mittelalter beherrscht wird.

Von Sansepolcro nach Perugia: s. Rte 4. — **nach Ravenna:** s. Rte 4. — **nach Rimini:** s. Rte 3,2.

Sie überqueren den Tiber, gelangen in das *Tibertal (Val Tiberina)* und lassen (**128** km) l. eine Straße nach (17 km gegen SO) *Città di Castello* liegen. Sie fahren auf der Straße N.73, welche von der Alpe di Poti beherrscht wird, hinauf zum *Palazzo di Pero* am Cerfone und gelangen auf der Via Trento e Trieste nach (**152** km) **Arezzo** (Beschreibung s. Kleiner Blauer Toskana).

7 — Von Pescara nach L'Aquila

Diese Strecke führt wie jene nach Avezzano über Chieti und Popoli (s. Beschreibung Route 8) und kann ebenfalls als erste Etappe einer Durchquerung von Küste zu Küste bis Rom dienen. Ab Popoli verläßt die nachstehend beschriebene Route aber das Tal der Pescara und ist nun weitaus reizvoller und weniger hügelig als die Strecke nach Avezzano. Kurz vor L'Aquila, dem Hauptort der Abruzzen, erreichen Sie das Tal des Aterno, das hier vom Massiv des Gran Sasso d'Italia beherrscht wird.

Straßen: 102 km bis Popoli auf der N.5 (alternativ Autobahn A-25), dann auf der N.17 (Via dell'Appennino Abruzzese).

☛ **Von Pescara nach Popoli, 51** km: s. Rte 8. Sie verlassen die Straße N.5 und folgen r. der Straße N.17, welche die Pescara überquert und durch keinerlei bedeutende Ortschaften führt. — **66** km: *Navelli* — r. Straße nach (8 km gegen NO) *Capestrano* mit einer sehenswerten romanischen *Kirche* (im Inneren: *Ciborium und, an der Apsis, Fresken aus dem 12. Jh.).

81 km: r. lassen Sie liegen: *Barisciano* und die Straße nach (24 km gegen O) *Castel di Monte* (in 1.310 m Höhe), am Fuße des Monte Bolza (1.975 m) im Campo Imperatore gelegen. — **89** km: Abzweigung nach l. der Straße, die dem Aterno-Tal folgt und bei *Castelvecchio Subequo* wieder auf die Straße N.5 stößt. — **93** km: *Bazzano:* Kirche *S. Giusta* aus dem 13. Jh. — **98** km: Sie lassen l. die Straße über Celano nach Avezzano liegen.

102 km: ***L'Aquila** (auch **Aquila degli Abruzzi** genannt), 66.600 Ew., bedeutendste Stadt der Abruzzen, Hauptort der gleichnamigen Provinz und Bischofssitz, liegt in 721 m Höhe am l. Ufer des Aterno. Im O wird die Stadt vom Massiv des Gran Sasso d'Italia beherrscht. Sie ist ein wichtiges Handels- und Landwirtschaftszentrum, das sehenswerte Kirchen und ein bedeutendes Kastell besitzt.

Geschichte. — L'Aquila wurde 1246 in der Nähe des klassischen *Aquiternum* von Kaiser Friedrich II. gegründet. 1424 wurde hier der Condottiere Forte Braccio da Montone von den verbündeten Truppen der Königin Johanna II. von Neapel, des Papstes Martin V. und des Herzogs von Mailand geschlagen und getötet. Die Stadt fiel schließlich an das Königreich Neapel. Der Legende nach hatte die Stadt einen wundertätigen Ursprung, da sie mit genau 99 Vierteln, 99 Kirchen, 99 Palästen, 99 Plätzen und 99 Brunnen gegründet worden sein soll. Heute noch sehen Sie den Brunnen der 99 Röhren. Um diese Legende der Zahl 99 weiterzuspinnen, schlägt die Turmuhr des Justizpalastes allabendlich 99mal.
L'Aquila ist Geburtsort des Bildhauers *Silvestro d'Ariscola,* genannt *Silvestro dell'Aquila,* der um 1500 arbeitete.

Zeiteinteilung: Ein **halber Tag** könnte für das Wesentliche (Kastell, Nationalmuseum, S. Bernardino und S. Maria di Collemaggio) ausreichen. Rechnen Sie aber **einen ganzen Tag,** um die Stimmung dieser Stadt wirklich aufnehmen zu können.

Sie gelangen in die Stadt durch die Porta Napoli und auf dem *Viale Francesco Crispi;* an diesem zweigt r. der *Viale di Collemaggio* ab, welcher am Stadtpark entlangführt und zu einem ausgedehnten Platz gelangt, in dessen Hintergrund sich die schöne romanisch-gotische Kirche ***S. Maria di Collemaggio** erhebt, 1287 begonnen im Auftrag von Pietro da Morrone, Abruzzen-Einsiedler und Gründer des Cölestinerordens. 1294 zum Papst gekrönt, dankte Pietro da Morrone kurz darauf ab und zog sich in seine Einsiedelei zurück. Er wurde im Jahre 1313 als Hl. Einsiedler Petrus vom Berge Morrone oder Hl. Petrus Cölestinus heiliggesprochen.

Die Fassade der Kirche (aus Mosaik mit weißen und rosa Steinen, geometrische Muster) stammt aus dem 14. Jh. Sie besitzt drei Fensterrosen und drei Rundbogenportale; das *Mittelportal wird von Nischen mit Statuetten umgeben. Das Innere wurde 1706 erneuert; es besitzt drei Langschiffe, einen schönen weiß-rosa Fußboden und eine bemalte, vergoldete Kassettendecke. An den Wänden Fresken von *C. Ruther* über das Leben des Hl. Einsiedlers Petrus (17. Jh.). In der Kirche r. vom Hochaltar: Grabmal des Heiligen von *Gir. da Vicenza* (1517). An seinem Namensfest (28. August) werden seine Reliquien in der Kirche ausgestellt.

R. von der Kirche das ehemalige Kloster, jetzt in ein Hospiz umgewandelt; an der anderen Seite das psychiatrische Krankenhaus. — Sie kommen zum Viale Francesco Crispi zurück, dem Sie nach r. folgen; Sie gehen geradeaus weiter durch den **Corso Federico II.,** der zur **Piazza del Duomo** im Stadtzentrum führt. Auf dieser die Kirche *Chiesa del Sulfragio* (18. Jh.), die *Post* und (im Hintergrund) der im Jahre 1703 erneuerte *Dom* (im Inneren: das Grabmal des Kardinals Agnifili von *Silvestro dell'Aquila,* 1480). Hinter dem Platz der **Corso Vittorio Emanuele,** wichtigste Geschäftsstraße der Stadt, teilweise von Arkadengängen gesäumt; hinter der Kreuzung der *Quattro Cantoni* verengt sie sich. Dort biegen Sie r. ein in die *Via S. Bernardino;* Sie gelangen auf die Esplanade, an der sich, einer breiten Treppe gegenüber, die Kirche ***S. Bernardino** erhebt (1454—1472 errichtet). Die von *Cola dell'Amatrice* entworfene Fassade stammt aus dem Jahre 1527; die Lünette des Mittelportals ist von *Silvestro dell'Aquila.*

Das Innere besitzt drei Langschiffe; über dem Mittelschiff eine bemalte Schnitzdecke im Barockstil mit den Wahrzeichen des Hl. Bernhardin. In den **Kapellen am r. Seitenschiff:** (2.) Terrakottaarbeit von *Andrea della Robbia;* (3.) Madonna mit Kind von *Silvestro dell'Aquila;* (5.) **Grabmal des Hl. Bernhard von Siena* (1440 in L'Aquila gest.) mit Statuen und Basreliefs von *Silvestro dell'Aquila.* Im **Chor** r.: Kreuzigung von *Rinaldo Fiammingo* (16. Jh.); l. **Grabmal der Maria Pereira Camponeschi* von *S. dell'Aquila* (1496).

Sie gehen an der l. Seitenfront der Kirche entlang, dann an der *Piazza Teàtro*, biegen r. ein und darauf l. in die *Via Zara*, welche auf die *Porta Castello* stößt; Sie durchqueren das Tor (l.) und biegen r. in die Allee ein, welche zum Kastell steigt.

Das ***Kastell** *(Castello)* wurde 1535 nach Plänen des Spaniers *L.P. Scriva* errichtet und ist mit Bastionen und Gräben umgeben. Heute ist es Sitz des ***Nationalmuseums der Abruzzen** *(Museo Nazionale d'Abruzzo;* Öffnungszeiten s. Anhang D).

Im **Erdgeschoß** die **Archäologische Sammlung** (Stücke seit dem letzten Jh.): Inschriften, Stelen, gehauene Giebelfelder, Kapitelle, Gedächtnissteine (besonders sehenswert der schlangenförmige in Saal 4), Basreliefs. Architekturfragmente usw. aus antiken römischen Villen in den Abruzzen. — Oben an der Treppe mehrfarbig bemalte Holzstatue des Hl. Bartholomäus (14. Jh.).

Im **1. Stock** die **Abteilungen für Skulpturen und Gemälde** vom 13. bis zum 19. Jh. In den ausgezeichnet eingerichteten Sälen sind die Ausstellungsstücke in chronologischer Reihenfolge geordnet: Holztüren aus der Kirche S. Maria in Cellis (1132), Türen aus S. Pietro d'Albe (13. Jh.), gotische Holzstatuen, Tafelmalereien des 13.—14. Jh., Polyptychon von *Jacopo del Fiore* (14. Jh.) und bemalte Altarflügel aus der gleichen Zeit; Fresken mit Geburt Christi und mehrere Triptychen aus dem 15. Jh. In einer Vitrine: Reliquiar aus Silber und Grubenschmelz, Elfenbeinkästchen, Vortragekreuz usw. aus dem 14. und 15. Jh. Statue des *Hl. Sebastian und eine Madonna mit Kind von *Silvestro dell'Aquila* (1478); Polyptychon (Madonna mit Kind), *S. Gatti* zugeschrieben (15. Jh.). Triptychen und Gemälde aus dem 16. Jh. im **Keramiksaal der Abruzzen:** Sammlung aus dem 16., 17. und 18. Jh., glasierte Terrakotta usw., Vortragekreuz von *Giov. di Bartolomeo Rosecci* (1576).

Sie können auf dem Viale Gran Sasso d'Italia mit dem Wagen um das Kastell herumfahren (Blick auf den Gran Sasso d'Italia), dann weiter auf der Via Castello, die sich in der *Via Garibaldi* fortsetzt; schöne Häuser; am Ende der Straße können Sie die Kirche *S. Silvestro* aus dem 14. Jh. besichtigen: an der Fassade eine Fensterrose, im Inneren Fresken aus dem 15. Jh. Sie biegen in die zweite Straße l. ein und gelangen auf einen ausgedehnten Platz beim *Palazzo Franchi* (18. Jh.); gegenüber die Kirche *S. Maria Paganica* aus dem Jahre 1308 (schönes gotisches Portal mit Skulpturentympanon). Die *Via Paganica* mündet in die **Piazza del Palazzo,** beherrscht vom *Uhrturm* (14. Jh.) des *Justizpalastes* (allabendlich schlägt die Glocke neunundneunzigmal; s. Erklärung unter Geschichte). Sie kommen an der r. Seite des Justizpalastes entlang; hinter einem hübschen Platz mit einer Kirche gehen Sie l. die *Via Antonelli* hinunter; nach einem Bogen biegen Sie in die *Via Sassa* ein (r. kann Sie diese Straße zur Kirche *S. Pietro di Sassa,* romanischer Bau aus dem 13. Jh., führen), bei der Sie zahlreiche alte Häuser sehen, die an der Fassade das Monogramm IHS, Wahrzeichen des Hl. Bernhardin, tragen. Am Ende der Straße r. die Kirche

S. Giuseppe mit dem gotischen *Grabmal des Camponeschi* von *Gualtiero d'Alemagna* (1432); gegenüber, im Hintergrund des Platzes, die frühere Kirche *S. Caterina* mit Fassade aus dem 18. Jh.; gegenwärtig enthält sie das *Dommuseum* (wenden Sie sich an den Domküster). Die Via Sassa führt zur Piazza del Duomo zurück.

Umgebung. — 1. Brunnen der „99 Cannelle" (im SW der Stadt; Sie gehen zum Bahnhof hinunter und folgen l. der Via S. Maria di Ponte bis zur Porta Riviera). Der Brunnen stammt zweifellos aus dem 13. Jh., wurde aber im 15. Jh. verändert. Er ist von einer weiß-rosa Mauer umgeben; durch Masken speien 99 Röhren Wasser aus.
2. Pineta di Roio (9 km gegen SW; wie oben 1. bis zur Porta Riviera, die Sie l. liegen lassen, um geradeaus weiterzufahren). Die Straße steigt in Windungen bis zum Gipfel des **Monte Luco** (900 m), der von einem Pinienwald bedeckt ist. Prachtvoller Blick auf L'Aquila und die Kette des Gran Sasso d'Italia.
3. Kirche S. Maria del Soccorso (2 km gegen NO; Sie verlassen die Stadt auf dem Viale Gran Sasso d'Italia zwischen dem Stadion l. und dem Kastell r.; an der großen Kreuzung r. einbiegen). In der Nähe des Friedhofs gelegen, enthält die *Renaissance-Kirche* im r. Querschiff einen Altar von *Andrea della Robbia* und im l. Querschiff ein Grabmal aus dem Jahre 1506 unter einer mit Fresken verzierten Nische.
4. Campo Imperatore und Gran Sasso d'Italia (48 km gegen NO auf guter Straße). Sie verlassen die Stadt wie oben unter 3. und fahren hinter der Kirche geradeaus weiter. Die Straße N.17 *bis* läßt r. *Paganica* liegen, durchquert eine Schlucht und erreicht (17 km) **Assergi** in 895 m Höhe, umgeben von einem mittelalterlichen Mauerwall; Kirche *S. Maria Assunta* aus dem 12.-15. Jh. Darauf (21 km) die Talstation der *Seilbahn,* die (in 15 Min.) zum ***Campo Imperatore** steigt, Sommerfrische und Wintersportplatz in 2.128 m Höhe; die Skiabfahrten von November bis Mai. Von der Talstation führt eine malerische, aber teilweise sehr kurvenreiche Straße (N.17 *bis*) in weiteren 27 km zum Campo Imperatore (Schutzhütte „Rifugio Duca di Abruzzi"). Der Campo Imperatore wird von den hohen Gipfeln des **Gran Sasso** beherrscht: Corno Piccolo (2.655 m), Corno Grande (2.912 m, höchste Erhebung der Apenninenkette), Brancestello (2.378 m), Prena (2.566 m), Scindarella (2.237 m). Im Hotel Campo Imperatore war Mussolini nach Badoglios Staatsstreich gefangengesetzt worden. Am 12. September 1943 gelang es einer deutschen SS-Einheit, aus der Luft in waghalsiger Landung beim Hotel niederzugehen und Mussolini zu befreien.

☞ **1. Von L'Aquila nach Avezzano** (62 km gegen S). — Sie verlassen die Stadt durch die Porta Napoli und auf der Straße N.17 in Richtung Popoli, welche Sie kurz darauf verlassen; Sie biegen r. ein und kreuzen die Eisenbahnstrecke sowie den Aterno. Blick nach l. (O) auf den Gran Sasso. Hügelige Strecke. — 30 km: **Rocca di Mezzo,** in 1.329 m Höhe am Fuße des Monte Cagno (2.152 m) gelgen. — 39 km: **Ovindoli,** Sommerfrische und Wintersport in 1.375 m Höhe zwischen dem Monte Velino (2.487 m, im W) und dem Monte Sirente (2.349 m, im O). — Abfahrt in Windungen. — 49 km: **Celano,** Ortschaft in 800 m Höhe, beherrscht von einem

Schloß aus dem 15. Jh., einem der mächtigsten der Abruzzen. Spaziergang zum **Golo di Celano,** tiefe Schlucht, durch die der Wildbach La Foce fließt. In Celano biegen Sie r. ein und folgen der direkten Straße, welche bei Paterno auf die Straße N.5 stößt.
62 km: **Avezzano,** s. Rte 8, km 119.

☞ **2. Von L'Aquila nach Teramo** (77 km gegen NO auf der Straße N.80, *Via del Gran Sasso d'Italia).* — Ausfahrt aus L'Aquila durch die Porta Roma und auf der Straße N.17, welche Sie kurz darauf verlassen, um r. einzubiegen.
10 km r.: **S. Vittorino;** Kirche *S. Michele* aus dem 13. Jh. mit romanischen Basreliefs und Fresken aus dem 13. Jh., auf ehemaligen Katakomben errichtet. In der Nähe der Ortschaft *Ruinen der antiken Sabinerstadt Amiternum,* die später römische Colonia wurde; Sie sehen Überreste eines Theaters und eines Amphitheaters. An der Kreuzung lassen Sie gegenüber die Straße liegen, die dem Aterno-Tal folgt und nach (43 km gegen N) *Amatrice* führt. — Die Straße nach Teramo biegt r. ein, hebt sich in Windungen und kommt an *Arischia* (830 m) vorbei; sie erreicht den *Passo Capanelle,* Paß in 1.299 m Höhe, und führt dann wieder bergab. — 29 km: Abzweigung nach l. zum Campotosto-See.

●⟶ Die Straße führt nach N und stößt gleich darauf auf die Südspitze des Stausees **Lago di Campotosto,** der sich in unwirtlicher Lage in 1.300 m Höhe über 15 km² erstreckt. Wenn Sie das Ostufer umfahren, kommen Sie nach (19 km) *Campotosto,* Ortschaft am Fuße des Monte Gorzano (2.455 m). Die Straße verläßt das Seeufer in *Poggio Cancelli* und endet in (41 km) *Amatrice.*

☞ Die Straße führt an Weideflächen vorbei, r. das Massiv des Gran Sasso, bergab durch das Tal des Vomano, das vom Monte Corvo (2.623 m, im S) gesäumt wird. — 53 km: Straße nach r. nach (8,5 km) **Pietracamela,** Luftkurort und Wintersportort (1.025 m) im Massiv des Gran Sasso. — 61 km: Sie biegen l. ein; dabei lassen Sie zwei Straßen liegen; geradeaus durch das Vomano-Tal bis zum Meer und r. nach (17 km) **Isola del Gran Sasso.** — Die Straße nach Teramo überquert den Vomano bei **Montorio,** alte malerische Ortschaft, steigt dann und überquert den Tordino, dessen l. Ufer sie folgt.

77 km: **Teramo,** Stadt mit 51.400 Ew., Hauptort der gleichnamigen Provinz und Bischofssitz, liegt in 265 m Höhe zwischen dem Tordino und der Vezzola. Die Straße aus L'Aquila mündet auf die von Gärten gesäumte *Piazza Garibaldi.* L., beim Eingang des *Stadtparks* am Viale Bovio, das *Museum* mit archäologischer Sammlung. Auf den Platz öffnet sich der *Corso S. Giorgio,* Hauptverkehrsstraße der Stadt, die zur *Piazza Martiri della Libertà* und zum Dom im Stadtzentrum führt. Der **Dom** aus dem 12. Jh. wurde im 14.

Jh. vergrößert. Schönes gotisches Portal mit Mosaikverzierungen (1332); Campanile aus dem 13. und 15. Jh.

Im dunklen, schlichten Inneren ein offener Dachstuhl und steinernes Ciborium, das von Statuen getragen wird; silberner *Altarvorsatz, Meisterwerk von *N. da Guardiagrele* (15. Jh.); vorne am r. Seitenarm ein schönes *Polyptychon von *Jac. del Fiore.*

L. von der Fassade des Domes können Sie die Überreste der römischen Mauer sehen. Wenn Sie l. durch die *Via Vicenzo Irelli* gehen und dann wieder l. in die *Via Teatro Antico* einbiegen, kommen Sie zum *römischen Theater,* von dem ein Portikus mit zwei Bogen und einige Spuren der Zuschauerstufen erhalten sind.

Von Teramo folgt die Straße N.80 weiterhin dem Tal des Tordino bis zum Meer, auf das sie in der Nähe von (25 km gegen O) *Giulianova* (s. Rte 5, km 207) stößt.

8 — Von Pescara nach Avezzano

Von Pescara mit seinem breiten Meeresrand gelangen Sie in das nachbarliche Chieti, das so verschieden von diesem inmitten von olivenbepflanzten Hügeln liegt. Chietis Archäologisches Museum allein ist diese Route wert, bietet es doch ein Panorama der Kunstgeschichte der Abruzzen. Die Straße nach Chieti führt das Tal der Pescara entlang, in eine wilde Schlucht, an deren Ende Sie Popoli erreichen (ab hier führt die vorgehend beschriebene Strekke nach L'Aquila). Nun verläßt die Straße das Tal der Pescara, steigt alsbald an und fällt schließlich, ausgedehnte Blicke bietend, in das trockengelegte Becken des Lago Fucino mit der architektonisch wenig reizvollen Stadt Avezzano. Die Route führt großteils durch jenes Gebiet, das von den Erdbeben im März 1984 am stärksten betroffen war. Das endgültige Maß an Zerstörungen war bei Redaktionsschluß nicht abzusehen; es können verschiedene Sehenswürdigkeiten geschlossen sein.

Straßen: 119 km auf der N.5 (Via Tiburtina Valeria) oder alternativ auf der (nicht beschriebenen) Autobahn A-25.

☛ Sie verlassen Pescara über Via Conte di Ruvo und Via Tiburtina am r. Ufer der Pescara, deren Tal Sie hinauffahren. — Sie können die Strecke auch auf der Autobahn A-25 fahren.
13 km: Kreuzung.

●⟶ R. Abzweigung einer Straße nach (31 km gegen NW) *Penne;* l. nach (5 km) *Chieti* (empfehlenswerter Umweg).

Chieti, Stadt mit 56.700 Ew., Hauptort der gleichnamigen Provinz und Bischofssitz, erstreckt sich auf einen 330 m hohen Hügel mit prachtvollem Rundblick: Im O die adriatische Küste; im NW die Kette des Gran Sasso d'Italia; im S die Kette der Maiella (Monte Amaro, 2.795 m). Chieti besitzt sehenswerte Baudenkmäler und Überreste aus seiner römischen Vergangenheit.
Von der *Porta Pescara* folgen Sie l. der *Via Federico Salomone;* Sie biegen r. ein, fahren an der *Piazza Garibaldi* vorbei und biegen erneut r., in die *Via Arniense,* ein. Sie gelangen auf die *Piazza Vittorio Emanuele* mit dem *Rathaus,* dem *Justizpalast* und dem *Dom,* der im 11. Jh. gegründet wurde. Dieser Bau wurde fast vollständig erneuert, hat sich aber einen Campanile aus dem 14.—15. Jh. bewahrt. Vom Platz aus gelangen Sie direkt in die mit Stuckarbeiten verzierte *Krypta,* die sich unter dem Chor erstreckt.
Im S des Platzes führt eine kurze Gasse zum *Corso Marrucino,* der Hauptverkehrsstraße, welche die Stadtmitte durchquert, an der Präfektur und an einer Kirche vorbeigelangt; etwas weiter entfernt, an der Ecke der *Post,* biegen Sie r. in die *Via Spaventa* und (nochmals r.) in die *Via Priscilla* ein: Sie gelangen auf einen stillen Platz mit drei kleinen *römischen Tempeln* aus dem 1. Jh. — Sie gehen zum Corso Marrucino zurück, der auf den *Largo Trento e Trieste* stößt; an diesem öffnet sich der *Viale IV Novembre,*

beliebtester Spazierweg der Bevölkerung, der zur **Villa Comunale** führt, einem schönen Stadtpark, in dem sich das interessante Stadtmuseum befindet.

Das ****Museum** (Öffnungszeiten s. Anhang D) enthält *archäologische Sammlungen;* besonders sehenswert sind Statuen, Büsten, Basreliefs. Fragmente von Grabmälern, Inschriften, Mosaiken aus dem 1. bis zum 3. Jh., Bronzetafeln mit Inschriften, Glas- und Töpfereiarbeiten usw. *Sammlung Giov. Panza* (Spiegel, Schalen, Schmuckstücke, Töpfereiarbeiten, griechische Vasen, Elfenbeinarbeiten, Statuetten aus Bronze und Terrakotta usw.). Im **Saal VI:** kleine Bronzestatuetten aus der Nekropole von Alba Fucente. Im **1. Stock:** Statuenfragmente aus dem 5. Jh. v.Chr.; sehenswerter **Krieger von Capestrano* (6. Jh. v.Chr.); im **Saal XI:** Votivstatuetten (2.-1. Jh. v.Chr.).

Vom Largo Trento e Trieste aus folgen Sie l. der *Via Zecca* (l. Ruine des *römischen Theaters;* von der Straße aus schlecht zu sehen). In der Nähe stoßen Sie auf die Straße, welche zur Hauptstraße N.5 zurückführt.

Die Hauptstraße (N.5) folgt weiterhin dem Tal der Pescara; nach Kreuzung der Eisenbahnstrecke sehen Sie l. auf dem Hügel die Zisterzienserkirche *S. Maria Arabona* aus dem Jahre 1208 (im Inneren Steintabernakel und Osterleuchter aus dem 13. Jh.) — **31** km: Abzweigung nach l. in Richtung *Caramanico Terme* (s. anschließend).

Die Straße steigt und führt durch *S. Valentino in Abruzzo Citeriore.* Bei etwa 12 km **S. Tommaso;** Kirche aus dem 12. Jh. mit schöner Fensterrose, im Inneren Freskenreste aus dem 13. Jh. — 20 km: **Caramanico Terme,** Städtchen, Sommerfrische und Heilbad in 650 m Höhe mit kalten Schwefelquellen (Hautkrankheiten, Gelenkrheumatismus, Frauenkrankheiten). Die romanisch-gotische Kirche *S. Maria Maggiore* besitzt eine Apsis, die mit aus einem anderen Bau stammenden schmalen Säulen und Statuetten geschmückt ist; Seitentor aus dem Jahre 1476 mit einer Marienkrönung am Giebelfeld (in der Sakristei eine Monstranz aus dem 15. Jh.). Die Stadt besitzt Ruinen ihrer mittelalterlichen Mauern und einer Burg. Von Caramanico aus begeht man den Monte Amaro (2.795 m) die höchste Erhebung der Maiella-Kette.

41 km: Straße nach r. zur (1,5 km) Abtei *S. Clemente a Casauria* und (2,5 km) nach *Torre de'Passeri,* großes Bauerndorf, bedeutendster Traubenmarkt der Abruzzen. Autobahnfahrer verlassen die A-25 in Torre de'Passari und fahren l. auf die N.5.

Die Straße überquert die Pescara; kurz darauf öffnet sich in der Kurve r. ein Gitter auf den Garten (läuten Sie beim Wärter an). Die ***Abtei S. Clemento a Casauria** wurde im 9. Jh. gegründet und im 12. Jh. von den Zisterziensern im romanisch-gotischen Stil erneuert. Der *Kirche* vorangestellt ein Portikus mit drei Arkaden, die auf Pfeilern und Säulen mit Kapitellen ruhen. Im Architrav: Basreliefs mit Szenen aus dem Leben in der Abtei und der Überführung der Reliquien des Hl. Klemens. Das Portal wird von einer Bronzetür aus dem Jahre 1191 geschlossen. Das dreischiffige Innere besitzt eine schöne **Skulpturenkanzel* von *Fr. Giacomo* (13. Jh.) und einen **Osterkandelaber* aus der gleichen Epoche. Auf dem Hochaltar ein romanisches **Ciborium.* Die *Krypta* aus dem 9. Jh. ruht auf antiken Säulen. Die restliche Abtei wurde 1915 durch ein Erdbeben zerstört. Im Park ein Inschriftenmuseum.

Die Straße führt in die **Gole di Popoli* genannte Felsschlucht.
52 km: **Popoli,** Städtchen mit 7.000 Ew. in 254 m Höhe. In der Kirche *S. Francesco* aus dem 15. Jh. eine Pietà aus der gleichen Epoche. Beim Hauptplatz *(Via Capponi)* die gotische *Taverna Ducale* aus dem 14. Jh., typisches Beispiel eines Ladens und Warenspeichers der Abruzzen, später in ein Gasthaus umgestaltet; Ausschmückung mit Wappenschildern und lustigen Basreliefs.

☞ **1. Von Popoli nach Sulmona und Isernia** (97 km gegen SO auf der Straße N.17). — Sie folgen 5 km hindurch der Straße nach Rom und fahren dann geradeaus weiter.
17 km: **Sulmona,** Stadt mit 24.000 Ew. und Bischofssitz, inmitten von Hügelketten in 405 m Höhe gelegen. Geburtsort des lateinischen Dichters *Ovid* (43 v.Chr. bis 17 n.Chr.). Weltberühmte Zukkerwaren, vor allem Dragées, die in Straußform angeboten werden. Beim Stadteingang (l.) der *Dom* aus dem 13. Jh., im 18. Jh. umgebaut; gotisches Portal, das von zwei Löwen flankiert wird; Inneres im Barockstil. *Krypta* aus dem 11. Jh. mit drei Schiffen, die durch Kapitellsäulen getrennt werden; Holzkruzifix; in der Apsis: Bischofsthron aus dem 12. Jh.

Der *Viale Roosevelt* führt am *Öffentlichen Park* entlang, nimmt dann den Namen *Corso Ovidio* an und durchquert die ganze Stadt. In der Mitte die ***Annunziata;** sie besteht aus einer *Kirche,* die 1710 von *Fontana* erneuert wurde (im Inneren: Gemälde aus dem 17. Jh.), und einem *Palast,* der zu verschiedenen Epochen errichtet wurde: gotisches Portal l. (die vier Pfeiler und die Kirchenlehrer aus dem Jahre 1415); Mittelportal mit dreieckigem Tympanon im toskanischen Renaissancestil), gekrönt von einem Zwillingsfenster (1483); r. Portal aus der Renaissancezeit mit Zwillingsfenster (1522); *Uhrturm* aus dem 18. Jh. Im Palast das **Stadtmuseum** *(Museo Civico;* es wird zur Zeit umgestaltet).
Archäologische Sammlung; Skulpturen und Gemälde von Künstlern der Abruzzen-Schule vom 14.—16. Jh. Vor allem: ein von *Giov. da Sulmona* (1420) bemaltes Tabernakel, Bronzestatuetten, Schmuckstücke, römische Töpfereiarbeiten, Münzen usw. *Schatzkammer* mit Werken sakraler Goldschmiedekunst (Kelche, Reliquiare, Kreuze usw.) und einem großen Christus aus mehrfarbig bemaltem Holz (13. Jh.).

Darauf kommen Sie hinter der *Piazza XX Settembre* vor die *Fontana del Vecchio* (Greisenbrunnen) aus der Renaissancezeit (1474), gespeist durch eine Wasserzuleitung aus dem 13. Jh. L. sehen Sie die ausgedehnte *Piazza Garibaldi:* im Hintergrund die kleine gotische Kirche *S. Filippo;* r., an der *Piazza del Carmine,* oben an der Treppe, das schöne romanisch-gotische Portal (13. Jh.) der ehemaligen Kirche *S. Francesco della Scarpa.* Der Corso endet an der gotischen **Porta Napoli* (14. Jh.).

Von Sulmona nach Scanno (32 km gegen SW). — Sie verlassen die Stadt durch die Porta Napoli und r. auf der Via Trieste. — Die Straße steigt an, gelangt an *Bugnara* vorbei und erreicht (16 km) *Aversa degli Abruzzi* in 556 m Höhe, beherrscht von einer Festungsruine aus dem 15. Jh., in der Gabriele d'Annunzios „Licht unter dem Scheffel" spielt. Sie gelangen dann in die wilde, prachtvolle *Schlucht des Sagittario,* die 10 km lang ist und in der sich der Wildbach buchstäblich tief in den Fels hineinfrißt. Hinter *Villalago* kommen Sie am **Scanno-See* entlang, der fast 2 km lang ist und den größten natürlichen See der Abruzzen bildet.
32 km: **Scanno,** Sommerfrische und Wintersportort in 1.015 m Höhe, wunderschön gelegen, von hohen Gipfeln umgeben. Die Stadt mit ihren schmalen Gassen und alten Häusern ist besonders malerisch. Die Frauen tragen noch ihre überlieferten Volkstrachten. Die Metallschmiede stellen Schmuckstücke aus Gold- und Silberfiligran her. Sessellift auf den Colle Rotondo (1.630 m); Skigelände und ausgedehnter Rundblick.

Hinter Sulmona steigt die Straße stark durch das Tal des Gizio, vor allem hinter *Pettorano sul Gizio* (schöner Blick); sie erreicht 1.100 m Höhe in (38 km) *Rocca Pia* und schließlich 1.280 m; sie durchquert den *Piano delle Cinquemiglia,* 9 km lang, höchstgelegene Bergebene der Abruzzen. — 54 km: l. Abzweigung der Straße N.84.

Wenn Sie der Straße N.84 folgen, erreichen Sie (l., 2 km) **Rivisondoli,** Touristenzentrum in 1.365 m Höhe, an den Abhängen des Monte Calvario gelegen; Wintersportort und Sommerfrische. Etwas weiter entfernt führt eine Nebenstraße l. nach **Pescocostanzo,** alter malerischer Marktflecken in 1.395 m Höhe, einer der am stärksten betroffenen Orte des Erdbebens vom März 1984; die Wiederherstellung des Ortes dürfte längere Zeit in Anspruch nehmen. Blühendes Kunsthandwerk (berühmte Klöppelspitzen; Teppiche, Schmiedeeisen, Goldschmiedearbeiten). Die Kirche **S. Maria del Colle* wurde im 15. und 16. Jh. erneuert, besitzt aber ein gotisches Portal; Barockinneres mit fünf Schiffen; im Mittelschiff eine Decke aus vergoldetem, geschnitztem und bemaltem Holz (1870). Die Sakramentskapelle mit Barockgitter, Kuppel mit Fresken aus dem 17. Jh.; Madonna mit Kind (Tafelmalerei aus der *Schule von Palma Vecchio).*

56 km: **Roccaraso,** Sommerfrische und Wintersportort in 1.236 m Höhe, inmitten von ausgedehnten Skiabfahrten gelegen. Die Ortschaft wurde 1943 zerstört, seitdem wiederaufgebaut und technisch ausgezeichnet ausgestaltet (Sessellift).
Die Straße führt am anderen Abhang in das Raso-Tal hinunter und überquert den Sangro. — 65 km: **Castel di Sangro** in 800 m Höhe, Städtchen, das im Zweiten Weltkrieg stark zerstört wurde, einer der am stärksten betroffenen Orte des Erdbebens vom März 1984; die Wiederherstellung des Ortes dürfte längere Zeit in Anspruch nehmen. *Dom* mit Renaissance-Portikus (im Inneren: von einer Bronzegruppe gekröntes Taufbecken, mehrere Gemälde und kleine Schnitzaltäre aus dem 16. Jh.). Sie lassen l. eine Nebenstraße liegen, welche in das Sangro-Tal hinunterführt. — 69 km: Abzwei-

gung nach r. der Straße N.83, die nach Avezzano führt; Sie biegen l. ein. — Neuerliche Auffahrt bis (77 km) **Rionero Sannitico** in 1.052 m Höhe; Abfahrt durch das Vandra-Tal bis zu 425 m Höhe; erneut kurze Steigung (684 m); dann erreichen Sie (95 km) die Straße N.85, der Sie nach l. folgen. — 97 km: **Isernia** (s. Rte 11,2).

Von Popoli über L'Aquila und Rieti nach Rom: s. Rte 7,1.

Hinter Popoli verläßt die Straße N.5 das Pescara-Tal und führt gegen SO. — **59** km: Straßenkreuzung. Sie biegen r. ein. **61** km: **Corfinio,** großes Bauerndorf an der Stelle des klassischen Corfinium, Zentrum der Paeligner, Hauptstadt der Italiker während des Bundesgenossenkrieges gegen Rom im Jahre 90 v.Chr. — Beim Ortsausgang (l. von der Straße) erhebt sich die ***Basilika Valvense** (auch **S. Pelino** genannt), ehemalige Kathedrale von Valva, im romanischen Stil erneuert (1075—1188) und im 13. Jh. restauriert.

Sehr schlichte Fassade mit Rundbogenportal. Gehen Sie um die Fassade herum (Steininschrift), um sich die schöne **Apsis* anzusehen; in die Wand sind Kapitelle, Friesfragmente, Basreliefs und Wasserspeier eingelassen. Im Inneren: Barockbaldachin; polychrome **Skulpturenkanzel,* von Kapitellsäulen getragen (12. Jh.). Wenden Sie sich an den Wärter wegen Besichtigung der **Sakristei** (Kreuzigung von Patini), der **Cappella S. Alessandro** (Fresken aus dem 14. Jh.) und des kleinen *Museums.*

64 km: *Raiano.* — **73** km: R. lassen Sie eine Straße nach (47 km gegen NW) *L'Aquila* (s.u.) liegen und folgen der Schlucht des Alterno. — **75** km: *Castelvecchio Subéquo* in 490 m Höhe. *Kirche* mit Barockfassade (im Innseren Fresken aus dem 15. Jh.). Die Straße steigt in Windungen und erreicht (**91** km) die *Forca Caruso* in 1.140 m Höhe; dann führt sie bergab und bietet einen ausgedehnten Blick auf das trockengelegte Becken des Lago Fucino. — **103** km: Abzweigung nach l. der Straße N.83 in Richtung Isernia. — **107** km: Straße r. nach (4 km) *Celano* und (46 km gegen N) *L'Aquila.*

119 km: **Avezzano,** Stadt mit 34.010 Ew., Bischofssitz und Handelszentrum in 695 m Höhe, nach einem Erdbeben im Jahre 1915 zur Gänze neu aufgebaut, zuletzt vom Erdbeben 1984 stark betroffen. Die Stadt liegt an einem bedeutenden Straßenknotenpunkt im NW des Lago Fucino.

Umgebung. — 1. Der **Lago Fucino,** einst der größte See Mittelitaliens, wurde trockengelegt und in eine ausgedehnte, reich bebaute Ebene (Piana del Fucino) verwandelt. Der römische Kaiser Claudius hatte bereits einen Abflußkanal ziehen lassen, aber erst im 19. Jh. wurden die Arbeiten wieder aufgenommen und zu Ende geführt.

2. Ruinen von Alba Fucense (15 km gegen N). Sie folgen 5 km hindurch der Straße nach Rom bis *Cappelle* und biegen r. ein; bei der Ankunft vor *Massa*

11 Bari, Basilika San Nicola

12 *Bitonto, Kathedrale*

13 Ostuni
14 Castel del Monte

15 *Otranto, Fensterrose der Kathedrale*

d'Albe biegen Sie wiederum r. ein und 3 km weiter entfernt, nochmals r. und kommen nach **Albe,** Ortschaft, die an der Stelle des antiken *Alba Fucense* errichtet wurde, einer Gründung der Aequer, die 303 v.Chr. Römersiedlung wurde. Sie sehen heute noch einen bedeutenden Teil der ehemaligen Zyklopenmauer, einer Basilika, eines Marktes, des Forums, des Theaters und des Amphitheaters. Die Ortschaft Albe selbst besitzt die Überreste einer **romanischen Kirche,* die aus Bruchstücken von ehemaligen römischen Bauwerken errichtet wurde; der erhaltene Teil der Fassade besitzt ein Portal aus dem Jahre 1526.

☞ **2. Von Avezzano nach Isernia** (125 km gegen SO auf den Straßen N.5, N.83 und N.17; malerische, unebene Strecke, durch vom Erdbeben im März 1984 schwerst betroffenes Gebiet). Durch 16 km folgen Sie der oben beschriebenen Straße N.5 aus Pescara, dann biegen Sie r. ein (N.83, *Via Marsicano)* und fahren im O um die Ebene herum, welche sich an der Stelle des ehemaligen Fucino-Sees befindet. — 23 km: **Poscina,** in 750 m Höhe, Geburtsort des *Kardinals Mazarin* (1602, gest. in Paris 1661). Kirche *S. Francesco* mit romanischem Portal und Freskenresten aus dem 15. Jh. — 33 km: *Gioia del Marsi.* Die Straße steigt scharf (weiter Rundblick nach hinten) und gelangt in den ***Nationalpark der Abruzzen,** der 1923 angelegt wurde, um die unberührte Landschaft und ihre Fauna und Flora zu schützen; er erstreckt sich über fast 300 km² im oberen Becken des Sangro. Das *Anfiteatro della Camosciara* und der *Passeggio dell'Orso* sind die wichtigsten Aussichtspunkte, von denen aus Sie das ungestörte Treiben der Gemsen und Braunbären beobachten können.
47 km: **Passo del Diavolo,** Paß in 1.400 m Höhe, von dort aus bergab ins Sangro-Tal. — 59 km: *Pescassoroli,* Sommerfrische und Wintersportzentrum in 1.167 m Höhe, inmitten von Wäldern am Fuße des Monte Marsicano (2.242 m); einer der am stärksten betroffenen Orte des Erdbebens vom März 1984; die Wiederherstellung des Ortes dürfte längere Zeit in Anspruch nehmen. *Museum, Zoologischer Garten* und Verwaltung des Nationalparks. Die Straße führt weiterhin bergab, nahe an der malerischen Ortschaft *Opi* vorbei, die sich in 1.250 m Höhe an einen Fels anlehnt. — 75 km: **Villetta Barrea,** Sommerfrische in 975 m Höhe; Abzweigung nach l. einer Bergstraße nach (27 km gegen N) *Scanno.*

●→ 3 km gegen SO: **Civitella Alfedena** in 1.110 m Höhe, günstiger Ausgangspunkt für Ausflüge in den Nationalpark.

☞ Die Straße führt an einem Stausee (Lago di Barrea) entlang, der am Sangro angelegt wurde. — 81 km: **Barrea.** Sanfte Auffahrt bis zu 1.166 m, dann bergab. — 91 km: **Alfedena,** Ortschaft in 914 m Höhe, Schloßruine. Die Ortschaft wurde nach den Zerstörungen im Zweiten Weltkrieg vollständig wiederaufgebaut, aber vom Erdbeben im März 1984 schwerst betroffen. Kirche

SS. Pietro e Paolo mit Portal aus dem 13. Jh. In einem kleinen *Museum:* Fundgegenstände aus dem antiken *Aufidena* (2 km gegen N vom heutigen Ort; Pfad) dort Überreste einer Nekropole und megalithischer Mauern. — Sie folgen weiterhin dem Sangro-Tal, das gegen NO einbiegt und (96 km) auf die Straße N.17 aus Sulmona (s. Nebenrte 1) stößt, welcher Sie weiter folgen. — 125 km: **Isernia,** s. Rte 11,2.

Von Avezzano nach L'Aquila: (Rte 7,2).

9 — Von Porto d'Ascoli nach Rieti

Die Hauptattraktion dieser Route ist zweifellos Ascoli Piceno, die geschichtsträchtige Hauptstadt der Picener am Zusammenfluß von Tronto und Castellano. Die weitere Straße hat teilweise wildromantischen Charakter, führt an Heilbädern (Acquasanta), Burgen (Arquata del Tronto) vorbei, über Pässe (Forca Canapina, Passo della Serra) mit Wintersportorten und schließlich aus dem Gebirge heraus in die fruchtbare Ebene, an deren Ausgangspunkt Rieti liegt.

Straßen: 143 km gegen SW auf der Straße N.4 (Via Salaria).

☛ In *Porto d'Ascoli* (s. Rte 5, km 187) zweigt von der Straße N.16 *(Via Adriatica)* die Straße N.4 ab, welche das Tal des Tronto hinaufführt. Bei der Ankunft in Ascoli läßt sie l. die Straße nach Teramo und r. den Bahnhof liegen und überquert dann den *Ponte Maggiore* über den Castellano (l. können Sie die Ruine einer Römerbrücke und die Festung der Malatesta aus dem 14. Jh. sehen).

28 km: ***Ascoli Piceno,** malerische und sehenswerte Stadt mit 56.220 Ew., Hauptort der gleichnamigen Provinz und Bischofssitz, liegt in 154 m Höhe am Zusammenfluß von Tronto und Castellano. Sie besitzt Überreste aus der Römerzeit und mittelalterliche Bauwerke. Alljährlich findet am 1. Sonntag im August das *Ritterturnier der Quintania* (Torneo cavalleresco della Quintania) statt; ein Zug von 900 Personen, die Stadtväter an der Spitze, zieht in Trachten des 15. Jhs. durch die Stadt; den Abschluß bildet ein großes Reiterturnier.

Geschichte. — *Asculum Picenum* war Mittelpunkt des Reiches der Picener und spielte als führendes Mitglied der Liga Italica seine Rolle in den Kriegen gegen Rom der Jahre 91—89 v.Chr. Im Mittelalter freie Gemeinde, fiel Asculum dann hintereinander in den Herrschaftsbereich der Malatesta, der Tibaldeschi und der Sforza, schließlich ab 1502 zum Kirchenstaat.

Der *Corso Mazzini* (Pl.X, A/B/C2) durchquert das Zentrum der Altstadt von W nach O; im S verläuft parallel mit ihm der *Corso Vittorio Emanuele,* der sich auf die *Piazza Matteotti* (Pl.X, C/D2) vor dem *Ponte Maggiore* öffnet, am Stadtpark entlangführt und beim Dom auf die *Piazza Arringo* stößt; hinter dem Dom nimmt diese große Durchzugsstraße den Namen *Via XX Settembre* an, hinter der *Piazza Roma* heißt sie dann *Via Dino Angelini* bis zur *Piazza Cecco d'Ascoli* (Pl.X, A/2, Straße nach Rieti und Rom), bei der Sie die zwei Bogen des *römischen Tores* (1. Jh.) sehen können. Es wird empfohlen, den Wagen auf der Piazza Arringo oder Piazza Roma abzustellen und die Stadt zu Fuß besichtigen.

Auf der ***Piazza Arringo** (Pl.X, B2) erheben sich der Dom, das Baptisterium und das Rathaus. Der **Dom** aus dem 15. Jh. mit unvollendeter Fassade (16. Jh.) wurde im Inneren später erneuert; in der Sakramentskapelle ein prachtvolles **Polyptychon* von *Carlo Crivelli* (1473; falls es verhängt ist, wenden Sie sich an die Sakristei); in der Apsis Gestühl aus dem 15. Jh. L. vom Dom: das achteckige *Baptisterium* aus dem 12. Jh., von einem winzigen Glockenturm gekrönt. — Dahinter l., in der *Via dei Buonaparte:* der schöne *Palazzo Buonaparte* (Pl.X, C2) aus dem 16. Jh.

Das **Rathaus** *(Piazza Comunale)* wurde 1683 von *Giosafatti* unter Einfügung von Bauresten des 13. Jhs. errichtet. Der Palast ist Sitz der **Städtischen Gemäldegalerie** *(Pinacoteca Civica;* gehen Sie durch den Portikus r. in den Hof und steigen Sie dann in den 1. Stock; Öffnungszeiten s. Anhang D).

Besonders bemerkenswert der Große Saal, in dem zahlreiche Werke von *Cola dell'Amatrice* ausgestellt sind (16. Jh.); von den Werken in den folgenden Sälen seien erwähnt: *Ribera* (Hl. Hieronymus); *Carlo Crivelli* (zwei Triptychen der Madonna mit Kind und Heiligen); *Pietro Alamanno* (zwei Polyptychen und mehrere Gemälde); *A. di Bartoli da Bologna* (Polyptychon); *Tizian* (Hl. Franziskus erhält die Wundmale); *Carlo Maratta* (Verkündigung Mariä, Hl. Franziska Romana, Klemens IX. usw.); *F. Quardi* (Ansicht von Venedig); *Taddeo Zuccheri* (Kreuzigung); *Magnasco* (Hl. Hieronymus); *Luca Giordano* (Tod des Hl. Joseph); *Schule des van Dyck* (Schlafendes Jesuskind); *Tintoretto* (Auferweckung des Hl. Lazarus); *P. da Cortona* (Urban VIII.); *A. Sacchi* (Madonna mit Kind); *Garofalo* (Madonna mit Kind); *F. Franken* (zwei Kreuztragungen); *Guido Reni* (Verkündigung Mariä); *Carraci* (Madonna mit Kind); *Fragonard* (Nymphe und Amor). Außerdem: einige Skulpturen aus dem 15. und 16. Jh., ein goldbesticktes seidenes Meßgewand (13. Jh.), dem Dom von Nikolaus IV. zum Geschenkt gemacht.
Das Museum beherbergt derzeit auch eine Sammlung alter und neuer Musikinstrumente.

Nach Verlassen des Palastes folgen Sie l. der *Via Tornasacco;* diese führt vor die kleine Kirche *S. Gregorio* (Pl.X, B3), im 12. Jh. an der Stelle eines kleinen Vestatempels errichtet (dem gegenwärtigen Bau wurden an der Fassade zwei römische Säulen und l. zwei dorische Säulen einverleibt). Dahinter Mauerreste aus dem 3. Jh. Sie kommen zur Piazza Arringo zurück und folgen nach l. der *Via XX Settembre;* an der *Piazza Roma* biegen Sie r. ein und kommen zum Stadtzentrum, der harmonischen ****Piazza del Popolo** (Pl.X, B2), umgeben von Arkaden aus dem 16. Jh. und schönen Baudenkmälern.

Der ***Palazzo dei Capitani del Popolo** (Pl.X, B2) aus dem 13. Jh. wird von einem Turm beherrscht; seine Fassade wurde mehrere Male verändert; über dem Portal eine Statue des Papstes Paulus III. von *Cola dell'Amatrice* (1548).

An der Nordseite des Platzes das Seitenportal der Kirche S. Francesco und die fünfbogige *Loggia dei Mercanti* aus dem 16. Jh. Die Kirche ****S. Francesco** (Pl.X, B2), 1262 begonnen, 1371 geweiht, wurde erst im 16. Jh. vollendet. Vom Platz aus schöner Blick auf die Apsis mit ihren sieben Absidiolen und auf das gotische Bogenportal und die darüberliegende Renaissancenische mit Statue des Papstes Julius II. (1510). An der Hauptfassade an der Via Malta drei gotisch-venezianische Portale.

Das gotische Innere besitzt drei Langschiffe; in der 1. Kapelle l.: Tafelmalerei von *Cola dell'Amatrice* (fünf Heilige). In der Sakristei mehrere Gemälde einheimischer Maler des 16. Jh. und ein Christus aus mehrfarbig bemahltem Holz (15 Jh.).

L. von der Kirche der *Kreuzgang* (13.—16. Jh.) mit Arkaden auf korinthischen Säulen, der gegenwärtig als Markt dient; in der Mitte achteckiger Brunnen. Am Nordende der *Via Trivio* biegen Sie l. in die *Via Cairoli* ein, welche auf die *Piazza Ventidio Basso* (Pl.X, B1) führt, dem ehemaligen Handelszentrum des Mittelalters; r. die Kirche *SS. Vicenzo e Anastasio* (Pl.X, B1), im 12. Jahrhundert erneuert und im 14. Jh. vergrößert: eigenartige Fassade mit Feldern, die wohl mit Fresken geschmückt waren (in der Krypta: Reste von Fresken aus dem 14. Jh.). An der anderen Seite des Platzes die Seitenfassade der Kirche *S. Pietro Martire* (Pl.X, A1) aus dem 14. Jh. Gegen N folgen Sie der *Via E. Trebbiani* (r. an einem Bogen des Flusses, eine kleine Kirche), welche nach l. einbiegt und den Tronto beherrscht. Sie erreichen den ***Ponte di Solestà** (Pl.X, A1), römische Anlage mit einem 21 m langen Bogen, 25 m über dem Wasser gelegen, prachtvoll erhalten; vor ihm ein Tor und ein Turm aus dem 12. Jh. (am l. Ufer des Tronto das moderne Stadtviertel. Von dort aus haben Sie den schönsten Gesamtblick auf Ascoli). Sie gehen zurück, indem Sie der **Via Solestà* folgen, welche mitten durch das mittelalterliche Viertel mit seinen schönen Häusern und Türmen führt.

Nach der Ankunft auf dem kleinen Platz vor der Fassade der Kirche S. Pietro Martire biegen Sie r. ein in die ***Via dei Soderini** (Pl.X, B1), an der sich die *Torre Ercolani,* der höchste mittelalterliche Turm von Ascoli, erhebt; daneben der *Palazzetto Langobardo* (Pl.X, A1), ein schönes Haus im romanisch-lombardischen Stil des 12. Jhs. Etwas weiter entfernt, an einem Platz, die Kirche *S. Giacomo* (Pl.X, A1) aus dem 13.-14. Jh. mit gotischen Portalen. Auf der *Via dei Soderini* oder einer ihrer schmalen Parallelgassen kommen Sie (in Richtung Stadtzentrum) zur *Via dei Torri,* der Sie nach r. folgen; Sie stoßen auf die *Piazza Garibaldi* mit zwei mittelalterlichen Türmen und der Kirche *S. Agostino* (Pl.X, A/B2) aus dem 14. Jh. mit Renaissancefassade (im Inneren, 2. Altar r.: Madonna dell' Umiltà von *Ghissi;* beim 2. Altar l.: Fresko der *Kreuztragung von *Cola dell'Amatrice).* Auf dem *Corso Mazzini* gehen Sie zur Piazza del Popolo zurück, die Sie geradeaus überqueren, um auf die breite *Via Trieste* zu gelangen; wenn Sie nach r. gehen, an der *Präfektur* vorbei, stoßen Sie schnell wieder auf die *Piazza Arringo;* wenn Sie aber nach l. einbiegen, können Sie folgenden Umweg unternehmen:

Am Nordende der Via Trieste die Kirche *S. Maria Inter Vineas* (Pl.X, B1) aus dem 10. Jh. (restauriert) mit frei stehendem Campanile aus dem 13. Jh.; r. davon die *Via Bartolomei,* die am Tronto entlangführt, an dem sich die **Porta Tufilla* (16. Jh.) mit Loggia erhebt. R., der Brücke (Ponte Nuovo) gegenüber, gehen Sie zurück auf der *Via Sacconi* bis zum Corso Mazzini, an dem Sie l. den schönen **Palazzo Malaspina* (Pl.X, C2) aus der Renaissancezeit sehen können. Beinahe gegenüber führt eine schmale Gasse zum Dom zurück.

Sie folgen der *Via Dino Angelini;* kurz vor deren Ende öffnet sich nach l. die *Via F. Ricci* (r. Überreste des *römischen Theaters*). Die Straße steigt in Windungen zum *Rimembranza-Park* (Pl.X, A/B3); in dessen Höhe die Kirche *S. Angelo Magno* aus dem 13. Jh. mit (in der Sakristei) Gemälden von *Cola dell'Amatrice.*

Von dort aus können Sie zum **Colle dell'Annunziata** (Pl.X, A3) gelangen, einer Parkanlage mit der *Fortezza Pia* (16. Jh.).

Sie gehen auf dem gleichen Wege wieder in die Stadt hinunter oder folgen dem *Lungo Castellano Sisto V,* welcher über dem l. Ufer des Castellano her zum Dom zurückführt.

●⟶ 34 km gegen SO: *Teramo* auf der stark hügeligen Straße N.81.

☞ **1. Von Ascoli Piceno nach Macerata** (93 km gegen N auf den Straßen N.4 und N.78). — Sie folgen 8 km hindurch der Straße nach Rieti und biegen dann bei Tav. Piccinini r. in die N.78 ein. — 34 km: *Comunanza;* r. Abzweigung einer Straße, die das Aso-Tal hinunterführt und bei (43 km) *Pesado* auf die Adria stößt. — 42 km: **Amandola,** in 550 m Höhe im Tal der Tenna am Fuße der Monti Sibillini gelegen. Die Kirche *S. Agostino* besitzt ein schönes Portal aus dem Jahr 1468 (im Inneren: Fresken von *Ferranti* und mehrfarbig bemalte Pietà aus dem 15. Jh.).

●⟶ 15 km gegen SW: **Montemonaco,** kleiner Luftkurort in 987 m Höhe, im oberen Tal des Aso an den Monti Sibillini gelegen; Ausgangspunkt für zahlreiche Bergbesteigungen (Monte Vettore, 2.476 m; Monte Porche, 2.235 m; Monte Bove, 2.334 m).

Von Amandola nach Fermo und Porto S. Giorgio: s. Rte 5,1.

☞ 54 km: **Sarnano,** Städtchen und Heilbad in 539 m Höhe; radioaktive kalte Mineralquellen, *Rathaus* (Palazzo Comunale) mit *Pinakothek* (Werke von *Pietro Alemanno, Pagani, Folchetti* usw.). Kirche *S. Maria Assunta* aus dem 13. Jh. mit gotischem Por-

tal (im Inneren: Werke von *L. d'Alessandro, Gir. di Giovanni* und *L. Urbani;* in der Krypta: Fresken von *Pietro Alemanno).*
Sarnano ist günstiger Ausgangspunkt für Ausflüge ins Gebirge und für Skitouren.
Hinter Sarnano stoßen Sie auf das Tal der Fiastra, dem Sie flußabwärts folgen. — 70 km: L. Abzweigung nach (4 km) *San Ginosio.*

●⟶ **S. Ginosio,** malerischer Marktflecken in 680 m Höhe, einer der höchstgelegenen in den Marken. Auf dem Hauptplatz eine *Kirche* mit spätgotischer Fassade aus dem Jahre 1421 (im Inneren: Werke von *Magistris, Pietro Alemanno* und *Folchetti;* Pietà aus dem 15. Jh.). Im *Rathaus* (Palazzo Comunale) ein kleines *Museum;* Porta Picena aus dem 14. Jh. und **Pilgerherberge* (Ospedale dei Pellegrini) mit Portiken und Loggia aus dem 15. Jh.

☞ 79 km: l. Straße nach (13 km) *Tolentino* über (1 km) **Urbisaglia** (ehemalige Festung, Überreste der Stadtmauer, eines Theaters und eines Amphitheaters sowie weiterer Bauwerke der antiken *Urbs Salvia,* die 1410 von Alarich zerstört wurde).
83 km: **Abtei di Fiastra** aus dem späten 12. Jh., 1141 gegründetes Zisterzienserbauwerk. Vor der Kirchenfassade mit romanischem Portal ein Portikus (schlichtes dreischiffiges Inneres). — 86 km: Sie stoßen auf die Straße N.77, welcher Sie nach r. folgen. Sie durchqueren nun das Tal des Chienti. — 93 km: **Macerata** (s. Rte 5,1, km 59).

☛ Die Straße nach Rieti und Rom verläßt Ascoli über die Piazza Cecco d'Ascoli und führt das Tal des Tronto hinauf. **36** km: r. Straße N.78 nach *Macerata* (s. Rte 5,1, km 59). — **49** km: **Acquasanta Terme.** Heilbad in 392 m Höhe, in malerischer Lage. Die Schwefelquellen (39°) waren schon den Römern bekannt; sie werden in Wannenbädern, Duschen und Schlammbädern abgegeben (Rheumatismus, hoher Blutdruck, Frauenleiden, Hals-, Nasen- und Ohrenkrankheiten). Römische Brücke. Die Straße folgt dem Wildbach und steigt. — **61** km: *Arquata del Tronto* in 777 m Höhe; Burg aus dem 12. Jh.

●⟶ Gegen N steigt eine Straße durch die Monti Sibillini, überquert den Passo Galluccio (Paß in 1.170 m Höhe) zwischen dem Monte Vettore (2.476 m) und dem Monte Ceresa (1.496 m); sie stößt auf die Straße N.78 von Ascoli Piceno nach Macerata (s. oben).

☛ **67** km: R. lassen Sie die Straße nach (36 km gegen W) *Norcia* (s. Rte 10) liegen; diese führt über (15 km) *Forca Canapina,* Paß und Wintersportplatz in 1.543 m Höhe. — **80** km: l. Abzweigung einer Straße nach (54,3 km) *L'Aquila* über (3 km) *Amatrice.*

Amatrice, malerisches Städtchen. das in 955 m Höhe das Tal des Tronto beherrscht. Es ist Geburtsort des Malers *Cola dell'Amatrice* (16. Jh.). Romanisch-gotische Kirche *S. Francesco* aus rosa Stein (schöne Fassade mit Fensterrose).

Die Straße N.4 führt weiterhin bergauf und erreicht den *Passo della Serra* in 1.018 m Höhe; dann führt sie in das Velino-Tal hinab. — **104** km: *Posta.* — Prachtvolle Strecke in der ***Schlucht des Velino.** — **120** km: **Antrodoco,** Marktflecken, in 510 m Höhe am Velino gelegen, umgeben von hohen Bergketten (Monte Terminillo, 2.216 m, im N.; Monte Nuria, 1.892 m, im S.; Monte Giano, 1.820 m, ganz in der Nähe im O). Kleines Heilbad mit kalten Schwefelquellen gegen Hautkrankheiten. Kirche *S. Maria* aus dem 12. Jh. und *Baptisterium* aus dem 9. Jh.

Von Antrodoco nach L'Aquila und Pescara: s. Rte 7,1.

133 km: *Cittaducale,* von Karl II. von Anjou im Jahre 1309 gegründete Ortschaft; Häuser und Türme aus dem Mittelalter. — Sie nähern sich der fruchtbaren Ebene von Rieti und lassen r. die Straße zum Monte Terminillo liegen.

143 km: **Rieti,** Stadt mit 43.300 Ew., Hauptort der gleichnamigen Provinz und Bischofssitz, liegt in 402 m Höhe am r. Velino-Ufer, am Ausgang einer fruchtbaren Ebene, die im Nordosten beherrscht wird von der Kette der Monti Reatini (höchste Erhebung: der Terminillo 2.216 m). Dieses Landwirtschafts- und Industriezentrum hat einen Teil seiner mittelalterlichen Stadtumwallung bewahrt, darunter Türme und Tore (13. Jh.).
Die Straße aus Antrodoco stößt vor der *Porta d'Arce* auf Rieti; hinter dem Tor kann Sie die *Via Garibaldi* direkt zur Piazza Vittorio Emanuele II bringen, wir empfehlen Ihnen aber, folgenden Weg einzuschlagen: R. von der Porta d'Arce folgen Sie dem breiten Boulevard, welcher um den N der Stadt führt; an ihm befinden sich die Stadtmauern des 13. Jhs. Sie überqueren die *Piazza Mazzini* (r. der Bahnhof; l. die Kirche *S. Agostino* mit einer schönen Fensterrose an der Fassade). Bei der *Piazza Marconi* (auf welche die Straße aus Terni stößt) biegen Sie l. ein, gehen durch die *Porta Cintia* (13. Jh.) und steigen auf der *Via Cintia;* diese gelangt unter den *Arco del Vescovo* (1298), führt am Bischofspalast vorbei und endet in der *Piazza M. Vittori.* Der **Bischofspalast** *(Palazzo Vescovile)* mit Papstloggia stammt aus dem Jahre 1288. Im Erdgeschoß sollten Sie den großen zweischiffigen Saal besichtigen, der *Volte del Vescovado* genannt wird; das gotische Gewölbe wird von wuchtigen Pfeilern gestützt. Die Piazza M. Vittori stößt direkt an die *Piazza C. Battisti* mit dem **Dom,** der eine Vorhalle aus dem 15. Jh. und einen romanischen *Campanile (1252) besitzt.

Das Innere wurde im 17. Jh. umgestaltet. In der 1. Kapelle r.: Fresko mit Muttergottesdarstellung (1494); in der 4. Kapelle: Statue der Hl. Barbara nach Bernini (1657). Dreischiffige *Krypta* aus dem Jahre 1157.

An der Südseite des Platzes der *Stadtpark* (*Blick auf das Tal) und die *Präfektur* in einem Palast des 16.—17. Jhs. (mit Loggia). Die anschließende *Piazza Vittorio Emanuele* bildet den belebten Mittelpunkt der Stadt; *Rathaus* (Palazzo Comunale) aus dem 18. Jh. mit Städtischem Museum *(Museo Civico;* Skulpturen, römische Fundstücke und kleine Pinakothek).

Umgebung. — 1. Monte Terminillo (22 km gegen NO). — Sie verlassen Rieti auf der Straße N.4 (Richtung Ascoli, L'Aquila), biegen nach 2 km l. ein in die N.4 *bis.* Die Straße führt in ausgedehnten Windungen das Gebirge hinauf und erreicht die gut eingerichteten Sommerfrischen und Wintersportplätze **Pra di Rocco** (1.575 m), **Plan de Valli** (1.614 m; Seilbahn auf den Monte Terminilluccio, 1.873 m) und **Campoforogna** (1.775 m) am Fuße des Monte Terminillo (2.216 m); ausgedehnter Rundblick.

2. In der Umgebung von Rieti stehen zahlreiche **Franziskanerklöster,** welche auf Betreiben des Hl. Franziskus selbst gegründet wurden und diesem Gebiet den Beinamen „Heiliges Tal" eintrugen:

A. — **Kloster La Foresta** — Convento la Foresta (5 km gegen N): Ausfahrt durch die Via Ricci, welche die Eisenbahnstrecke r. vom Bahnhof überquert. Das Kloster liegt in 520 m Höhe am Fuße der Monti Reatini.

B. — **Kloster Fonte Colombo** (6 km gegen SW): Ausfahrt durch die Porta Romana im S der Stadt am l. Ufer des Velino; Sie folgen dann der kleinen Straße r.; nach etwa 3 km l. einbiegen. Das *Kloster* liegt in 549 m Höhe. Hierher zog sich im Jahre 1221 der Hl. Franziskus zurück und stellte nach vierzigtägigem Fasten die Regeln seines Ordens auf. Besichtigung einer der Maria Magdalena geweihten Kapelle, der St.-Franziskus-Grotte und der Kirche.

C. — **Kloster Greccio** (16 km gegen NW): Sie verlassen Rieti wie unter B., lassen dann l. die Straße nach Fonte Colombo liegen und fahren geradeaus weiter; nach 10 km, vor der Ortschaft *Contigliano,* biegen Sie r. ein; kurz darauf lassen Sie l. die Straße nach **Greccio,** Ortschaft in 705 m Höhe, liegen und (14 km) biegen l. ein, um bis zum Klostervorplatz zu gelangen. Das *Kloster* (Wallfahrtsstätte) liegt in 638 m Höhe auf einem Steilfelsen, welcher die Ebene und Rieti beherrscht. Es wurde 1260 an der Stelle errichtet, an welcher der Hl. Franziskus in der Weihnachtsnacht des Jahres 1223 zwischen einem Ochsen und einem Esel die Weihnachtsmesse las; auf dieses Ereignis geht die gesamte spätere Tradition der Weihnachtskrippe zurück. Besichtigung der *Krippenkapelle* mit Fresken aus der Schule des Giotto.

D. — **Kloster Poggio Bustone** (20 km gegen N): Sie verlassen Rieti auf der Straße nach Terni (N.79), der Sie etwa 12 km hindurch folgen; dann biegen Sie r. ein. Das *Kloster* wurde 1217 vom Hl. Franziskus gegründet. Es liegt einsam in 818 m Höhe inmitten von Wäldern an den Abhängen der Monti Rastini.

☞ **2. Von Rieti nach Avezzano** (91 km gegen SO). — Sie verlassen Rieti über den Ponte Cavallotti und folgen einer malerischen, hügeligen Straße (N.578), welche fast ständig dem Ufer des Salto folgt und am Salto-See (Lago del Salto) vorbeiführt; hinter dem See steigt sie, gelangt durch (61 km) **Borgorose** und erreicht den Breccioso-Paß in 826 m Höhe. Anschlußstelle der AB

A-25 (Avezzano-Rom). — 82 km: **Magliano dei Marsi;** Kirche *S. Lucia,* zum Teil neu errichtet (gotisches Portal aus dem 15. Jh. mit vier Basreliefs aus dem 13. Jh.).

●⟶ 3 km gegen N: **Rosciolo,** in 899 m Höhe am Fuße des Monte Velino (2.478 m) gelegen; zwei schöne Kirchen: *S. Maria delle Grazie* aus dem 13.—15. Jh. und (außerhalb der Ortschaft in 1.006 m Höhe) **S. Maria in Valle Porclanela* aus dem 11. Jh. mit romanischem Atrium; vieleckige Apsis aus dem 13. Jh. mit schönen Verzierungen. Die Lünette des Portals ist mit Fresken der toskanischen Schule des 13. Jhs. geschmückt (im Inneren: Fresken aus dem 14. und 15. Jh. und Ikonostase mit vier kleinen Säulen, die mit korinthischen Kapitellen gekrönt sind).

☞ Etwas weiter entfernt stoßen Sie auf die Straße N.5 aus Rom und biegen l. ein. — 91 km: **Avezzano** (s. Rte 8).

10 — Von Fano nach Terni

Eine stellenweise besonders malerische Straße, die Sie von der Küste durch gebirgige Landschaften ins fruchtbare Landesinnere führt. Bis Fossombrone ist die Strecke nicht sonderlich bemerkenswert, aber schon in Calmazzo, wo ein Römertunnel in eine bewegte Schlucht und weiterhin auf einen Paß führt, gewinnt diese Route ihr charakteristisches Gesicht. Die Straße steigt nun immer wieder an, fällt in Serpentinen wieder ab, durchquert Schluchten und überquert immer neue Flüsse und Wildbäche. Schließlich gelangen Sie in das weitere Tal des Topino mit dem Wirtschaftszentrum Folìgno. Die Strecke verändert nun ihren Charakter, wird wesentlich sanfter und führt in die reizende Stadt Spoleto, mit ihren engen Gäßchen, Treppen und Arkadengängen. Durch malerische Landschaft erreichen Sie schließlich Terni am Zusammenfluß von Nera und Serra.

Straßen: 186 km gegen S auf der N.3 (Via Flaminia); bis Fossombrone besteht die Möglichkeit, die Autobahn zu benützen.

Sie verlassen Fano (s. Rte 5) auf der *Via Roma.* Die Straße führt durch das Tal des Metauro bis — **26** km: *Fossombrone,* Städtchen mit 11.500 Ew. in 118 m Höhe, beherrscht von einem Hügel, der mit einer Festung aus dem 15. Jh. gekrönt ist. *Museo Vernarecci* (Skulpturen aus Römerzeit, Mittelalter und Renaissance, Keramikarbeiten, Gemälde). *Monte di Pietà* und *Palazzo Comunale* aus dem 16. Jh.
Parallel verlaufend führt von Fano nach Fossombrone eine Autobahn (Zufahrt l. abzweigend von der Via Roma in Richtung AB-Auffahrt Fano bzw. Flughafen).

31 km: **Calmazzo** am Metauro. Die Straße durchquert einen von Römern (74 v.Chr.) angelegten Tunnel, führt später durch die ***Furlo-Schlucht** *(Gola del Furlo),* einen von einem Wildbach gesäumten Durchbruch zum *Passo del Furlo* (194 m). — **43** km: **Acqualagna** am Einfluß des Biscubio; r. Straße (66 km gegen SW) nach *Città di Castello* (Rte 4). — **51** km: **Cagli,** Städtchen in 273 m Höhe am Zusammenfluß von Rosso und Burano; mehrere Kirchen aus dem 13. und 14. Jh., welche mit Fresken geschmückt sind; wuchtiger Rundturm der Festung (Rocca; 1.481 m). Bei der Stadtausfahrt, l. von der modernen Brücke, Ruine einer Brücke aus der Zeit des Augustus (27 v.Chr.). — **65** km: **Pontericcioli** mit sehenswerter römischer Mauer. Sie durchqueren die Schlucht des Fiumicello und steigen in Serpentinen nach — **70** km: **Valico di Scheggia** (Paß in 632 m Höhe). — **74** km: **Scheggia.**

☞ **1. Von Scheggia nach Gubbio** (13 km nach NO) auf der Straße N.298, welche an einer schmalen, malerischen Schlucht entlangführt (vor der eine Straße nach S. Ubaldo abzweigt). Sie gelangen über die Porta Metaurio in die Stadt.

****Gubbio,** Städtchen mit 32.400 Ew., Bischofssitz, am Abhang des Monte Ingino zwischen 476 und 522 m Höhe errichtet, hat sich sein mittelalterliches Aussehen bewahrt und ist einer der sehenswertesten Orte von ganz Umbrien. Seit dem Mittelalter ist Gubbio durch sein Keramik-Kunsthandwerk berühmt. Im Zentrum des Erdbebens vom Oktober 1982 gelegen, erlitt die Stadt große Schäden.

Geschichte. — Gubbio, unter dem Namen *Iguvium* Mittelpunkt des religiösen Kultes der Umbrier, wurde zum *Eugubium* der Römer und später von Totila zerstört. Im 11. Jh. war es Freie Gemeinde, dann der Lehnsherrschaft von Urbino angeschlossen und im Jahre 1624 schließlich dem Kirchenstaat.
Im 14. und 15. Jh. arbeitete ein Zweig der umbrischen Malschule in Gubbio; erwähnt seien vor allem *Guido Palmerucci* (1280—1345) und *Ottaviano Nelli* (gest. 1444). Berühmt aber wurde Gubbio durch die einheimische Keramikindustrie. *Giorgio Andreoli,* genannt *Maestro Giorgio,* war der Entdekker des Metallschimmers der Majoliken; seine mit Recht bewunderten Arbeiten sind seitdem unerreicht geblieben.
Alljährlich findet am 15. Mai das malerische St.-Ubaldo-Fest statt mit „Kerzenlauf" zwischen der Stadt und der Kapelle, welche dem Stadtheiligen geweiht ist.

Aus Richtung Osteria del Gatto folgen Sie l. der breiten Allee, welche um die Unterstadt führt, und biegen nach der Brücke r. ein. *Piazza Quaranta Martiri* (in eine Parkanlage umgeformt) bietet einen prachtvollen Blick auf die Oberstadt, die vom Palazzo dei Consoli und vom Palazzo Ducale gekrönt wird. Im S des Platzes die Kirche *S. Francesco,* im 14. Jh. von *Fra Bevignate* im gotischen Stil errichtet; achteckiger Campanile (an der l. Apsis: Fresken von *O. Nelli* aus dem 15. Jh. mit Darstellungen aus dem Marienleben).

Es wird empfohlen, den Wagen auf dem Platz zu parken und die Stadt zu Fuß zu besichtigen.
R. vom ausgedehnten Portikus mit Rundsäulen folgen Sie der *Via della Repubblica* (einige Meter weiter entfernt, in der 1. Straße l.: Kirche *S. Giovanni Battista,* der Sie nach l. folgen; diese Straße wird von mittelalterlichen Häusern gesäumt und führt an den Strebemauern der Piazza della Signoria entlang. Die Häuser besitzen zum Teil zwei Türen, eine normale und eine kleine, „Totentür" genannt. Am Ende der Straße gelangen Sie in die **Via dei Consoli* beim *Palazzo del Bargello* aus dem 13. Jh. Wenn Sie an diesem Palast (l.) vorbeigehen, kommen Sie auf einen malerischen kleinen Platz mit der Kirche *S. Domenico* aus dem 14. Jh. (im Inneren: Fresken von *O. Nelli* und Madonna mit Kind, *R. del Colle* zuge-

schrieben). Rückkehr über die Via del Consoli (sehenswerte Häuser mit Türmen) bis zur **Piazza della Signoria,** die von einer Terrasse gesäumt wird (*Aussicht). An ihr das *Rathaus* (Palazzo Comunale) und der wuchtige gotische ***Palazzo dei Consoli** aus dem 14. Jh., ein Werk von *M. Gattaponi;* das Portal sowie die beiden benachbarten Fenster stammen von *A. da Orvieto* (1337), die Fenster im Obergeschoß sind aus dem 15. Jh. L. wurde eine Loggia angebaut, welche die Unterstadt beherrscht. Der Palast beherbergt *Museum* und *Gemäldegalerie* (Museo e Pinacoteca Comunale; Öffnungszeiten s. Anhang D).

Am Ende der Freitreppe kommen Sie in einen großen Saal, in dem ein Teil der *Archäologischen Sammlung* ausgestellt ist. Er enthält u.a. die berühmten sieben **Tabulae Eugubinae,* Bronzetafeln mit umbrischer Inschrift in etruskischen und lateinischen Lettern (3. Jh. v.Chr.), Keramikarbeiten von *Maestro Giorgio,* Münzen usw. *Pinakothek* (im Obergeschoß) mit Werken der lokalen Schule sowie aus toskanischen und venezianischen Schulen, abgelöste Fresken von *Guido Palmerucci,* byzantinische *Miniaturen* und weitere aus der Schule des *Simone Martini* usw.

Vom Platz aus folgen Sie der *Via XX Settembre* und steigen dann, durch die 1. Straße l., zum ***Palazzo Ducale,** der um 1470 für Federico da Montefeltro, Herzog von Urbino, nach Plänen von *L. Laurana* errichtet wurde (Öffnungszeiten s. Anhang D). Besichtigung des schönen Arkadenhofes mit Säulen, die Kapitelle tragen. In den Sälen: Fresken und Skulpturenkamine.
Gegenüber der gotische **Dom** aus dem 13. Jh. mit einem Spitzbogenportal und einer Fassade, die mit Basreliefs geschmückt ist (Symbole der Evangelisten).

Das **Innere** besitzt ein Langschiff (im 16. Jh. restauriert). Im Chor intarsiertes Gestühl (16. Jh.). Gemälde aus dem 15.—16. Jh., darunter eine Pietà von *D. Doni,* eine *Thronende Madonna mit Kind und Heiligen von *Sinibaldo Ibi da Perugia,* 1507 (3. Altar l.), und eine Geburt Christi aus der *Schule des Pinturicchio* (1. Altar l.). Im **Kirchenschatz:** **Chormantel* aus Goldbrokat mit Stickereien, flämische Arbeit aus dem 16. Jh.

Hinter dem Dom beginnt sich der Pfad, der nach S. Ubaldo (s. unten, 2.) hinaufführt. Sie gehen wieder hinunter und sehen l. eine eigenartig gedeckte Straße, die zum Teil unter dem Palazzo Ducale hindurchführt, und dann, etwas weiter unten r., die typische **Via Galleotti.* — Sie kommen zur Via XX Settembre zurück und steigen auf Treppen zur *Via Savelli della Porta* hinunter, die von schönen Häusern gesäumt ist; sie folgen ihr nach l. (Nr. 16: Palast aus dem 15. Jh.). An ihrem Ende die kleine Kirche *S. Maria Nuova* mit einem Fresko, das als das Meisterwerk des *O. Nelli* betrachtet wird (1403): *Madonna del Belvedere, umgeben von musizierenden Engeln, dem Hl. Antonius Einsiedler und dem Hl. Ämilianus.

Hinter der Kirche biegen Sie r. ein und kommen zur Porta Romana; nach ihr die Kirche *S. Agostino* aus dem 13. Jh. (restaurierte Fassade), mit Fresken von *O. Nelli* (Leben des Hl. Augustinus). Von dort kommen Sie über Via Dante (l.), Via Garibaldi (r.) und Via della Repubblica wieder auf die Piazza Quaranta Martiri zurück.

Umgebung. — 1. Römisches Theater (1 km gegen W; von der Ringstraße führt eine Allee dorthin), sehr gut erhalten, mit Stufen, Wandelhalle, Orchester usw. Es stammt aus dem 1. Jh. — Von dort aus können Sie auch ein *römisches Mausoleum* besichtigen (etwa 500 m weiter südl.).
2. S. Ubaldo (1 Std. 30 Min. zu Fuß auf dem Pfad, der vom Dom ausgeht und in Serpentinen steigt; 5 km: gegen NO auf der Straße oder mit Kabinenbahn [Cabinovia] — Talstation etwas r. der Kirche S. Agostino). — Ausfahrt durch die Porta Metaurio und auf der Straße nach Scheggia; nach 2 km biegen Sie r. in eine Nebenstraße ein, die am Monte Ingino hinaufführt bis zur Kirche *S. Ubaldo* in 827 m Höhe. Dieses Bauwerk aus dem 15. Jh. (restauriert) birgt den Leichnam des Stadtheiligen, S. Ubaldo, im 12. Jh. Bischof von Gubbio. Alljährlich am 15. Mai findet die sehenswerte *Corsa dei Ceri* (Kerzenlauf) statt (Prozession mit Volksfest). — Von hier aus prachtvoller, ausgedehnter *Rundblick.
3. Perugia (40 km gegen SW) auf einer Bergstraße mit starken Steigungen. — **Perugia:** s. Rte 4, km 223.
4. Umbertide (29 km gegen SW) auf einer direkten Straße. — **Umbertide:** s. Rte 4.

☛ Hinter Scheggia führt die Straße N.3 weiter südlich; l. wird sie vom Monte Cucco (1.567 m) beherrscht. — **89** km: Straßengabelung.

☞ **2. Von der N.3 über Fabriano nach Ancona** (94 km in Richtung ONO). Auf der N.76 Fossato di Vico. Durch einen etwa 2.000 m langen Tunnel, anschließend über den *Col di Fossato,* gelangen Sie von Umbrien in die Marken.
4 km: **Fabriano,** Stadt mit 30.000 Ew. in 325 m Höhe, Bischofssitz. Fabriano ist seit dem 13. Jh. durch seine Papierindustrie bekannt und vor allem als Sitz einer Malschule, die von *Gentile da Fabriano* (1360—1427) gegründet wurde, welcher hier mit *Alegretto Nuzi* zusammenarbeitete.

Die Piazza del Comune, welche das Stadtzentrum bildet *(Brunnen* aus dem 14. Jh.), ist von den bedeutendsten Bauwerken der Stadt umgeben: r. *Loggiato di S. Francesco* und *Palazzo Comunale;* im Hintergrund der romanisch-gotische **Palazzo del Podestà** aus dem Jahre 1255 mit eleganten Fenstern, gekrönt von Mauerzakken; l. der *Uhrturm* und der *Bischöfliche Palast* (16. und 18. Jh.). Die *Gemäldegalerie (Pinacoteca Fabrianese* bzw. Comunale; Öffnungszeiten s. Anhang D) beherbergt Werke aus dem 14. und 15. Jh.: *A. Nuzi, A. da Fabriano, Bicci di Lorenzo, A. Monaco, R. di Ranuccio da Spoleto, S. de Magistris* usw., Fresken aus dem 13. und

14. Jh. und flämische Bildteppiche aus dem 16.—17. Jh. — Daneben kommen Sie auf die *Piazza del Duomo* mit dem *Dom,* im 17. Jh. erneuert; Apsis aus dem 14. Jh. R. vom Chor eine Kapelle mit Fresken von *A. Nuzi* (14. Jh.; Leben des Hl. Laurentius). Gegenüber der gotische *Ospedale di S. Maria del Buon Gesù* aus dem Jahre 1456 mit schönem Portikus (Fresken aus dem 15. Jh.). Sämtliche Kirchen der Stadt enthalten Gemälde und Fresken aus der einheimischen Schule.

Von Fabriano nach Macerata: s. Rte 5,1.

24 km gegen W: *Scheggia* (s.o., Hauptroute), durch das Tal des Sentino.

17 km: **Sassoferrato,** alter Marktflecken mit zwei Ortsteilen, Borgo in 291 bzw. Castello in 386 m Höhe; Geburtsort des Malers *G.B. Salvi,* genannt *Sassoferrato* (1605—1685). Im *Rathaus* (Palazzo Comunale) ein *Museum* mit archäologischer Sammlung, römischen und italienisch-byzantinischen Mosaiken (11. Jh.), flämischen Reliquiaren (14.—15. Jh.), einem gotischen Reliquiar (15. Jh.), einer Kreuzigung als Tafelgemälde (umbrische Schule des 15. Jhs.), Gemälden usw. — Im *Minoritenkloster* ein Ungläubiger Thomas, Polyptychon von *Sanino di Pietro* (14. Jh.). — Außerhalb der Stadt die Kirche *S. Croce* aus dem 12. Jh. (im Inneren: Madonna mit Kind von *Giov. A. da Pesaro,* 15 Jh.). Von dort aus können Sie (52 km) gegen NO *Senigallia* (s. Rte 5) erreichen — über (13 km) **Arcevia,** Marktflekken in 535 m Höhe. In der Kirche *S. Menardo* (17. Jh.) ein Altar von *Giov. della Robbia.* Polyptychon und Taufe Christi.

35 km: l. Abzweigung nach *Genga.*

Die Straße nach Genga führt in der **Frasassi-Schlucht* hinauf und kommt vorbei an der Kirche ***S. Vittore delle Chiuse,** einem romanischen Bau mit byzantinischen Stileinflüssen aus dem 11. Jh. mit Dreikonchenchor und einer vieleckigen Kuppel. Schwefelbad mit bescheidener Einrichtung (kalte Quellen). — 10 km: **Genga,** Marktflecken in 320 m Höhe. In der *Pfarrkirche* ein Triptychon von *A. da Fabriano* und Werke der Schule von Fabriano (15. Jh.).

Die Straße N.76 gelangt in die *Gola della Rossa,* eine Wildklamm des Esino. Sie haben auch die Möglichkeit, die Schnellstraße zu benutzen.

62 km: **Iesi,** Stadt mit 42.100 Ew., Industrie- und Landwirtschaftszentrum, Bischofssitz, heute noch im Besitz seiner befestigten Stadtmauer aus dem 14. Jh., Geburtsort des Komponisten *Pergolesi* (1710—1736).
Einfahrt auf der *Via Garibaldi* mit schönem Blick auf die *Porta dei Bersaglieri* (14. Jh.). Die Via Garibaldi folgt den Stadtmauern, l. abzweigen zur *Piazza Frederico II.* mit dem *Dom.* Hinter dem Platz erreichen Sie über die *Via delle Terme* die Porta dei Bersaglieri.
R. abzweigend führt eine kleine Straße zum ***Palazzo della Signoria,** einem schlichten Renaissancebau, der 1486—1498 von *Fr. di*

Giorgio Martini errichtet wurde. Über dem Portal aus dem 16. Jh. ein Löwe, das Wappentier der Stadt; der Turm stammt aus dem 17. Jh.; schöner *Hof mit Loggia und Portikus von *A. Sansovino.* Im Palast ist die **Pinakothek** untergebracht (Öffnungszeiten s. Anhang D). In diesem Museum eine *archäologische Sammlung* (römische Statuen, Altar aus dem 12. Jh., Grabmäler aus dem 15.—16. Jh. usw.); außerdem Gemälde von *Guercino* und aus seiner Schule, von *P.P Agabiti* (zwei Heilige), *Nicolo di Maestro Antonio* (Heiliges Grab) und vor allem *Werke des *Lorenzo Lotto* (Verkündigung Mariä, Madonna mit Kind und Heiligen, Hl. Lucia).
R. vom Palast die *Via Pergolesi* entlang kommen Sie zur *Piazza della Repubblica* mit dem *Teatro Pergolesi.* Sie überqueren den Platz und fahren über den *Corso Matteotti* zum *Arco Clementino,* wo Sie wieder auf die Hauptstraße nach Fabriano (bzw. Rom) stoßen.

●⟶ 23 km gegen SW: **Cingoli** (folgen Sie 3 km hindurch der Straße nach Fabriano, und überqueren Sie den Esino), altes Städtchen in 631 m Höhe, wegen des prachtvollen Rundblickes „Balkon der Marken" genannt. Das *Belvedere liegt hinter der Kirche S. Francesco; Blick bis zum Adriatischen Meer. *Rathaus* (Palazzo Comunale) aus dem 12.—14. Jh. mit Uhrturm. Im *Dom* aus dem 17. Jh. ein Polyptychon von *Giov. Ant. da Pesaro* (15. Jh.). In der Kirche *S. Domenico* eine *Rosenkranzmadonna von *Lorenzo Lotto* (1539). Sehenswert auch die romanisch-gotische Kirche *S. Esperanzio* aus dem 13. Jh.

●⟶ 40 km gegen SO: *Macerata* (s. Rte 5,1) auf direkter Straße.

☞ 82 km: *Falconara Marittima* (s. Rte 5, km 85). — Über die N.16, die durch das Industrieviertel führt, und die Via G. Marconi gelangen Sie nach (94 km) *Ancona* (s. Rte 5, km 96).

☛ **90** km: *Osteria del Gatto* (Abzweigung 20 km r. gegen NO nach Gubbio, s.o.). — **96** km: l. **Gualdo Tadino,** malerisches altes Städtchen in 535 m Höhe, an der Stelle des antiken *Tadinum,* beherrscht von der *Rocca Flea,* einer *Festung* aus dem 13.-14. Jh., berühmt durch sein Keramik-Kunsthandwerk. Auf dem Hauptplatz der *Dom* (13. Jh.) und die Kirche *S. Francesco* aus dem frühen 14. Jh. (Fresken von *Matteo da Gualdo,* 15. Jh.). In der *Via Callai,* ein Haus aus dem 13. Jh., das jetzt die *Pinakothek* (Besichtigung nach Vorsprache beim Verkehrspolizeikommando [Commando Vigili Orbani] möglich) beherbergt; Polyptychon von *N. Alunno* (1471); Triptychon von *A. da Fabriano;* Marienkrönung von *Sano di Pietro;* Tafelmalereien von *Matteo da Gualdo;* Kreuzigung aus dem späten 13. Jh.; abgelöste Fresken aus dem 14.-15. Jh. usw.

110 km: **Nocera Umbra,** Städtchen mit 6.300 Ew., in 520 m Höhe amphitheatralisch angelegt, inmitten einer malerischen Landschaft, welche das Topino-Tal beherrscht. R. von der Straße führt eine schattige Allee, von einer schmalen, steilen Gasse verlängert, auf den Gipfel des Hügels, auf dem der *Dom* aus dem 11. Jh. steht. Er wurde im 15. Jh. umgebaut, hat aber ein romanisches Portal bewahrt. Dahinter der Kirchenvorplatz mit prachtvoller Aussicht und *Turm* aus dem 12. Jh. Sie steigen wieder hinunter, und gelangen zu einem kleinen Platz mit der Kirche *S. Francesco* (14. Jh.), jetzt Museum **(Pinacoteca);** wegen Besichtigung wenden Sie sich an das Rathaus: Sammlungen mit Skulpturen, Steininschriften und zahlreichen Gemälden der umbrischen und toskanischen Schulen. Besonders bemerkenswert ein Polyptychon von *N. Alunno* (*Geburt Christi, 1483) und *Holzkruzifix aus dem 13. Jh.

●⟶ In der Nähe **Bagni di Nocera** (5,6 km), kleines Heilbad mit bekanntem und bekömmlichem Mineralwasser (Angelica-Quelle gegen Erkrankungen der Verdauungswege).

☛ Die Straße führt nun entlang des Topino an der Eisenbahn. — **129,5** km: Beginn der Umfahrungsstraße von Foligno; bei genügend Zeit ist ein Besuch der Stadt sehr empfehlenswert. — **130** km: **Foligno,** Stadt mit 52.400 Ew., Handels- und Wirtschaftszentrum, Bischofssitz, liegt in 234 m Höhe am l. Ufer des Topino. Bedeutender Straßenknotenpunkt mit Kreuzung der Straßen von Rom nach Fano, Assisi, Perugia, Macerata und Ancona. Im modernen Stadtviertel ein Umfassungsboulevard, der um die ganze Altstadt herumführt.
Piazza della Repubblica mit den wichtigsten Baudenkmälern: r. der *Dom* mit seinem schönen Seitenportal; im Hintergrund der *Palazzo Trinci* (1389—1407), mit dem Dom durch einen Arkadengang verbunden.

Der **Dom** aus dem 12.—13. Jh. wurde im 16. und im 18. Jh. erneuert; die Hauptfassade wurde 1904 restauriert. Die **Seitenfassade* aus dem Jahre 1201 besitzt ein prachtvolles romanisches Portal mit Skulpturen und Mosaiken im Stile der Cosmaten; darüber eine Loggia mit schlanken Säulen und eine Fensterrose. Im Inneren aus dem 18. Jh. einige Gemälde.
Der **Palazzo Trinci** aus dem 14.—15. Jh., im 19. Jh. (Fassade) restauriert, beherbergt eine beachtliche **Pinakothek** und ein **Museum** (Öffnungszeiten s. Anhang D).

Mehrere Säle sind mit Fresken aus dem 15. Jh. geschmückt. Das Museum besitzt eine *archäologische Sammlung,* eine *Bibliothek* und eine *Gemäldegalerie* mit abgelösten Fresken sowie Werken von *P.A. Mezzastris, B. di Mariotto, B. Gozzoli, N. Alunno;* in der Kapelle: Fresko von *O. Nelli da Gubbio* (1424).

L. von der Fassade der Pinakothek gehen Sie über die *Via Gramsei* (Palazzo Deli aus dem 15. Jh.) und r. die *Via Scuola Arte e Me-*

stieri zur Kirche *S. Nicolo* (im Inneren: Polyptychon von *Nicolo Alunno,* Marienkrönung vom gleichen Meister, Muttergottes von *Luca di Tomme).* — Sie gehen zur Via Gramsei zurück und folgen r. der *Via Frezzi,* welche nach l. einen Bogen beschreibt und auf die *Piazza S. Domenico* stößt mit der romanischen Kirche *S. Maria Infraportas* aus dem 12. Jh.; vor ihr ein Portikus mit niedrigen Säulen (im Inneren: Fresken aus dem 15.—16. Jh., l. in der Cappella dell'Assunta Fresken aus dem 12. Jh. in byzantinischer Manier). Sie gehen auf der *Via Mazzini* zurück; Sie überqueren den Corso Cavour und können noch die *Nunziatella* (l. an einem kleinen Platz) sehen, Renaissance-Oratorium aus dem 15. Jh., geschmückt mit einem Fresko der Taufe Christi von *Perugino* (wegen Besichtigung wenden Sie sich an Via dell'Annunziata 18).

Umgebung. — 1. Abtei Sassovivo (6 km gegen O auf der Straße nach Scopoli und einem Pfad); sie liegt mitten in einer wildromantischen Gegend in 580 m Höhe am Abhang des Monte Serrone; die Abtei wurde im 11. Jh. gegründet und besitzt einen prachtvollen ***Kreuzgang** aus dem Jahre 1229, gesäumt von 128 glatten oder gewundenen kleinen Säulen, welche Halbkreisbogen tragen und mit Mosaiken geschmückt sind; der Hof kann mit jenem von S. Paolo fuori le mura in Rom (s. Kleiner Blauer Rom und Umgebung) verglichen werden.

2. Montefalco (12 km gegen SW: Stadtausfahrt durch die Porta Todi), mittelalterliches Städtchen in 473 m Höhe auf einem freistehenden Hügel; der außergewöhnlich prachtvolle Rundblick brachte dem Ort den Beinamen eines „Balkons von Umbrien" ein. Umgeben ist er von Mauern aus dem 14. Jh. und einem Umfassungsboulevard mit schönen *Aussichtspunkten. Auf der fast kreisförmigen *Piazza della Repubblica* das *Rathaus* (Palazzo Comunale) aus dem 13. Jh. (seitdem umgebaut) mit *Turm,* von dem aus Sie fast ganz Umbrien überblicken (Perugia, Assisi, Spello, Foligno, die Clitunno- und Topino-Täler, Trevi, Spoleto usw.). In der Nähe des Platzes, an der *Via Ringhiera Umbra,* die gotische Kirche *S. Francesco* aus dem 14. Jh. mit Renaissanceportal, seitdem in ein *Museum* umgewandelt (Öffnungszeiten s. Anhang D): Fresken der umbrischen Schule des 15. und 16. Jhs. von *Melanzio, P.A. Mezzastris, Perugino* (*Geburt Christi), *N. Alunno, Melozzo da Forli, Spagna, A. Romano.* Besonders sehenswert die *Fresken von *B. Gozzoli:* an der Hauptapsis Leben des Hl. Franziskus, am r. Seitenschiff Leben des Hl. Hieronymus sowie eine Madonna mit Kind und Heiligen.

R. vom Palazzo Comunale können Sie zur Kirche *S. Agostino* aus dem 13.—14. Jh. gelangen (schönes Portal; im Inneren: Fresken aus dem 14.—15. und 16. Jh.). Die Straße wird von der Porta S. Agostino, Tor aus dem 14. Jh., abgeschlossen. Ecke *Borgo Garibaldi* und *Via Verdi:* die Kirche *S. Chiara* (13.—14. Jh.) mit einer Kapelle, die Freskenschmuck aus der umbrischen Schule (1333) besitzt. — Etwas weiter entfernt in der Via Verdi die Kirche *S. Illuminata* aus dem 16. Jh., zum Teil mit Fresken von *F. Melanzio* geschmückt (Lünette, drei Nischen und r. vom Chor, ein Heiliges Grab mit Christus zwischen der Muttergottes und Maria Magdalena.) — Von dort aus 1 km (folgen Sie der Straße nach Spoleto und biegen Sie l. ein): die Kirche *S. Fortunato* aus dem 15. Jh.; vor ihr ein Portikus aus dem 14. Jh. mit antiken Säulen. Am Giebelfeld des Portals: *Muttergottes mit den Hll. Franziskus und Bernardin, Fresken (Jugendwerke von *B. Gozzoli);* im Inneren Fresko des gleichen Meisters (Hl. Fortunatus, r.) und in der Cappella S. Francesco (l.) Fresken von *Tiberio d'Assisi* (1512). — Von Montefalco können Sie nach (5 km gegen NW) Bevagna (s. anschließend, 3.) gelangen und damit eine Rundfahrt von insgesamt 27 km unternehmen.

3. Bevagna (10 km gegen W): Ausfahrt auf der Straße nach Perugia, dann l. einbiegen, Städtchen in 222 m Höhe, teilweise noch von Mauern römischen Ursprungs umgeben, die im 14. Jh. restauriert wurden; Ruinen von Türmen und Toren.
An der **Piazza Silvestri* (auch *della Libertà* genannt), dem Mittelpunkt der Stadt, befinden sich die wichtigsten Baudenkmäler. Der *Palazzo dei Consoli* (gegenwärtig Rathaus) im gotischen Stil des 13. Jhs. mit Freitreppe ruht auf wuchtigen Arkaden. Kirche **S. Silvestro* im romanischen Stil des späten 12. Jhs. mit einem auf einer Krypta erhöhten Chor. An der gegenüberliegenden Platzseite die Kirche **S. Michele* aus dem späten 12. oder frühen 13. Jh. mit wuchtigem Campanile und schönem, von Mosaikverzierungen gesäumtem Portal. Die Stadt besitzt weitere sehenswerte Kirchen und Ruinen aus der Römerzeit (Tempel, Mosaiken, Theater usw.). — Von Bevagna können Sie direkt nach (5 km gegen SO) Montefalco (s. oben, 2.) gelangen, bevor Sie nach Foligno zurückkehren.

Nach Macerata und Ancona: s. Rte 11.

140 km: Straßenabzweigung nach *Trevi.*

●⟶ Die Straße nach Trevi steigt an und führt an der Renaissance-Kirche *S. Maria delle Lagrime* (1487) vorbei: prachtvolles Portal (im Inneren, zweiter Altar r.: Anbetung der Könige, Fresko von *Perugino;* im r. Querschiff: Kapelle mit einer Kreuzabnahme von *Spagna).*
3 km: **Trevi,** Städtchen mit 6.900 Ew., auf einer Bergspitze in 412 m Höhe gelegen. Am Stadtmittelpunkt der *Piazza Mazzini,* das *Rathaus (Palazzo Comunale)* aus dem 15. Jh. mit einer *Pinakothek* (Werke von *Sodoma, Spagna* und *Pinturicchio).* Gegenüber führt die *Via del Duomo* zur Kirche *S. Emiliano* aus dem 12. Jh. (im Inneren: Altar von *Rocco da Vicenza,* 1522). 1 km gege NO: Kirche *S. Martino* aus dem 14. Jh.; gegenüber eine kleine Kapelle mit einem der schönsten Fresken von *Spagna* (Himmelfahrt Mariä) und anderen Fresken von *Tiberio d'Assisi* und *Mezzastris.*

☛ **146** km: l. von der Straße entspringen die Quellen ***Fonti del Clitunno** und bilden einen hübschen See zwischen Trauerweiden und Pappeln. Diese geheiligten, verehrten Quellen der Römer wurden von Vergil und Plinius besungen. — **151** km: *Pissignano;* besichtigen Sie den **Tempietto del Clitunno* (Kirche *S. Salvatore),* im 5. Jh. an der Stelle einer heidnischen Kultstätte errichtet; im Inneren Fresken aus dem 7. Jh., die ältesten christlichen Malereien von ganz Umbrien (der Tempel liegt etwas weiter unten; wenden Sie sich an das Wärterhaus an der Hauptstraße, Richtungsweiser).

157 km: ***Spoleto,** Stadt mit 37.600 Ew., am Fuße des Monte Luco (830 m) in 396 m Höhe an einem Hügel gelegen, der von einer mächtigen Festung überragt wird. Bedeutendes Handels- und Landwirtschaftszentrum, reich an sehenswerten Baudenkmälern und malerischen engen Gassen mit Treppen und Arkaden. Im Juni findet in Spoleto ein vor allem durch den Opernkomponisten Menotti berühmt gewordenes Theater- und Musikfestspiel statt.

Geschichte. — Spoleto *(Spoletium)* war einst Hauptstadt der Vollumbrier, dann etruskische Siedlung und schließlich seit 242 v.Chr. römische Siedlung. Es wurde von den Karthagerheeren unter Hannibal belagert (217 v.Chr.), hielt aber siegreich stand. Im Mittelalter war Spoleto Hauptstadt eines bedeutenden lombardischen Herzogtums, im Jahre 1155 wurde es aber von Friedrich Barbarossa eingenommen und zerstört. Vom 14. Jh. bis 1860 gehörte es zum Kirchenstaat.

Die Hauptstraße umfährt die Stadt nach l. (O). Um Spoleto zu besichtigen, folgen Sie vorerst der Beschilderung nach der *Piazza d. Vittoria* dem *Viale Martiri della Resistenza* (l. Kirche San Giorgio Maggiore) bis zur *Porta Loreto;* hier l. *Via Mameli* und Via S. Apata zur *Piazza della Libertà;* bei dieser (l. zwischen der Post und dem Hotel dei Duchi) die Reste eines *römischen Theaters.* Im Hintergrund des Platzes der *Corso Mazzini,* die wichtigste Straße der Stadt. R. steigen Sie an der *Via Brignone* und biegen l. ein bei der kleinen Kirche *S. Ansano* (11. und 12. Jh.); Sie folgen der Straße, an der sich der *Arco di Druso* (21 n.Chr.) erhebt, Triumphbogen zur Erinnerung an den Sieg des Drusus über die Germanen (darunter Überreste eines römischen Tempels und r. St.-Ansanus-Krypta aus dem 7. Jh. mit Freskenresten aus dem 10. Jh.). — Kurz darauf stoßen Sie auf die *Piazza del Mercato,* die vor allem an Markttagen stark belebt ist. Im Hintergrund führt eine kurze Straße r. zum *Rathaus* (Palazzo Comunale) mit der **Städtischen Galerie** *(Pinacoteca Comunale;* Öffnungszeiten s. Anhang D).

Die Sammlungen enthalten abgelöste Fresken aus dem 15. und 16. Jh., darunter eine schöne *Madonna mit Kind und Heiligen von *Giov. Spagna,* Gemälde aus dem 15. Jh., eine Tafelmalerei der Kreuzigung aus der Schule des Cerracci, ein bemaltes Holzkruzifix aus dem 13. Jh. von *Micheloni Sigmone;* Werke von *Guercino* (Maria Magdalena), *Carlo Maratta* (Unbefleckte Empfängnis), *Seb. Conca* (Muttergottes), *Giac. di Giovanni* (Geburt Christi), *Lor. di Viterbo* (Muttergottes mit Heiligen), Goldschmiedearbeiten, Siegel, Münzen usw. — Im **Ratssaal** vier Gobelinteppiche (16. Jh.).
Wenn Sie sich an den Wärter wenden, der Sie begleitet, können Sie noch die Ruinen eines *römischen Hauses* (kleines archäologisches Museum) sehen, welches der Mutter von Kaiser Vespasianus gehört haben soll.

Im Hintergrund des Platzes führt eine Straße zur *Piazza Campello,* beherrscht von der *Festung* (Rocca), einem wuchtigen Bau aus dem 14. Jh. R. öffnet die *Via del Ponte* nach Überquerung der *Porta della Rocca* einen prachtvollen Blick auf den ***Ponte delle Torri*** *(Turmbrücke)* über der Schlucht, durch die der Tessino fließt; die Brücke wurde von *Gattaponi* (1362—1370) errichtet.

Die Brücke, ein Aquädukt, ist 230 m lang, 80 m hoch und zählt zehn Bogen;

sie wurde im 14. Jh. auf Fundamenten römischen Ursprungs errichtet und kann nur von Fußgängern benützt werden; von der Loggia in der Mitte prachtvoller Blick auf den Tessino.

Sie kommen zur Piazza Campello zurück und erreichen über die *Via Saffi* (lassen Sie hier Ihren Wagen stehen!) r. die ***Piazza del Duomo,** zu der Sie auf einer breiten Treppe hinabsteigen (l. oben an der Treppe: die drei Apsiden der Kirche S. Eufemia aus dem 11. Jh., s. weiter unten; r. der *Palazzo Arroni* aus dem 16. Jh. mit Brunnen). Im Hintergrund der Piazza del Duomo der ***Dom** aus dem 12. Jh.; schönes romanisches Portal (an der Fassade Mosaikverzierungen), davor ein Renaissance-Portikus aus dem Jahre 1491, an beiden Seiten von Außenkanzeln begrenzt. Der Campanile (11.—12. Jh.) erhielt im 15. Jh. eine Krönung.

Das **Innere** wurde im 17. Jh. von *Bernini* restauriert. Schöner antiker Fußboden. Im r. Querschiff: *Grabmal des Malers Filippo Lippi* (1469 in Spoleto gestorben), auf Anordnung von Lorenzo il Magnifico nach Plänen von *Filippino Lippi* errichtet. Apsis mit prachtvollen **Fresken von Filippo Lippi* und dessen Sohn Filippino (Verkündigung Mariä, Geburt Christi, Mariaschlaf, Marienkrönung, 1467—1469). Im l. Seitenschiff Reliquienkapelle mit einem Kruzifix von *A. Sozio* (1187). Wenden Sie sich an die Sakristei wegen Besichtigung der **Cappella Eroli** mit Fresko von *Pinturicchio* (1497).

An der anderen Seite des Platzes eine kleine *Kirche* aus dem 16. Jh. und das *Stadtmuseum* (römische Inschriften, Sarkophag, Skulpturen aus Mittelalter und Renaissancezeit). — Sie gehen wieder zur Via Saffi hinauf; r. (Nr. 4) Eingang in den Hof des *Bischofspalastes* mit der Kirche *S. Eufemia,* im 11. Jh. im Grundriß einer Basilika errichtet (Freskenfragmente; in der Mittelapsis ein schönes Triptychon).

Geradeaus gehen Sie die *Via Fontesecca* hinunter; an der *Piazza Mentana* biegen Sie r. in die *Via Filitteria* ein, welche einen Bogen bildet und von der *Via S. Andrea* verlängert wird; an deren Ende biegen Sie r. ein und kommen an der Kirche *S. Domenico* aus dem 12. Jh. vorbei. Weiter entfernt überqueren Sie die *Piazza Torre dell'Olio* (in der Nähe alter Stadtturm und *Porta Fuga,* an der Hannibal in die Flucht geschlagen wurde); Sie folgen vom Platz aus der *Via Cecili,* die r. von Mauern aus dem 6.—5. und 3. Jh. v.Chr. gesäumt wird. Am Ende der Mauern die Kirche *S. Nicolo* und die sehenswerte ***Galeria d'Arte Moderna** (Öffnungszeiten s. Anhang D). Nach einem Bogen l. führt die *Via dell'Anfiteatro* (r. in der Kaserne Ruine eines römischen Amphitheaters) in die Unterstadt an der *Piazza Garibaldi.* Im Hintergrund die Kirche **S. Gregorio Maggiore** aus dem 12. Jh., im 14. Jh. verändert; Campanile aus dem 11.—12. Jh.

Im **Inneren:** drei Langschiffe, die durch Säulen mit Kapitellen getrennt werden; Freskenfragmente aus dem 12.—14. Jh.; l. ein Skulpturentabernakel aus dem 15. Jh. Die Krypta ruht auf römischen Säulen.

R. von der Kirche kommen Sie auf die *Piazza della Vittoria.* R. von der neuen Brücke Überreste des *Ponte Romano* (auch *Sanguinario* genannt) aus der Zeit des Augustus.

Umgebung. — 1. S. Salvatore (1 km gegen NO). Sie überqueren die Brücke und folgen der Straße nach r.; nach etwa 500 m biegen Sie r. und darauf l. ein. Sie gelangen zum Friedhof mit der Kirche *S. Salvatore* (Öffnungszeiten s. Anhang D), einer der frühesten christlichen Kirchen Italiens, im 4. Jh. errichtet und im 9.—12. Jh. umgebaut (antike Säulen, Fresken aus dem 12. Jh.); das Kreuz mit Monogramm Christi an der Apsis stammt aus dem 9. Jh.
2. S. Pietro (2 km gegen S). Ausfahrt auf der Straße nach Rom; Sie überqueren den Tessino und folgen der Straße nach Monteluco. Die Kirche *S. Pietro* aus dem 12. Jh. besitzt eine Fassade aus dem 13. Jh., geschmückt mit *Basreliefs aus dem 12. Jh.
3. Monteluco (8 km gegen SO). Hinter der Kirche S. Pietro (oben, 2.) steigt die Straße in Windungen und bietet prachtvolle Aussichtsstellen auf Spoleto, die Rocca und den Ponte delle Torri (Sie können den äußersten Punkt ohne Schwierigkeiten erreichen, wenn Sie geradeaus durch die engen Kurven der Straße weiterfahren).
Die Straße führt an der kleinen Kirche *S. Giuliano* (12. Jh.) vorbei und erreicht *Monteluco,* Luftkurort in 830 m Höhe, umgeben von Steineichenwäldern. Im 6. Jh. war dieses Gebiet von Einsiedlern bewohnt. Auf dem Gipfel des Hügels das Kloster *S. Francesco,* das vom Hl. Franziskus von Assisi gegründet wurde. Vom Belvedere ausgedehnter Rundblick.
4. Acquasparta (23 km gegen SW). Auf der Straße von Terni nach Perugia (s. Rte 10,3).

Von Spoleto nach Cascia oder nach Norcia (53 bzw. 47 km gegen NO). — Sie verlassen Spoleto auf der Brücke über den Tessino und lassen l. die Straße nach Foligno liegen, um r. einer Straße (schlechter Zustand!) zu folgen, die das Gebirge hinaufführt und einen Paß in 734 m Höhe überquert; anschließend Abfahrt durch das Valnerina (Tal der Nera). — 19 km: *Piedipaterno,* wo Sie auf die Straße aus Terni stoßen. — 52 km: nach **Casci.** — 47 km: nach **Norcia.**

Die Hauptstraße N.3 führt auf malerischer Wegführung auf den — **167** km: *Valico della Somma,* Hügel in 669 m Höhe zwischen dem Monte Acetella (1.016 m, im W) und dem Monte Fionchi (1.370 m; im O).
186 km: **Terni,** Stadt mit 113.000 Ew., eines der bedeutendsten Industriezentren Mittelitaliens (Eisen- und chemische Werke), Hauptort der gleichnamigen Provinz und Bischofssitz, in 130 m Höhe am Zusammenfluß von Nera und Serra gelegen.

Geschichte. — Terni ist das römische *Interamna Nahars,* Geburtsort des Kaisers *M. Claudius Tacilus* (200—276) und des Geschichtsschreibers *Cornelius Tacilus* (55—120). Während des italienischen Feldzuges siegten hier am 27. November 1798 die Franzosen über die Neapolitaner.

Wenn Sie aus Fano bzw. Spoleto auf der N.3 kommen, führt die Straße am r. Ufer der Nera durch das moderne Viertel. Wenn Sie die Stadt besichtigen wollen, überqueren Sie den Fluß auf der letzten (l.) Brücke (von der Schnellstraße kommend, Abfahrt Terni benützen). — Der *Corso del Popolo* führt r. zur *Piazza Briccialdi;* l. Überreste der römischen Mauer und Eingang zum *Stadtpark,* an dem ein *römisches Amphitheater* (32 n.Chr.) liegt und der sich hinter dem Dom erstreckt. Auf der *Via Roma* und der zweiten Straße l. kommen Sie zum *Dom,* im 17. Jh. erneuert, aber heute noch mit einem romanischen und einem gotischen Portal verziert. Gegenüber der *Palazzo Bianchini* aus dem 16. Jh.; l. von diesem führt eine kleine Straße zur Via Roma zurück, welcher Sie nach l. folgen. Kurz darauf stoßen Sie auf die *Piazza Garibaldi* beim *Palazzo Spada,* der von *A. Sangallo d.J.* (16. Jh.) errichtet wurde. Etwa 100 m r. vom Platz: *S. Salvatore,* die älteste Kirche der Stadt: der ursprüngliche Rundbau des 5. Jhs. wurde im 12. Jh. durch einen Vorderabschnitt bereichert (im Inneren: Fresken aus dem 14. Jh.). — Sie gehen zum Palazzo Spada zurück und erreichen nach r. die stark belebte *Piazza del Popolo,* von der die wichtigsten Straßen der Stadt ausgehen und an der sich das *Rathaus* (Palazzo Comunale) und die Hauptost erheben. Sie folgen dann dem *Corso Cornelio Tacito,* biegen l.ein, um den *Largo Glori* zu überqueren; über die *Via Lanzi* kommen Sie zur gotischen Kirche *S. Francesco* aus dem 13. Jh., im 15. Jh. vergrößert: schöner Campanile aus dem Jahre 1445. Hinter der Kirche der *Viale A. Fratti,* der zum *Viale Cesare Battisti* führt; Sie biegen r. ein und stoßen auf die *Piazza Tacito* (schöner moderner Brunnen) an der Kreuzung der wichtigsten Straßenzüge. Nördl. des Platzes führt die *Via della Stazione* zum Bahnhof.

Umgebung. — 1. *Cascata delle Marmore (Marmor-Wasserfall, 8 km gegen O). — Sie verlassen Terni auf der Straße nach Rieti (N.79), der Sie bis zur Ortschaft *Marmore* folgen; bei deren Ausgang (bei der Brücke; Wegweiser) biegen Sie l. in eine schmale Straße ein, die beim Parkplatz endet, an dem Sie den Wagen stehenlassen und zu Fuß einen Pfad hinuntersteigen, der zum *Belvedere* über dem *Wasserfall* führt (361 m Höhe): der Wasserfall wird vom Velino gepeist; drei einander folgende Fälle mit einer Gesamthöhe von 180 m; das Wasser stürzt mit gewaltiger Kraft und Geschwindigkeit auf die Felsen. Der Besuch wird vor allem an Sonn- und Feiertagen empfohlen; werktags wird die Wasserkraft für industrielle Zwecke benutzt, und die Fälle sind an diesen Tagen weniger eindrucksvoll. Der Wasserfall wurde 271 v.Chr. künstlich angelegt, um das Wasser des Velino abzuleiten. Einen schönen Blick auf den Wasserfall können Sie auch gewinnen, wenn Sie Terni auf der Straße nach Ferentillo am r. Ufer der Nera verlassen: nach etwa 7 km führt die Straße unten am Fall vorbei.

3. Von Terni nach Perugia (88 km gegen NW — auf den Straßen N.79 und N.3 *bis,* größtenteils vierspurig ausgebaut). — Sie verlassen Terni auf dem Viale Cesare Battisti. Die Straße wird

r. vom Monte Torre Maggiore (1.121 m) beherrscht. — 12 km: Sie stoßen auf die Straße N.3 *bis* aus Narni. — 13 km: **San Gemini,** Heilbad in 337 m Höhe. Kalte, alkalische Hydrogencarbonatquellen gegen Magen- und Darmkrankheiten. Nach Überquerung der Eisenbahnstrecke kann Sie nach r. eine Nebenstraße zu den Ruinen von *Carsulae,* einer im 9. Jh. zerstörten antiken Römersiedlung, führen: Überreste eines Amphitheaters, eines Theaters, der Thermen und des Damianus-Bogens. — 23 km: l. **Acquasparta,** kleines Heilbad mit Mineralquellen (Arthritis, Gicht, Nierensteine, Nierenkoliken). *Palazzo Cesi* aus dem 16. Jh. (Hof mit Säulengang). — R. Abzweigung der Straße nach (23 km gegen NO) *Spoleto.* — 28 km: r. Straße nach (43 km gegen NO) *Foligno.*
42 km: l. Abzweigung der Straße N.79 *bis* nach *Orvieto.*
Todi, malerisches, sehenswertes Städtchen, 17.300 Ew., in 400 m Höhe auf einem Hügel beim Zusammenfluß von Tiber und Naia gelegen. Die Stadt hat sich drei konzentrische Mauerwälle erhalten: einen etruskischen, einen römischen und einen mittelalterlichen sowie Stadttore. An der **Piazza del Popolo* erheben sich die wichtigsten Baudenkmäler. Im Hintergrund der *Dom,* der im 12. Jh. von den *Maestri Comacini* begonnen wurde; vor ihm eine breite Treppe. Die romanisch-gotische Fassade aus weißem und rosa Marmor wird von drei Portalen durchbrochen; über dem Mittelportal eine Muttergottes aus der Schule des Pisano (14. Jh.) und eine Fensterrose. Der Campanile stammt aus dem 13. Jh.

Im Inneren drei Schiffe, die durch Säulen mit **Kapitellen* (13. Jh.) getrennt werden. An der Innenwand der Fassade ein Fresko (Jüngstes Gericht) von *Ferran da Faenza* (16. Jh.). Im Chor intarsiertes Gestühl aus dem Jahre 1530; auf dem zweiten Altar l.: Heilige Dreifaltigkeit von *Spagna.* Wenden Sie sich an die Sakristei, um das kleine *Museum* zu besichtigen (Statuen der pisanischen Schule des 14. Jhs., Hll. Petrus und Paulus von *Spagna* usw.).
Dem Dom gegenüber der *Palazzo dei Priori* aus dem 13.—14. Jh., Fassade mit dem Wappenadler Tadis aus Bronze (14. Jh.), beherrscht von einem Turm. — An der anderen Seite des Platzes liegt der gotische *Palazzo del Capitano* aus dem 13. Jh. mit schöner Freitreppe, die auf einer Arkade ruht (elegante Fenster).
In der Sala del Capitano del Popolo: Fresken aus dem 13. Jh. Im 2. Stock das *Museum* (Pinacoteca Civica; Öffnungszeiten s. Anhang D) mit abgelösten Fresken aus dem 14. und 15. Jh., einem großen Tafelgemälde von *Spagna,* einem Kruzifix, das *Giambologna* zugeschrieben wird, griechischen und etruskischen Keramikarbeiten, Goldschmiedekunst usw.

Von der benachbarten *Piazza Garibaldi* aus bietet sich eine schöne Aussicht. Über die *Via Mazzini* erreichen Sie die *Piazza della Repubblica* mit der Kirche *S. Fortunato,* die im 13. Jh. im gotischen Stil begonnen und im 15. Jh. vollendet wurde. Prachtvoll wirkt das schön ausgestattete **Mittelportal.*

Schlichtes Inneres in Form einer hohen dreischiffigen Hallenkirche. In der 4. Kapelle r.: *Madonna mit Kind und Engeln von *Masolino da Panicale* (1432); im Chor: Gestühl aus dem Jahre 1590. In der Krypta *Grabmal des Fra Jacopone* (1230—1307), Franziskanermönch und Verfasser des *Stabat Mater.*

R. von der Kirche steigt eine Gasse zur *Piazza IV Novembre* mit den Ruinen einer *Festung* aus dem 14. Jh.; schöner Blick auf das Tal und die Kirche S. Maria della Consolazione.

1 km vom Stadtzentrum entfernt, in der Kurve der Straße nach Orvieto: die Kirche **S. Maria della Consolazione,** eines der prachtvollsten Renaissancebauwerke Umbriens. Ihre Errichtung wurde im Jahre 1508 begonnen und ein ganzes Jahrhundert hindurch fortgesetzt; sie wird *Bramante* zugeschrieben. Form des griechischen Kreuzes mit Kuppel, drei vieleckige Apsiden und (im N) eine halbkreisförmige weitere Apsis (im Inneren Kuppelverzierungen aus dem 16. Jh.; am Hochaltar ein Fresko aus dem 15. Jh.; die Apostelstatuen stammen von *Scalza,* 16. Jh.).

Hinter Todi führt die Straße N.3 *bis* nach Perugia das Tibertal hinauf. — 65 km: Kirche *S. Maria di Bagno,* deren Inneres mit Votivtafeln aus Keramik (17.—18. Jh.) bedeckt ist. — 67 km: **Deruta,** berühmt durch seine Keramikmanufaktur, die vor allem im 15. Jh. blühte. Kirche *S. Francesco* mit Fresken aus dem 14. und 15. Jh.; Gottvater mit den Hll. Rochus und Sebastianus von *Fiorenzo di Lorenzo* (1478). Im *Rathaus* (Palazzo Comunale) ein kleines *Museum* mit Sammlung einheimischer Keramikarbeiten und zwei Gemälden von *Nicolo Alunno* (1453). — 71 km: *Ponte Nuovo;* die Straße überquert den Tiber und folgt dann dessen r. Ufer. — 80 km: Ausfahrt Perugia. — 88 km: **Perugia** (s. Rte 4).

4. Von Terni nach Rieti (37 km gegen SO, Straße N.79, *Via Ternana).* — Ausfahrt auf der Straße, die sich am l. Nera-Ufer, dem Ponte Garibaldi gegenüber, öffnet. Unebene Strecke; Sie fahren bergauf und beherrschen die Nera. — 8 km: *Marmore;* hier sehen Sie (l.) den prachtvollen Wasserfall. Sie verlassen das Nera-Tal, und die Straße führt zum gegenüberliegenden Hang; Sie sehen den ***Piediluco-See** (3 km lang, 17 km Umfang), der von grünenden Hügeln umgeben ist. — 13 km: **Piediluco,** kleine Sommerfrische am Seeufer (Wassersport) in 374 m Höhe; gotische Kirche *S. Francesco* aus dem 13. Jh.; Schloß aus dem 14. Jh. Die Straße verläßt Umbrien, gelangt nach Latium, durchquert die fruchtbare Ebene von Rieti, in welcher der Velino fließt (zwei kleine Seen). Diese Ebene bildete einst einen See, welcher 271 v.Chr. trockengelegt wurde (Anlage eines Entwässerungskanals und des Marmore-Wasserfalls). — Die Straße wird l. von den Monti Reatini beherrscht, deren höchster Gipfel, der Terminillo, 2.213 m erreicht.
37 km: **Rieti** (s. Rte 9,2) auf der Hauptstraße von Rom nach Ascoli.

11 — Von Pescara nach Bari

Ein weiteres Stück auf der langen Küstenfahrt in den äußersten Süden. Vor allem bis Términoli ist diese Strecke — die Sie auch auf der Autobahn zurücklegen können, wenn Sie es sehr eilig haben — wieder vom Gegenüber von Meer und Gebirge geprägt, aber auch von den zahlreichen Stränden und Badeorten, die den Verkehr im Sommer hier oft zusammenbrechen lassen. Dann schiebt sich der Sporn des italienischen Stiefels, der Gargano (s. Rte 15) zwischen das Meer und die Straße. Hat man ihn erst durchquert, so sind es wieder Städte wie Barletta und Trani, mit ihren dominierenden apulischen Domen, die die Verbindung von Meer und Land herzustellen scheinen. Nicht unerwähnt seien schließlich die zahlreichen Nebenrouten, die von der Küste ins Landesinnere führen und dem Reisenden Apulien erschließen.

Straßen: 323 km auf der Straße N.16 *(Via Adriatica).* Fast parallel die Autobahn A-14.

☛ Ausfahrt aus *Pescara* (s. Rte 5, km 254) im SO auf der Küstenstraße. — **6** km: r. Straße nach Chieti (s. Rte 8, km 13). — **8** km: *Francavilla al Mare,* kleines Seebad.

21 km: **Ortona,** Landwirtschafts- und Handelszentrum, Seebad an der Adriaküste, Stadt mit 23.000 Ew., in 68 m Höhe auf einem Vorgebirge gelegen.

Das Stadtzentrum bildet die *Kathedrale,* die zur Zeit der Gotik gegründet, im 18. Jh. fast vollständig erneuert und nach den Zerstörungen des Zweiten Weltkriegs wieder aufgebaut wurde. Das gotische Portal am südlichen Langhaus (r.) stammt aus dem Jahre 1312. Wenn Sie geradeaus weiterfahren, kommen Sie zum Schloß, prachtvoller Rundblick auf den Hafen und das Meer.

29 km: *Marina S. Vito* mit kleinem Hafen.

☞ **1. Von Marina S. Vito nach Roccaraso** (91 km auf der Straße N.84). — Sie folgen dem Feltrino-Tal. — 2 km: **S. Vito Chietino,** Ortschaft mit 35.000 Ew. in 121 m Höhe, die das Meer beherrscht. — Die Straße steigt durch Olivenhaine.

11 km: **Lanciano,** Erzbistum, Stadt mit 31.800 Ew., in 265 m Höhe im Feltrino-Tal angelegt. — Lanciano besitzt Reste seiner alten Mauern, kann als besonders malerisch bezeichnet werden und teilt sich in eine Altstadt und eine Neustadt. Einfahrt in die Stadt auf dem *Viale del Mare* und der *Via de Crecchio;* dann folgen Sie r. der *Via Vittorio Veneto,* die zur reizvollen *Piazza del Plebiscito* führt; an dieser die *Kathedrale,* die im 13. Jh. begonnen und in der Barockzeit erneuert wurde. Freistehender *Campanile* der Kirche *S. Francesco* (13. Jh.) und *Brücke* aus der Zeit des Diokletian, die im 12. Jh. restauriert wurde.

R. über die *Via dei Frentani* zur Kirche *S. Agostino,* die ein schönes gotisches Portal bewahrt hat (im Inneren Reliquiare und ein Kreuz aus dem 15. Jh.).

Wenn Sie ab Piazza Plebiscito geradeaus weiterfahren, gelangen Sie in die Altstadt; in ihrer Mitte die Kirche ***S. Maria Maggiore,** die 1227 errichtet, im 14. und 15. Jh. erneuert wurde; sehenswerte Fassade mit schönem Portal aus dem Jahre 1317. In der Sakristei ein Vortragekreuz aus Silber von *Nicola da Guardiagrele* (1422). Mauerreste aus dem 11. und 15. Jh.

20 km: **Castel Frentano** in 400 m Höhe mit prachtvollem Rundblick auf die Maiella. — Die Straße führt dann bergab bis (23 km) *Croce di S. Eusanio;* r. Straße nach Chieti. Die Straße biegt nach l. ein und (33 km) überquert eine Brücke über einen Nebenfluß des Sangro; nach der Brücke biegt sie r. ein. — 43 km: R. lassen Sie eine Straße nach (40 km gegen N) Chieti (s. Rte 8, km 13) liegen. — 44 km: *Casoli,* in 378 m Höhe am Fuße der Maiella gelegen.
60 km: **Lama del Peligni** in 669 m Höhe, Ausgangspunkt für die Besteigung des *Monte Amaro* (2.791 m), höchste Erhebung des Maiella-Massivs (Besteigung in 6 Std.). Von Lama dei Peligni aus (2 Std. zu Fuß gegen SW) Besichtigung der *Grotta del Cavallone,* auch *Figlia di Lorio* genannt, eine 3 km lange Tropfsteinhöhle, in die G. d'Annunzio eine Szene seines Trauerspiels *La Figlia di Iorio* verlegt hat. Die Straße führt durch eine wunderschöne Landschaft. — 68 km: **Palena,** in 767 m Höhe inmitten des Hochgebirges gelegen. — 90 km: Sie stoßen auf die Straße von Salmona nach Isernia (Beschreibung s. Rte 8,2) und biegen l. ein. — 91 km: **Roccaraso** (s. Rte 8,2).

☛ **38** km: *Fossacesia Marina;* l. von der Straße ***S. Giovanni in Venere,** ehemaliges Benediktinerkloster, das im 8. Jh. gegründet wurde. Die Klosterkirche, eine der bedeutendsten der Abruzzen, wurde 1016 vergrößert und 1165 im gotischen Zisterzienserstil erneuert. In der Lünette des **Portals:* romanische Skulpturen. Im Inneren drei hübsche halbkreisförmige Apsiden, die durch Blendarkaden getrennt werden und aus polychromen Steinen zusammengesetzt sind. In der *Krypta:* Fresken, die *Luca di Pollustro da Lanciano* (1190) zugeschrieben werden. Der große Kreuzgang wurde restauriert. Bemerkenswerter **Rundblick.*
Die Straße führt nun ein wenig von der Küste weg, überquert (**42** km) den Sangro und läßt l. die *Punta di Penna* liegen.

66 km: **Vasto,** Stadt mit 26.000 Ew., in 144 m Höhe, der Adria gegenüber, an einem mit Olivenhainen bepflanzten Hügel gelegen. Gegenüber der schöne Badestrand *Marina di Vasto.* Der *Dom,* am Ende der Stadt errichtet, besitzt eine Fassade aus dem 13. Jh. und ein schönes gotisches Portal aus dem Jahre 1293. Der *Palazzo d'Avalos* stammt aus dem 16. Jh. Ruine eines *Schlosses* aus dem

13. Jh. Das *Städtische Museum* (Museo Civico; Besichtigung auf Verlangen) besitzt eine archäologische Sammlung, besonders Ausgrabungsgegenstände aus der Nekropole des antiken *Histonium.* Schöne Aussichtsstellen.

☞ **2. Von Vasto nach Isernia** (139 km gegen SW auf den Straßen N.86 und N.85). — Sie folgen 3 km hindurch der Straße N.16 gegen S (Richtung Autobahn) und biegen dann r. in die N.86 ein. — 9 km: *Cupello,* Ortschaft in 264 m Höhe. — Die Straße steigt in Windungen, erreicht 1.081 m, dann führt sie wieder bergab; sie läßt (84 km) l. **Agnone** liegen, Sommerfrische mit 10.000 Ew., in 850 m Höhe auf einem hübschen Hügel, welcher das Verrino-Tal beherrscht. Die Kirche *S. Emidio* hat vom ursprünglichen Bau ein schönes Portal aus dem 14. Jh. mit darüberliegender Fensterrose bewahrt.
101 km: l. Straße nach *Pietrabbondante,* das malerisch in 1.027 m Höhe liegt (im S Ruinen einer antiken Siedlung, zweifellos *Bovianum Velsus;* Ruinen des Walles, des Theaters und eines Tempels). — 104 km: r. Straße nach (16 km) *Capracotta,* Sommerfrische und Wintersportort in 1.421 m Höhe zwischen den Tälern des Sangro und des Trigno. — 110 km: r. lassen Sie die Straße N.86 liegen und folgen l. der Straße N.85. — 139 km: **Isernia,** s. Nebenrte 4.

☛ Bis Tèrmoli verläuft die Straße neben dem Meer und führt durch die Trigno-Ebene.
108 km: **Tèrmoli,** Bischofssitz, Stadt mit 11.000 Ew., in 21 m Höhe auf einer Halbinsel an der Adriaküste gelegen. Mittelalterliche Mauern sind erhalten. An der Spitze der Stadt die *Kathedrale* aus dem 12. Jh., im 15. Jh. erneuert. *Schloß,* das für Kaiser Friedrich II. im 13. Jh. errichtet wurde.

Ausflug zu den **Tremiti-Inseln, im Sommer sechs-, im Winter zweimal wöchentlich Schiffsdienste, Überfahrt in 1 Std. 45 Min., außerdem von Mitte Juni bis Mitte September ein- bis dreimal täglich Tragflügelboote („Aliscafi"), Überfahrt in 45 Min.
Weniger bekannt als die Inseln des Tyrrhenischen Meeres, werden die Tremiti-Inseln all diejenigen verführen, die Unterwassersport treiben oder einfach allein mit dem Meer sein wollen. Diese kleine Welt von 3 km² besteht aus drei Inseln *(S. Domino, S. Nicola, Capraia)* und ein paar Felsen, 12 Meilen von der Küste des Gargano entfernt; Pinienwälder, zernagte Felsen.
Die **Insel S. Nicola** (1,6 km lang, 450 m breit; größte Höhe 75 m), Verwaltungszentrum des Archipels, ist heute noch von Befestigungsanlagen umgeben. Das Schloß aus dem 14. Jh. wurde im 15. Jh. umgebaut. Die Kirche *S. Maria,* die zu einer ehemaligen Abtei gehörte, besitzt ein schönes Renaissanceportal; im Inneren Überreste des Mosaikfußbodens (11.—12. Jh.); auf dem Hochaltar ein **Polyptychon* aus dem 15. Jh.; byzantinisches Kruzifix aus dem 12. Jh.
Die **Insel S. Domino,** mit Pinienhainen bedeckt, ist die größte (2,8 km lang, 1,7 km breit, bis 116 m Höhe). Sie besitzt mehrere Grotten mit prachtvollen Lichteffekten.

3. Von Tèrmoli nach Campobasso (87 km gegen S auf den Straßen N.16, 87). — Sie folgen der Straße N.16 in Richtung Foggia und folgen dann r. der Straße N.87 gegen S, welche das Biferno-Tal hinaufführt.
32 km: (1 km) **Larino,** Stadt mit 9.000 Ew. in 300 m Höhe; ihr alter Charakter ist teilweise erhalten geblieben. *Kathedrale* (14. Jh.), l. die Ruinen der *Römersiedlung Larinum.* — Die Straße steigt und bietet schöne Ausblicke. — 77 km: r. lassen Sie die Straße nach Vasto liegen.
87 km: **Campobasso,** Stadt mit 47.300 Ew., in 686 m Höhe gelegen, Bischofssitz, Hauptort des Molise.

Der **Molise,** die kleinste der historischen Regionen Italiens, ist von der Natur stiefmütterlich bedacht: Ein unfruchtbares, durchwegs gebirgiges Gebiet (nur an der Adria hat es einen kleinen Anteil an der Küstenebene), verkehrsmäßig schlecht erschlossen, isoliert und im Vergleich zu den Nachbarprovinzen zurückgeblieben. Isoliertheit und Rückständigkeit sollten durch den ständigen Ausbau des Straßennetzes (Einrichtung von Schnellstraßen, Anschluß an die Adria-Autobahn und an die Autobahn Rom-Neapel) behoben werden können, aber immer noch hat der Molise mit Kalabrien das niedrigste Pro-Kopf-Einkommen in Italien. Die Hälfte der Bevölkerung ist in der Landwirtschaft beschäftigt (Getreideanbau, niedrige Hektarerträge); nur in den größeren Tälern und im Küstengebiet gibt es Intensivkulturen (Obst, Gemüse). Die Industrie ist wenig entwickelt und verarbeitet meist in Kleinbetrieben landwirtschaftliche Produkte.

Der neue Stadtteil von Campobasso mit dem *Museo Provinciale Sannitico* (archäologisches Museum) erstreckt sich in der Ebene. Die Altstadt mit engen Gassen liegt terrassenförmig an einem Hügel, der von der Burg Monforte gekrönt wird (16. Jh.; 794 m; schöner Ausblick auf Stadt und Gebirge); Kirche *S. Bartolomeo* mit romanischen Portalen. Kirche *S. Giorgio* mit Fassade aus dem 13. Jh.

167 km: **S. Severo,** Stadt mit 55.000 Ew., Bischofssitz, Straßenknotenpunkt, bedeutendes Weinbau-, Landwirtschafts- und Handelszentrum der Capitanata, in 87 m Höhe an der Nordgrenze des Tavoliere gelegen. Kirche *S. Severino,* teilweise aus dem 12. Jh.; *Palazzo di Città* (18. Jh.). — 12 km gegen SW: Ruine des Schlosses *Fiorentino,* in dem Kaiser Friedrich II. im Jahre 1250 starb; Rundblick.
Die gerade verlaufende Straße, durch den *Gargano* (s.u.), den Sporn des „Stiefels" vor der Küste getrennt, durchquert den *Tavoliere di Puglia.*

196 km: **Foggia,** Stadt mit 158.900 Ew., Bischofssitz und Hauptort der Capitanata, in 76 m Höhe in der Tavoliere della Puglia genannten Ebene gelegen, bedeutender Straßenknotenpunkt, belebtes

Landwirtschafts-, Industrie- und Handelszentrum. Die mittelalterlichen Bauwerke wurden fast vollständig durch ein Erdbeben im Jahre 1731 zerstört, während des Zweiten Weltkrieges wurde die Stadt erneut stark verwüstet; seitdem wurde Foggia als moderne Stadt wiederaufgebaut.
Sie gelangen ins Stadtzentrum mit *Rathaus* und *Präfektur;* nach dem zuletzt genannten Bau l. die *Via del Duomo* zum **Dom.** Er wurde 1179 von *Guglielmo il Buono* errichtet, zum Großteil im 18. Jh. erneuert, hat aber am Unterteil der Fassade und an den Seiten Fragmente der ursprünglichen Anlage bewahrt. An der Westfassade schöner romanischer Fries; an der Nordfassade Überreste eines alten Skulpturenportals (im Inneren eine byzantinische Muttergottes in der Kapelle r. von der Apsis; in der Krypta schöne **Kapitelle* aus dem 13. Jh.).
Sie fahren geradeaus weiter bis zur *Piazza Francesco de Sanctis* und biegen r. in die *Via Arpi* ein; diese mündet in die *Piazza Nigri* mit r. (Nr. 4) dem *Städtischen Museum (Museo Civico;* Öffnungszeiten s. Anhang D) mit archäologischen Sammlungen (Vorgeschichte, Keramik, Vasen), Sammlungen für Münzenkunde (Altertum und Mittelalter) und Naturgeschichte sowie einer Gemäldegalerie (moderne Werke).

Wenn Sie hinter dem Platz l. einbiegen, können Sie über *Piazza Piano di Croce, Via S. Eligio, Piazza S. Eligio* und *Via Calvario* zur Kirche *del Calvario* gelangen, einem schönen Barockbau mit fünf Kuppelkapellen.

Hinter der Piazza Nigri folgen Sie r. der *Via della Repubblica.* An deren Ende biegen Sie r. in die *Via Trieste* ein und dann, gleich darauf r., in die *Via Torelli,* die in die *Piazza Cavour* mündet; diese wird von einem Säulengang beherrscht, hinter dem sich der *Stadtpark* (Villa Comunale) erstreckt.

Von Foggia nach Neapel: s. Blauer Führer Neapel, Kampanien und Kalabrien.

4. Von Foggia nach Lucera und Isernia (163 km gegen W auf den Straßen N.17, 85 und 6). — Sie verlassen Foggia auf der Via Lucera. Die Straße steigt sanft gegen W. an.
18 km: ****Lucera,** Bischofssitz, Handels- und Landwirtschaftszentrum mit 32.000 Ew. am Westufer des Tavoliere.

Unter Kaiser Friedrich II., der hier einige Tausend Moslems ansiedelte, hatte Lucera seine große Zeit. Nach dem Ende der Hohenstaufen wurden die Moslems von den Anjous erschlagen oder verjagt.

Von Foggia aus kommend, überqueren Sie zuerst die *Piazza di Vagno* und gelangen in den *Corso Garibaldi;* Sie biegen r. in die *Via Gramsci* ein. Diese mündet in die *Piazza del Duomo* mit dem ***Dom,** der um 1300 errichtet wurde und eines der besterhaltenen Beispiele des Anjou-Stils in Süditalien ist.

Schlichte Fassade mit drei gotischen Portalen; l. ein vieleckiges Türmchen; r. ein schöner Campanile. Dreischiffiges **Inneres.** *Baptisterium* aus dem 15. Jh. und Renaissance-Kanzel. In der Kapelle r. vom Hochaltar: *Grabdenkmal Karls II. von Anjou* (14. Jh.); auf dem Altar ein *Holzkruzifix aus dem 15. Jh. Im l. Querschiff eine Madonna mit Heiligen von *G. da Santacroce* (1555). In der Sakristei ein Diptychon aus dem 14. Jh.

Über die *Via di Nicastri,* die neben der Apsis beginnt, kommen Sie zum **Stadtmuseum** *(Museo Civico;* Öffnungszeiten s. Anhang D), das archäologische Sammlungen enthält: *Meerentstiegene Venus* nach einem griechischen Original; Trajansbüste, Mosaik aus dem 1. Jh.; Terrakottaarbeiten aus dem 1. Jh. v.Chr.; Münzsammlung.

Sie gehen zur Piazza del Duomo zurück und kommen geradeaus auf die *Piazza Nocelli.* Wenn Sie der *Via Zuppetta* nach r. folgen, können Sie zur Kirche *S. Francesco* aus dem 14. Jh. gelangen. Hinter der Piazza Nocelli folgen Sie der *Via Bovio* und dann der *Via Federico II* bis zu *Piazza Matteotti.* R. ein hübscher öffentlicher Park. Sie gehen geradeaus weiter und gelangen zur **Festung,* die Karl I. von Anjou rund um die 1233 von Friedrich II. errichtete Burg bauen ließ. Bemerkenswert sind die hohen, durch Türme verstärkten Mauern von fast 1 km Umfang. Der *Viale Augusto* führt im O der Stadt zur Ruine des *römischen Amphitheaters* (Zeit des Augustus).

Hinter Lucera steigt die Straße an den Daunia-Bergen, erreicht (45 km) *La Crocella di Motta,* Paß in 790 m Höhe (schöne Aussicht), und führt dann bergab. — 52 km: **Volturara Appula** in 500 m Höhe. — 55 km: l. Abzweigung einer Nebenstraße nach (85 km gegen SW) *Benevent.* — 66 km: *Ponte dei Tredici* (Brücke der dreizehn Bogen) über den Fortore, den Sie überqueren; Sie gelangen in die malerische Region des Molise (s. Nebenrte 3). — 80 km: r. Straße nach (82 km gegen N) *Termoli* (s. Nebenrte 3). — 90 km: l. Abzweigung der Straße N.212 nach (77 km gegen S) *Benevent.*

93 km: **Ieisi,** Marktflecken in 580 m Höhe; alljährlich Ende Juli malerisches Erntedankfest. — 120 km: **Vinchiaturo** an der Kreuzung der Straße von Neapel nach Termoli in 15 km Entfernung von Campobasso. — 122 km Straßenkreuzung: Sie lassen die Straße nach Benevent liegen und biegen r. ein. — 133 km: *Bojano,* Ausgangspunkt für Ausflüge in den Matese.

163 km: **Isernia,** das altertümliche *Aesernia* der Samniten, Städtchen mit 15.000 Ew., in 439 m Höhe auf einem freistehenden Hügel gelegen, von dem sich ein prachtvoller Rundblick bietet; wegen dieser beherrschenden Lage spielte der Ort einstmals eine bedeutende strategische Rolle; *Museum* und Ruinen altertümlicher polygonaler *Mauern.*

☛ Sie durchqueren eine fruchtbare, stark bebaute Ebene. — **233** km: **Cerignola** (Umfahrung), ein bedeutendes Landwirtschaftszentrum in der Capitanata. — Sie lassen (**235** km) r. die Straße nach *Canosa di Puglia* und *Andria* liegen und folgen den letzten Ausläufern der *Murge.* — **248** km: **S. Fernando di Puglia,** Ortschaft mit 14.000 Ew., die 1867 unter Ferdinand II. von Bourbon angelegt wurde. — **260** km: l. lassen Sie die Straße nach *Manfredonia* liegen; diese führt über (7 km) *Margherita di Savoia,* Stadt mit 14.000 Ew., Seebad, bedeutende Salzgärten.

268 km: ***Barletta,** Stadt mit 82.000 Ew., hübsch an der Adriaküste im S des Golfes von Manfredonia gelegen; einige alte Viertel sind erhalten. Barletta ist Weinbau- und Salzgewinnungszentrum, besitzt einen aktiven Hafen und wird als Seebad besucht.
Die Straße N.16 durchquert die ganze Stadt, wobei sie verschiedene Namen annimmt. Etwa in der Mitte, an der Kreuzung von *Corso Garibaldi* und *Corso Vittorio Emanuele,* die Kirche S. Sepolcro und der ***Colosso,** Bronzestatue von fast 5 m Höhe aus dem 4. Jh. Die dargestellte Person hält in der einen Hand das Kreuz, in der anderen eine Steinkugel, wahrscheinlich Symbol für den Erdglobus. Archäologen nehmen an, daß es sich um einen Kaiser, evtl. Valentinianus, handeln könnte.
Die Kirche **S. Sepolcro* mit barocker Fassade wurde im gotisch-burgundischen Stil errichtet (spätes 13. Jh.); sie enthält ein Taufbecken aus dem 13. Jh. und einen reichen *Kirchenschatz* (Reliquie mit Kreuzpartikel).
Sie folgen dem Corso Garibaldi (auf der der Kirche gegenüberliegenden Seite) und kommen an der Kirche eines früheren Dominikanerklosters vorbei, welches jetzt das **Museum** beherbergt (Eingang: Via Cavour 8; Öffnungszeiten s. Anhang D).

Archäologie: Vasen, Bronzegegenstände, Münzen, Fundgegenstände aus dem Gebiet von Cannae; etruskische Gegenstände; Skulpturen aus der Renaissancezeit. — Möbel, Waffen und Schmiedeeisen aus Mittelalter und Renaissance. Die *Galleria G. de Nittis* enthält 150 Ölgemälde und 65 Radierungen. *Donazione Gabbiani* (Schenkung): Gemälde aus der neapolitanischen Schule (17. bis 19. Jh.) und Skulpturen.

Sie folgen weiterhin der Via Garibaldi und dann der *Via del Duomo* zum ****Dom,** im Jahre 1150 im romanisch-apulischen Stil begonnen, im 14. und 15. Jh. im gotischen Stil weitergeführt. Dreiteilig gegliederte Fassade mit hübschem Fenster und einer Rosette; Renaissanceportal; Campanile aus dem 13. Jh. (restauriert).

Im **Inneren** entsprechen die ersten vier Arkaden des Langhauses, die auf monolithischen Säulen ruhen, dem romanischen Teil, während die gotische Fortsetzung Pfeiler besitzt. Im Langschiff eine Kanzel aus dem Jahre 1267 mit Säulen und schönen Kapitellen. Auf dem Hochaltar ein Ciborium

16 Fenster mit Kaktusfeigen

17 *Lecce, Basilika Santa Croce*

18 Trabucci, uralte Fanggeräte der Fischer an den Filsklippen der Halbinsel Gargano

19 *Alberobello, die Trulli-Stadt*

aus dem 13. Jh. Hübsche polygonale Apsis mit fünf Kapellen; in der mittleren Grabsteine und die *Madonna della Disfida* von *P. Serafini.*
Die Kirche *S. Andrea* mit schönem *Portal aus dem 13. Jh. Die Skulpturen sind ein Werk des Dalmatiners *Simeon von Ragusa.*

Hinter dem Dom gelangen Sie zur *Piazza Castello;* dem Hafen gegenüber das ***Schloß,** ausgedehntes, von Gräbern umgebenes Viereck. Es wurde für die Staufer errichtet, 1291 von Karl von Anjou umgebaut und 1532 bis 1537 vergrößert.
Sie gehen zur Kathedrale zurück und folgen erneut der Via del Duomo. An deren Ende r. in die *Via Cialdini,* die zur *Piazza della Sfida* führt. L. wurde in einem Palast die *Cantina della Sfida* rekonstruiert, um an jenen Zweikampf zu erinnern, in dem sich am 13. Februar 1503 je dreizehn italienische und französische Ritter gegenüberstanden und der mit dem Sieg der Italiener endete.

Während des Krieges zwischen Ludwig XII. von Frankreich und Ferdinand dem Katholischen von Spanien wurde Barletta belagert, und von dem genannten Weinkeller aus erging die berühmte Herausforderung der Italiener; der Zweikampf selbst fand dann zwischen Corato und Andria statt.

Sie gehen geradeaus weiter, kommen am *Leihhaus* (Palazzo del Monte di Pietà) im Barockstil und an einer Kirche aus dem Jahre 1630 vorbei. Kurz darauf der *Palazzo della Marra* mit reicher Barockverzierung und großem Skulpturenbalkon (hübscher Hof mit Loggien). Sie kommen auf die *Piazza Plebiscito,* biegen l. ein, erreichen den *Corso Vittorio Emanuele,* der l. am Theater vorbeiführt und in der Kreuzung der Via Garibaldi beim Colosso endet.

●→ 16 km gegen W, am r. Ufer des Ofanto (Aufidus): ***Canne della Battaglia,** das klassische Cannae, berühmt geworden durch den Sieg Hannibals über die Römer im Jahre 216 v.Chr. Die Stadt wurde 1083 von den Normannen zerstört. Sie können die archäologische Zone besichtigen und das *Museo Cannense:* ein Saal ist der Schlacht eingeräumt; in einem anderen Fundgegenstände aus den Gräbern (6.—3. Jh. v.Chr.), *Vasen, die zur ältesten in Italien gefundenen bemalten Keramik zählen, und sonstige Ausgrabungsfunde aus der Umgebung von der Vorgeschichte bis zum Mittelalter.

☞ **5. Von Barletta nach Minervino, Spinazzola und Gravina in Puglia** (95 km gegen S auf den Straßen N.93, 98 und 97). — Von Barletta nach Canosa di Puglia, 22 km, s. Nebenrte 6. — Hinter Canosa folgen Sie gegen O der Straße N.98 und biegen dann (28 km) r. in die N.97 ein.

41 km: **Minervino Murge,** Stadt mit 20.000 Ew., malerisch in 455 m Höhe gelegen, wegen ihrer die Murgekette beherrschenden Lage der „Balkon von Apulien" genannt. *Kathedrale* normannischen Ursprungs (schöne Renaissancefassade). Schloß aus dem 14. Jh. Vom Gipfel des Hügels schöner Blick zum Ofanto.

58 km: **Spinazzola,** Handels- und Landwirtschaftszentrum mit 13.000 Ew.
95 km: **Gravina in Puglia,** Bischofssitz, Handels- und Landwirtschaftszentrum mit 33.000 Ew., malerisch in 350 m Höhe an einer tiefen, vom Wildbach Gravina ausgewaschenen Schlucht gelegen. Der **Dom** wurde im 11. Jh. errichtet und 1497 im Renaissancestil erneuert. An der r. Langseite Reste des ursprünglichen Baus; schöne Fensterrose an der Fassade. *Museo Pomarici:* archäologische Fundstücke, Vasen, Münzen, Keramik; Gemälde aus dem 17. und 18. Jh. — Neben der Schlucht die fünfschiffige Höhlenkirche *S. Michele* und Fresken (10.—14. Jh.). In der Kirche *S. Sofia* ein Grabmal aus dem 16. Jh.

☞ **6. Von Barletta nach Melfi und Potenza** (131 km gegen SW auf der Straße N.93). — Sie verlassen Barletta auf dem Corso Garibaldi, der Via M. R. Imbriani und der Via di Canosa — die Straße folgt dem Plateau der Murge.

22 km: ***Canosa di Puglia,** Handels- und Landwirtschaftszentrum mit 40.000 Ew., in 154 m Höhe am Ende der Murgekette auf einem Hügel gelegen, welcher das Ofanto-Tal beherrscht. Canosa wurde an der Stelle der antiken Römersiedlung *Canusium* errichtet, welche im Altertum durch die Qualität ihrer Vasen berühmt war und deren Ruinen entdeckt wurden.
In der Stadtmitte die ***Kathedrale,** die 1101 errichtet und später umgebaut wurde. Vom ursprünglichen Bau sehen Sie die letzten beiden Jochweiten am Langschiff, das Querschiff und die Apsis (mit fünf kleinen Kuppeln, die auf antiken Pfeilern ruhen), elegante Kanzel aus dem 11. Jh.; in der Apsis ein schöner **Bischofsthron* (11. Jh.), der von Elefanten getragen wird, ein Werk von *Romoaldo.* Vom r. Querschiff gelangen Sie in einen kleinen Hof mit dem *Grabmal des Bohemund,* Held des Ersten Kreuzzuges (gest. 1111). Dieses eigenartige quadratische romanische Werk mit orientalischen Stileinflüssen ist mit einer wunderschönen **Bronzetür* geschmückt. Im *Rathaus* (Palazzo Comunale) das **Städtische Museum** *(Museo Civico;* Öffnungszeiten s. Anhang D); Terrakottaarbeiten, Skulpturenfragmente, örtliche *Keramik (3.—2. Jh. v.Chr.), Bronzearbeiten, Golddiadem.
An der Stelle der Akropolis ein verfallenes mittelalterliches *Kastell;* Rundblick. Beim Bahnhof die Ruine des *Amphitheaters.*

●⟶ 1 km gegen W auf die Straße nach Cerignola; ein *Triumphbogen,* durch den die Via Trajana führte. Wenn Sie weitergehen, sehen Sie die Ruinen *römischer Grabmäler* und einer *Römerbrücke,* die im Mittelalter zum Teil erneuert wurde.

☞ Sie folgen dem Tal des Ofanto. — 52 km: **Lavello,** Stadt mit 15.000 Ew. in 44 m Höhe. *Schloß,* das im 17. Jh. wiederauf-

gebaut wurde und ein *Museum* enthält. — 62 km: l. Straße nach (12 km) Venosa.
***Venosa,** Bischofssitz, Landwirtschafts- und Handelszentrum mit 11.500 Ew., in 415 m Höhe hübsch auf einem Hügel zwischen zwei Tälern an der Grenze von Apulien und der Basilikata gelegen. In Venosa wurde 65 v.Chr. der lateinische Dichter Horaz geboren. Einfahrt in die Stadt auf der *Via Melfi;* diese stößt auf die *Piazza Umberto I* mit Schloß, das im 15. Jh. mit quadratischem Grundriß errichtet wurde und Ecktürme besitzt. An der anderen Seite des Platzes folgen Sie der *Via Vittorio Emanuele,* welche die *Piazza Orazio Flacco* (mit Denkmal des Horaz) überquert; Sie kommen am *Museo Briscese* vorbei (Vorgeschichte des Gebietes, verschiedene Kunstgegenstände) und gelangen zur *Piazza del Municipio* mit dem *Rathaus* und der *Kathedrale* (1470—1502); Marmorportal aus dem Jahre 1512 und spitzer Campanile. Jenseits des Rathauses r. in einer engen Gasse die sogenannte *Casa d'Orazio* in halbkreisförmiger Anlage, wahrscheinlich einst als Gerichtssaal verwendet.

Die Via Vittorio Emanuele wird verlängert durch die *Via F. Frusci,* welcher Sie folgen. Hinter der *Piazza Don Bosco* kommen Sie an der Kirche *S. Rocco* vorbei und stoßen auf die ***Dreifaltigkeits-Abtei, Abbazia della Trinità** (Wärter bei der Kirche S. Rocco). Diese sehenswerte ehemalige Abtei wurde im 11. Jh. von Herzog Dragon, dem Bruder Robert Guiscards, gegründet, im 12. und 13. Jh. von Benediktinermönchen vergrößert; das Abtshaus besitzt Arkaden und schöne Fenster; die *Normannen-Kirche* (oder Alte Kirche) mit Portikus und schönem romanischem Portal enthält das Grabmal der Alberada, Gemahlin Robert Guiscards, und byzantinische Fresken; die **Staufer-Kirche* (oder Neue Kirche) ist unvollendet, besitzt aber hübsche Formen und drei wunderbare halbkreisförmige Apsiden; sie wurde im 12. und 13. Jh. im gotisch-burgundischen Stil errichtet. Der Abtei gegenüber die Ruinen des *römischen Amphitheaters* aus der Kaiserzeit.
72 km: **Rapolla,** Ortschaft mit 5.000 Ew., malerisch in 438 m Höhe an einem Hügel angelegt. *Kathedrale* aus dem 13. Jh., später restauriert, mit schönem *Portal aus dem Jahre 1253; am Campanile *Basreliefs aus dem Jahre 1209 (Verkündigung Mariä und Sündenfall). Kirche *S. Lucia* (11. Jh.) mit Kuppel.

●⟶ 5,5 km gegen NW: ***Melfi,** Bischofssitz, Land- und Forstwirtschaftszentrum mit 20.000 Ew., hübsch auf einem vulkanischen Hügel am Fuße des Monte Vulture gelegen. Die *Kathedrale* wurde im 12. Jh. gegründet, nach Erdbebenschäden mehrmals erneuert, sie hat aber einen *Campanile aus dem Jahre 1153 bewahrt. Im Bischöflichen Palast der **Sarkophag von Rapolla* (165—170). Auf der Anhöhe das *Schloß,* das von den Normannen errichtet und 1278 erneuert wurde; hier wurde im Jahre 1089 zum Ersten Kreuzzug aufgerufen.

☞ Die Straße N.93 führt gegen S. — 80 km: **Rionero in Vulture,** malerisches Städtchen mit 15.000 Ew., in 638 m Höhe am Fuße des Vulture (1.327 m) gelegen, eines erloschenen Vulkans und sehenswerten Ausflugsziels.
Die Straße N.167 steigt quer durch Wälder bis zu (10 km gegen W) den beiden ***Monticchio-Seen,** die in 650 m Höhe den Doppelkrater des ehemaligen Vulkans ausfüllen. Prachtvolle Landschaft. Der große See im W hat 400 km² Oberfläche. Am Nordufer des kleinen Sees die Abtei *S. Michele del Vulture,* von den Benediktinern gegründet und im 18. Jh. erneuert (in der Cappella S. Michele Fresken aus dem 11. Jh.). — 5 km gegen S: Thermalbad *Monticchio Bagni* in 550 m Höhe.

87 km: l. **Atella,** malerische Ortschaft in 500 m Höhe; *Kathedrale* aus dem 14. Jh. mit hübschem Campanile. — 100 km: l. *Castel Lagopesole,* das von einem Schloß beherrscht wird. — 115 km Kreuzung: Sie lassen l. die Straße nach Spinazzola liegen. — 131 km: *Potenza* (s. Blauer Führer Neapel, Kampanien, Kalabrien).

☞ **7. Von Barletta über Andria und Bitonto nach Bari** (Variante, 71 km in Richtung S). — Sie fahren auf der N.170, die vom Meer weg in die Hügel des Hinterlandes führt.
84 km: **Andria,** Bischofssitz, Stadt mit 84.000 Ew., in 151 m Höhe am Ostabhang der Murgekette gelegen, einstmals Lieblingsresidenz Friedrichs II. In der Stadtmitte der *Herzogspalast* (Palazzo Ducale; 18. Jh.) und die **Kathedrale,** die im 12. Jh. errichtet, im 15. Jh. umgebaut, im 18. und 19. Jh. erneuert wurde; schöner Campanile (12.—14. Jh.); in der *Krypta* (8.—9. Jh.): Grabmäler der zweiten und dritten Gemahlin Friedrichs II.: Jolanthe von Jerusalem (gest. 1228) und Isabella von England (gest. 1241 in Foggia). In der Kirche *S. Domenico:* in der Sakristei eine Büste des Francesco II del Balzo von *Laurana;* Ruine eines *Kreuzganges* aus dem 14. Jh. Die Kirche **Sant'Agostino,** eine Gründung des Deutschen Ritterordens (13. Jh.), besitzt ein **Portal mit 5 Bogen und Tympanonplastik in byzantinischem Stil (14. Jh.).

●⟶ 17 km gegen S (auf der Straße N.170 *dir*) ****Castel del Monte,** Schloß, das um 1240 unter Friedrich II. auf einer isolierten Anhöhe der Murge errichtet wurde (540 m). Wuchtiger achteckiger Bau mit acht Türmen; prachtvolles Portal und wunderschöne Fenster. Vom Obergeschoß herrlicher Ausblick (Öffnungszeiten s. Anhang D).

☞ 25 km: **Corato,** bedeutendes Landwirtschaftszentrum in 232 m Höhe. Kirche *S. Maria Maggiore* mit Campanile aus dem 14. Jh. und Portal aus dem 13. Jh. Kirche *S. Domenico* (13.).
34 km: r. **Ruvo di Puglia,** Stadt mit 25.000 Ew., in 260 m Höhe im Osten der Murgeketten gelegen. Im Altertum (5.—3. Jh.) berühmt

durch ihre Keramikerzeugnisse. **Kathedrale* (12.—13. Jh.) mit prachtvollem Portal und Campanile, teilweise im 18. Jh. erneuert. An der *Piazza Bovio* das *Museo Jalta* (Privatsammlung; wenden Sie sich an den Besitzer) mit prachtvoller Sammlung antiker Vasen (6.—3. Jh. v.Chr.), welche auf dem Boden der Stadt aufgefunden wurden. — Schöner Renaissancehof im *Palazzo Spada.*
54 km: ***Bitonto,** Bischofssitz, Landstadt mit 33.000 Ew., die ihre alten Stadtmauern und zum Teil ihr mittelalterliches Aussehen bewahrt hat. Die ****Kathedrale,** von 1175 bis 1200 errichtet, ist eine der schönsten romanischen Kirchen Apuliens. Prachtvoll verziertes **Hauptportal mit **Rosette, schöne Säulengalerie am südl. Langhaus, Taufbecken aus dem 13. Jh. mit Reliefs geschmückte **Kanzel von Meister Nikolaus (1229); in der *Krypta* gotische Freskenreste aus dem 14. Jh. In der Nähe der Kathedrale der *Palazzo Sylos Labini* (gotisches Portal und Renaissancehof) und die Kirche *S. Francesco d'Assisi* mit Fassade aus dem 13. Jh. Weiterfahrt auf der N.96.
71 km: **Bari,** s. Rte 12.

☛ **Fortsetzung der Hauptroute nach Bari.** — Ausfahrt aus Barletta in südlicher Richtung.
281 km: ****Trani,** 41.000 Ew., Weinbauzentrum, kleiner Handelshafen, heute auch als Seebad frequentiert.
Von Barletta aus kommend gelangen Sie über die *Piazza Indipendenza,* biegen nach l. in die *Via Mario* und dort nach r. zum **Schloß** *(Castello),* das 1230 bis 1249 für Friedrich II. errichtet, im 15. und 16. Jh. erneuert wurde. Über die *Via Beltrami* erreichen Sie nun den ausgedehnten Platz, an dessen Ende, welches einen Bergvorsprung und zugleich den Westteil des Hafens bildet, sich die das Meer beherrschende Kathedrale erhebt.
Die ****Kathedrale** ist eine der bemerkenswertesten Kirchen ganz Apuliens. Sie wurde im 12. und 13. Jh. errichtet und besitzt ein wunderbares ****Skulpturenportal** mit *Bronzetür* (1179) von *Barisano da Trani;* der schöne *Campanile* wurde ab 1952 erneuert. Das dreischiffige Innere der Kathedrale wurde 1955 in seine ursprüngliche Form zurückversetzt. Schöne **Krypta S. Nicolo,** die von 24 Säulen mit hübschen Kapitellen gestützt wird.
Sie fahren weiter über die *Piazza Trieste* zur *Via Ognissanti* mit dem *Palazzo Caccetta* aus dem 15. Jh. mit schönem Portal. Ein Stück weiter die Allerheiligenkirche **Ognissanti** aus dem 12. Jh., einst Teil eines Templerhospizes; vor dem reich verzierten Portal ein doppelter Portikus; über dem Portal eine Verkündigung Mariä und ein Stammbaum Christi. Schöne Kapitelle an den Säulen der Außenfassade und der Langschiffe.
Die Via Ognissanti mündet in die *Piazza della Libertà* mit der Kirche *S. Francesco* (12. Jh.).

Sie fahren weiter über die *Via Pagana, Piazza Vittorio Emanuele, Via Roma* und *Via Bisceglie,* über die Sie in die Neustadt und schließlich auf die Straße nach Bari gelangen.

289 km: **Bisceglie,** Handels- und Landwirtschaftszentrum mit 47.000 Ew. In der Neustadt, bei der *Piazza del Mercato,* Überreste eines normannischen *Schlosses* aus dem 11. Jh.; an der l. Seite drei gotische Grabmäler. Im mittelalterlichen Viertel die **Kathedrale** aus dem 11.—13. Jh. (schönes Portal). Etwas außerhalb der Stadt (4 km gegen SW) die romanische Kirche *S. Maria di Giano.*

299 km: ***Molfetta,** Bischofssitz, kleiner Handels- und Fischerhafen, Stadt mit 66.600 Ew., zum Großteil modern, ein mittelalterliches Viertel ist aber erhalten geblieben.

Besonders sehenswert ist der ***Alte Dom** *(Duomo Vecchio),* bemerkenswerte Kirche, 1150 begonnen und im 13. Jh. vollendet; lombardisch byzantinische Einflüsse sind erkennbar; schönes **Inneres,* unsymmetrisch, mit gut harmonisierenden byzantinischen, romano-lombardischen und islamischen Stileinflüssen, mit drei Schiffen und drei Kuppeln.

Ein Stück weiter in der Stadt die **Kathedrale** (17. Jh.) mit schöner Barockfassade; auf dem Hochaltar eine Himmelfahrt Mariä von *G. Giacinto.* — In der Nähe des *Stadtparkes (Villa Garibaldi)* der *Calvario,* kleines, im 19. Jh. errichtetes Gebäude in gotischem Stil.

Etwas außerhalb der Stadt (2 km gegen SW) **Pulo di Molfetta,** Schlund und Höhlen aus dem Neolithikum.

305 km: **Giovinazzo,** Industrie- und Handelszentrum mit 15.000 Ew., kleiner Hafen. *Kathedrale* aus dem Jahre 1283, im Laufe des 17. und 18. Jhs. erneuert (Nordportal aus dem 13. Jh.; Krypta mit romanischen Säulen). Kirche *S. Spirito* aus dem 14. Jh. In der Kirche *S. Domenico* ein Hl. Felix von *Lorenzo Lotto* (1542).

316 km: *S. Spirito,* kleines Seebad.

327 km: Einfahrt nach **Bari** (s.u., Rte 12).

12 — Bari

***Bari,** Hauptort der gleichnamigen Provinz, Erzbischofs- und Universitätssitz, Industrie-, Landwirtschafts- und Handelszentrum mit 387.000 Ew., rege, lebendige und fröhliche Stadt, die zweitgrößte Süditaliens und die bedeutendste von Apulien. Sie liegt hübsch an der Adria und besitzt einen besonders aktiven Hafen. Die Altstadt (sie bildet eine Halbinsel zwischen Porto Nuovo und Porto Vecchio) besitzt zahlreiche Baudenkmäler aus dem Mittelalter und ist mit ihren arkadengesäumten Gassen besonders malerisch; die Neustadt wurde 1813 unter Joachim Murat im quadratischen Grundriß angelegt. Die Levante-Messe *(Fiera del Levante),* die alljährlich im September abgehalten wird, ist Beweis für den wirtschaftlichen Aufschwung dieser Stadt, die jetzt ein bedeutendes Warenaustauschzentrum zwischen Okzident und Orient darstellt.
Die alte und die moderne Stadt geben das Bild Apuliens von gestern und heute wieder; ein Gebiet, in dem die Veränderungen der letzten Jahre am besten zu spüren sind.
Ein und dieselbe Stadt, aber zwei Welten, die in verschiedenen Sprachen sprechen: eingeschlossen in die moderne Stadt, ist die Altstadt vom Osten geprägt, mit dem sie während ihrer ganzen Geschichte zu tun gehabt und Handel getrieben hat. Eng, schutzbietend, mit kleinen Häuschen, liegt die Stadt im Schatten der großen Basilika, in der der Heilige Nikolaus begraben liegt. Neben diesem menschlichen, von Zeit und Leben geformten, anziehenden Gesicht der alten Stadt steht die Città Nuova mit der Geradlinigkeit ihres streng durchdachten Planes, dem perfekten Raster, bei dem die Phantasie ausgeschlossen ist.

Geschichte. — Das antike *Barium* wurde der Überlieferung nach von den Ollyrern gegründet und dann von den Griechen ausgebaut. Unter den Römern kam es zu besonderer Blüte. Im Mittelalter spielten sich hier Kämpfe der Griechen und Normannen gegen die Sarazenen ab. Im Jahre 1071 nahm Robert Guiscard die Stadt dem Oströmischen Reich ab. Gegen Ende des 15. Jhs. gelangte sie in die Herrschergewalt der Sforza und verlor schnell ihre Bedeutung. Seitdem wurde Bari durch die Errichtung des Neuen Hafens und seine Handelsbeziehungen mit dem Orient erneut zu einer blühenden Stadt mit günstigen Zukunftsaussichten.
Wir beschreiben anschließend zwei Rundgänge: der erste, durch die Altstadt, muß zu Fuß unternommen werden; der zweite, auf dem Sie am Boulevard am Meer die Stadt umfahren und die Neustadt besichtigen, mit dem Wagen.

Das Stadtzentrum von Bari bildet die ausgedehnte *Piazza della Libertà* (Pl.XIII, D3) an der Grenze zwischen Alt- und Neustadt. Durch den Platz führt der *Corso Vittorio Emanuele,* der am *Porto Vec-*

chio (Pl.XIII, E/F3) endet; am Platz (im S) das **Rathaus** (Pl.XIII, D/E3; *Palazzo del Municipio)* mit dem *Teatro Piccini;* gegenüber die *Präfektur* (Palazzo della Prefettura). An dieser Seite öffnet sich die *Piazza Massari* in Richtung zum **Kastell** (Pl.XIII, D2), dessen Mittelteil normannischen Ursprungs ist (Öffnungszeiten s. Anhang D).

Bedeutende Umbauten wurden von 1233 bis 1240 unter Kaiser Friedrich II. durchgeführt und diese Arbeiten unter der Herrschaft Karls I. von Anjou fortgesetzt. Dem mittelalterlichen Mauerring, von dem jüngst einige Reste aufgefunden wurden, ließ Isabella von Aragonien Bastionen zufügen, welche eine Art Vorläufer der italienischen Renaissancebaukunst sind. Die Königin Bona Sforza ließ anschließend den Mittelhof umgestalten. Hübscher Park innerhalb der einstigen Wassergräben.

***Altstadt.** — Am Ende der *Piazza Federico II,* welche sich vor dem Kastell erstreckt, biegen Sie r. ein und kommen zur ****Kathedrale** (Pl.XIII, E2), die im 12. Jh. errichtet und jüngst renoviert wurde; hübsche, schlichte Fassade mit drei Vorhallen, die korinthische Säulen besitzen, und das wunderbare ***Fenster mit Sphinx und Elefanten,* ein Hauptwerk der apulischen Romanik. Am Langhaus l. großer restaurierter romanischer Campanile und eine *Trulla,* kegelförmiger Bau aus dem 17. Jh.

Elegantes ****Inneres** mit drei Schiffen, die von hohen Säulen getrennt werden, über denen ein hübsches Triforium verläuft. Im Mittelschiff eine Kanzel, die aus Bruchstücken des 12. Jhs. wiedererrichtet wurde. Im Chor ein Baldachin, der von Säulen mit romanischen Kapitellen gestützt wird, und mit Skulpturen geschmückter Bischofsthron. In der Apsis l. Freskenfragmente aus dem 13. Jh. In der **Krypta,** die im 18. Jh. umgeformt wurde, eine byzantinische Madonna.

L. von der Kathedrale (kurz vor der Trulla) folgen Sie der *Strada del Carmine,* welche von einer Arkade unterbrochen wird (r. die Kirche *S. Marco* aus dem 12. Jh. in der gleichnamigen Straße). Etwas entfernt, gelangen Sie r. durch eine weitere Arkade zu dem malerischen Platz mit der Basilika ****S Nicola** (Pl.XIII, E2), einem der prachtvollsten romanischen Bauwerke Apuliens. Sie wurde 1087 begonnen, im 12. Jh. beendet und jüngst erneuert. Sie ist zu Ehren des Hl. Nikolaus, Bischof von Myra in Kleinasien, errichtet. Im Jahre 1087 brachten Seefahrer, welche sich seiner Reliquien bemächtigt hatten, diese nach Bari. Alljährlich finden am 9. Mai gewaltige Feste auf dem Meer zu Ehren dieses Heiligen statt. Die harmonische Fassade ist mit einem prachtvollen ***Skulpturenportal* und mit hohen Fenstern geschmückt; sie wird von zwei stumpfen Türmen umrahmt.

Majestätisches **Inneres** mit drei Schiffen. Drei große Querbogen am Mittelschiff wurden im 15. Jh. hinzugefügt. Prachtvolle Decke aus dem 17. Jh. Der Chor wird vom Schiff durch eine dreifache, von zwei Säulen gestützte Arkade getrennt. Auf dem Hochaltar ein Tabernakel aus dem 12. Jh. In der

Apsis ein *Bischofsthron aus dem 11. Jh., *Ciborium aus dem 12. Jh. und das Grabmal der Bona Sforza (1593); r. Fragmente von Fresken aus dem 14. Jh. und *Madonna mit Heiligen von *B. Vivarini* (15. Jh.); l. Triptychon aus dem 13. Jh. im byzantinischen Stil. Im l. Querschiff *Altar des Hl. Nikolaus,* der mit Silber überzogen ist (1684); Büste des Heiligen. Restaurierte **Krypta,** die von Säulen mit schönen Kapitellen gestützt wird. Reliquien des Hl. Nikolaus. — *Kirchenschatz.*

Der Basilika gegenüber der *Portico dei Pellegrini,* der mit byzantinischen, romanischen und Renaissance-Skulpturenfragmenten wiederhergestellt wurde. R. gelangen Sie durch den gotischen Bogen von *S. Nicola* zur Kirche *S. Gregorio,* die im 11. Jh. errichtet wurde; Fassade mit schönen Fenstern (Inneres mit drei Schiffen, die durch Säulen mit Kapitellen getrennt werden).

Von der Kirche gehen Sie wieder zum gotischen Bogen zurück. Auf dessen Höhe biegen Sie r. auf die *Piazetta dei 62 Marinai* ein und folgen dann gleich darauf l. der *Via Crociale.* Sie kommen wieder am ersten Bogen vor dem Platz der Basilika vorbei und biegen kurz darauf r. in die malerische *Via Pietro Tresca* ein. Wenn Sie an deren Ende r. einbiegen, kommen Sie zum *Corso Vittorio Veneto,* dem gegenüber sich der Hafen befindet, einer der bedeutendsten von ganz Süditalien.

Neustadt. — Sie folgen r. hinter dem Kastell dem *Corso Vittorio Veneto,* gehen am Meer entlang, um die Altstadt herum und gelangen nach Durchquerung der Neustadt auf die *Piazza della Libertà.* Am Ende der Halbinsel mündet der Corso Vittorio Veneto in die *Piazza Cristoforo Colombo* (Pl.XIII, E2), auf die sich der *Lungomare Imperatore Augusto* öffnet; dieser führt am Meer entlang und am Porto Vecchio, welcher von dem *Molo S. Antonio* geschützt wird. R. lassen Sie den Corso Vittorio Emanuele II und den *Corso Cavour* liegen, die sich rechtwinkelig schneiden und eines der bedeutendsten Viertel der Neustadt umgeben. Hinter dem *Molo S. Nicola* folgen Sie dem *Lungomare N. Suaro,* hübsche Strandpromenade, die von hohen Bauwerken gesäumt ist. Hinter der *Rotonda* gelangen Sie zur **Gemäldegalerie** (Pl.XIII, F4; *Pinacoteca Provinciale),* welche schöne Gemälde vom 15. bis zum 18. Jh. beherbergt (Öffnungszeiten s. Anhang D).

Besonders in den ersten drei Sälen bemerkenswerte Gemälde aus der venezianischen Schule des 16. Jhs., Werke von *Morello da Brescia, A. Vaccaro, C. Maratta, Vivarini, Paris Bordone, Veronese, Tintoretto.*

Von der Gemäldegalerie aus gehen Sie zurück bis zum Corso Cavour, dem Sie nach l. folgen; Sie kommen am *Teatro Petruzzelli* (1898—1903) vorbei. Anschließend biegen Sie in die *Via Beatillo* ein (3. Straße r. nach dem Theater), welche auf die *Piazza Umberto I* mündet; an dieser der gewaltige Bau der *Universität,* in der das ***Archäologische Museum** (Pl.XIII, E4; *Museo Archeologico)* untergebracht ist, mit reichen Schätzen an griechisch-römischen Altertümern, welche in Apulien ausgegraben wurden (Öffnungszeiten s. Anhang D).

Frühgeschichte, Vorgeschichte. Reichhaltige Sammlung von *Vasen, Amphoren und Statuetten. Vielfarbig bemalte **Vasen aus Canosa (3. Jh. v.Chr.), Terrakottaarbeiten, Münzensammlung (griechische, römische und byzantinische).

Von der Piazza Umberto I aus führen die *Via Sparano* oder die *Via Andrea de Bari* zurück zum Corso Vittorio Emanuele bei der Piazza della Libertà.

Von Bari nach Foggia und Pescara: s. Rte 11 in entgegengesetzter Richtung; — **nach Potenza und Neapel:** s. Blauer Führer Neapel, Kampanien, Kalabrien; — **nach Tarent:** s. Rte 14,4.

13 — Von Bari nach Brindisi

Diese Route entführt Sie endgültig in den äußersten Süden, auf den „Absatz" des italienischen Stiefels. Diese vom Wetter begünstigte Region hat in den letzten Jahren einen deutlichen touristischen Aufschwung erlebt. Die Straße führt daher an Stränden entlang, aber auch bei Grotten und Fischerdörfern vorbei. Besonders reizvoll ist die Alternative durch die „Trulli" (Nebenroute 1), die einzigartig und wohl nur mit den Nuraghi Sardiniens vergleichbar sind.

Straßen: 114 km auf der direkten Straße (Schnellstraße) N.16 *(Via Adriatica).*

☛ Ausfahrt aus *Bari* auf der Straße E2, an der felsigen Küste mit zahlreichen Stränden entlang.

22 km: **Mola di Bari,** eine alte Stadt mit 25.000 Ew., auf einem Vorgebirge gelegen; der kleine Fischerhafen hatte zur Zeit der Kreuzzüge besondere Bedeutung. *Kathedrale* aus dem 13. Jh., welche in der Renaissancezeit umgebaut wurde. *Schloß* aus dem 13. Jh., später mehrmals erneuert.

35 km: **Polignano a Mare,** Stadt mit 15.000 Ew., malerisch in 24 m Höhe am Meer am Rande eines weißen, steilen Kalkfelsens gelegen, typisches Beispiel einer griechischen Siedlung wie in der Ägäis. Am Fuße der Stadt zahlreiche Höhlen mit azurblauem Wasser. Zur sehenswertesten Grotte, *Grotta Palazzese,* gelangen Sie über die *Via S. Benedetto.* Mit dem Ruderboot zu weiteren schönen Grotten.

43 km: l. **Monopoli,** ein Industrie- und Landwirtschaftszentrum mit 44.000 Ew., moderne Anlage, kleiner Fischerhafen, Bistum. Die *Kathedrale* aus dem 12. Jh. wurde im 18. Jh. umgebaut (dreischiffiges Inneres mit Kuppel; byzantinische Madonna aus dem 12. Jh.; Gemälde von *Palma d.J., L. Bastiani* usw.). Vom *Schloß,* das unter Friedrich II. errichtet, im 14. und 15. Jh. umgebaut wurde, schöner Rundblick: in der Nähe die Kirche *S. Maria Amalfitana,* teilweise aus dem 12. Jh. — 4 km gegen S: Benediktinerkloster *S. Stefano,* im Jahre 1088 von Gottfried, Herzog von Conversano, gegründet. Die Straße führt in Meeresnähe durch hübsche, hügelige Landstriche. — 12 km gegen SO: *die Ruinen von Egnazia,* dem antiken Gnathia, von Horaz erwähnt und vor allem für einen bestimmten Typ von Keramik bekannt, leuchtend schwarz glasiert mit weißen, gelben oder violetten Motiven versehen.

57 km: **Fasano,** Stadt mit 36.700 Ew., hübsch am Fuße der Murgia dei Trulli gelegen. *Kirche* mit schönem Renaissanceportal. *Palast* aus dem Jahre 1509 mit schöner Loggia.

●⟶ 5 km gegen SW: **Selva di Fasano,** prachtvolles Dorf, das fast ausschließlich aus „Trulli" (s. nachstehend) besteht. Sommerfrische in 396 m Höhe (Rundblick).

●⟶ 8 km gegen NO: **Savelletri,** Ortschaft mit orientalischem Anblick; Badestrand. — 3 km gegen N: die **Ruinen von Egnazia,** (s.o.), von Horaz in seiner Beschreibung der Reise nach Brindisi erwähnt (Satire V, Buch I). Reste der Basilika und der megalithischen Mauern.

Für die Strecke von Bari nach Fasano gibt es auch eine besonders reizvolle Alternative, die nachstehend beschrieben ist.

☞ **1. Alternative von Bari durch die Trulli nach Fasano.** (77 km; besonders schöner und empfehlenswerter Ausflug durch das Gebiet der „Trulli", den Sie als Variante zur Hauptstrecke einschlagen können.)

Die **„Trulli".** — Zwischen Bari und Alberobello, Martina Franca, Ostuni erstreckt sich das besonders malerische *Murgia dei Trulli* genannte Gebiet. Bis weit zum Horizont hin sehen Sie in der hügeligen Landschaft seltsame Häuschen mit kegelförmigen Dächern, welche in ihrer strahlenden Weiße sich inmitten einer grünenden Landschaft mit Weinreben, Mandelbäumen und Olivenhainen in die Höhe recken. Diese einzigartigen Behausungen, welche durch ihre seltsame Form überraschen, sollen ihren Ursprung in der Antike haben. Manche Historiker leiten sie aus dem Orient her, vielleicht von der mediterranen prähistorischen Megalithkunst, von Einwanderungen beeinflußt, in deren Verlauf verschiedene Völker und Stämme Glauben, Sitten und Bräuche sowie architektonische Stile hierhergebracht haben, die entweder aus eigener Erfindung herrühren oder von orientalischen Völkern übernommen wurden. Sie finden in diesem Gebiet überall Spuren der christlichen, sarazenischen und prähistorischen Zivilisationen (so wie in den „Nuraghi" auf Sardinien).
Der Name *Trullo* (Mehrzahl: *Trullis*) stammt entweder vom lateinischen *Turulla,* das „kleiner Turm" bedeutet, oder von *Trullus,* einem Sammelbegriff für alle kegelförmigen Bauten.
Die verbreitetste Art des Trullo besteht aus alleinstehenden Häusern mit sehr dicken Mauern, welche gegen Hitze und Lärm prachtvoll isolieren. Diese Mauern bestehen aus roh aufeinandergefügten großen Steinblökken, welche mit Mörtel miteinander verbunden sind. Der kegelförmige Teil, ebenfalls aus Stein, aber ohne Mörtel, besteht aus kleineren Steinblöcken gleicher Dicke, die in Rundform zusammengefügt wurden. Das Innere und im allgemeinen auch die Außenmauern sind mit Kalk geweißt. Die Spitze endet in einer Verzierung, die kugel-, stern- oder schalenförmig ist; die Bedeutung dieser Symbole ist schwer zu erklären: vielleicht handelt es sich um Erinnerungen an das Mittelalter oder um Zeichen des Rosenkreuzer-Bundes, der einst im ganzen Mittelmeerbecken bedeutende Niederlassungen hatte. Gewisse Trulli bestehen aus mehreren derart aneinandergereihten Häusern; jedes besitzt sein eigenes Kegeldach. Auf dem freien Land stehen sie in Gruppen von drei oder vier zusammen, inmitten von Weinreben und Obstgärten, umgeben von Steinmauern.

Aus Bari führt die Straße im SO nach (20 km) **Rutigliano,** Landstädtchen in 125 m Höhe, Kirche *S. Maria della Colonna* aus dem

12. Jh. mit Portal aus dem 13. Jh. und Campanile (im Inneren: Polyptychon von *A. Vivarini,* 1450).
30 km: **Conversano,** Landstädtchen mit 20.000 Ew., auf einer Anhöhe des Murge gelegen, 8,5 km vom Meer entfernt. *Dom* (13.—14. Jh.) mit schöner romanischer Fassade und reichverziertem Portal. Schöner Blick vom *Schloß,* das normannischen Ursprungs ist. Kirche *S. Benedetto,* teilweise aus dem 11 Jh.; romanischer Kreuzgang.
40 km: Sie durchqueren nun ****Castellana Grotte;** kurz darauf, Straße nach r. (Wegweiser) zur ***Grotte,** die 1938 geöffnet wurde und deren Säle und Gänge nicht nur wegen der Vielfalt der Ablagerungen und der bizarren Formen, sondern auch wegen des Farbenreichtums besonders sehenswert sind. Höhepunkt die Caverna Bianca, die weiße Höhle, die „schönste Höhle der Welt“ (*Führungen,* Dauer eine Stunde, Fahrstuhl). — Von Castellana aus können Sie in (15 km) *Monopoli* wieder auf die Hauptstraße stoßen.
Sie verlassen Castellana im SW, biegen nach r. auf die Straße N.172.
45 km: **Putignano,** Industriezentrum alten Ursprungs mit 19.000 Ew. in 375 m Höhe. Kirche *S. Pietro* aus dem 12. Jh., im 15. und 17. Jh. erneuert. *Palazzo Bali* aus dem 14. Jh. — 1 km gegen NW: die *Grotte von Putignano* (Öffnungszeiten s. Anhang D), 2 km lang, mit sehenswerten Gesteinsformen.
Die Straße aus Putignano durchquert Olivenpflanzungen und kleine Felder, die von Steinmauern umgeben sind.
58 km: ****Alberobello,** Landstädtchen mit 10.000 Ew., in der Murge in 416 m Höhe gelegen, berühmt durch seine gewaltige Ansammlung von „Trulli“ in dem Viertel, das *Quartiere Monti* genannt wird (gleich l. nach Ankunft in der Stadt). Dieses Viertel wird von etwa 1000 Trulli gebildet, „Zona Trulli“, welche ihre weißen Flächen und spitzen Dächer an den winzigen, hügeligen, sich eigenwillig schlängelnden Gäßchen erheben — fast wie in einem Kinderspielzeugdorf. Lebhafter Souvenirhandel. Alles ist wie eine kostbar bewahrte Erinnerung an eine längst vergangene, mittelalterliche Zeit. Sie bemerken den **Trullo der Souveräne, den Trullo der Siamesischen Brüder* und die Kirche *S. Antonio* in Trullo-Anlage.

67 km: **Locorotondo,** malerisches Landstädtchen mit 11.000 Ew., das in 410 m Höhe das Tal der Idria beherrscht. Bemerkenswert die weißen Häuser, deren Fassaden Dreiecksgiebel besitzen.

●⟶ 6 km gegen S: ****Martina Franca,** Sommerfrische, malerisches Kunsthandwerks-, Handels- und Weinbauzentrum mit 40.000 Ew., in 431 m Höhe auf einem Hügel gelegen, welcher das Idria-Tal beherrscht. Der Ursprung der Stadt liegt im 10. Jh., der Zeit, in welcher die Bewohner der Umgebung auf der Flucht vor den Sarazenen Schutz suchten inmitten der dichten Wälder, die schnell zum Schlupfwinkel von Räuberbanden wurden. Zum Schutz der Bevölkerung ließ Philipp von Anjou, Herzog von Tarent, im 13. Jh. eine Stadt errichten, die bis zu 18.000 Ew. zählte und den Namen Martina annahm. Die gegenwärtige Stadt ist mit ihren Barock- und Rokokobauten und weißen Häusern äußerst reizvoll. Besonders sehenswert der *Herzogspalast* (1668), der von den *Caracciolo* nach Entwürfen von *Bernini* errichtet wurde. Die Stiftskirche *S. Martino*, 1747—1775 erneuert, hat einen gotischen Campanile bewahrt (Marmoraltar mit Säulen und Statuen, die Bernini zugeschrieben werden). *Palazzo della Corte* mit Uhrturm (1734).

☞ In Locorotondo verlassen Sie die Straße N.172 und folgen (l. gegen N) der N.172 dir. Diese Straße verläuft durch eine hügelige, von Trulli übersäte Landschaft. 3 km vor Fasano steigt eine Straße l. in Windungen nach *Selva di Fasano.* Sie folgen der das Meer und die Landschaft beherrschenden N.172 dir, die an Olivenhainen vorbei nach (77 km) *Fasano* gelangt.

☛ **Fortsetzung der Hauptroute ab Fasano.**

65 km: Kreuzung; l. Straße nach (5 km) *Terme di Torre Canne,* Heilbad und Seebad an der Adriaküste (Leberkrankheiten; Kurzeit Mai bis Sept.).

Die Straße bietet nun herrliche Blicke auf Ostuni; Sie verlassen das Gebiet der Trulli.

79 km: ****Ostuni,** Landwirtschaftszentrum mit 33.000 Ew., in 207 m Höhe am Ende der Murge-Kette, inmitten von Olivenhainen gelegen. Mittelalterlicher Marktflecken mit blendend weißen Häusern, deren einzige Farbtupfen Blumen und bunte Fensterläden sind. *Kathedrale* aus dem späten 15. Jh. mit prachtvoller gotischer Fassade; sehenswertes gotisches Portal und Fensterrose mit Skulpturen. In der Nähe der Stadt können Sie *Höhlen* mit byzantinischen Fresken (12.—14. Jh.) sehen. — 11 km gegen SO: *Ceglie Messapico* (das antike messapische *Caelium*) mit einem *Schloß* aus dem 15. Jh.

86 km: **Carovigno,** malerisch an einem Hügel gelegen, die ehemalige messapische Siedlung *Carbina;* megalithische Mauerreste; *Schloß* aus dem 15. Jh. (restauriert).

93 km: *S. Vito dei Normanni,* Stadt mit 20.000 Ew. in 110 m Höhe. Die Straße durchquert eine Ebene mit Olivenhainen, Weinreben und Getreidefeldern.

114 km: **Brindisi,** s. Rte 14.

14 — Von Brindisi nach Lecce und Tarent

Von Brindisi aus führt diese Route durch die reizvolle salentinische Ebene, deren Olivenhaine, Weinreben, Blumenfelder für ihre Fruchtbarkeit Zeugnis ablegen. Nun erreichen Sie Lecce, das „Florenz des Südens", oder, und das sagt noch weit mehr, das „Florenz des Barock". Diese Stadt entlohnt durch ihre Pracht und Anmut für die weite Reise, die Sie bis hierher zurücklegen mußten. Aber auch Tarent, am gleichnamigen Golf, geizt nicht mit Reizen; großzügige Promenaden zeichnen es als Aufenthaltsort am Meer aus, eine reizende Altstadt bietet auch dem Kulturreisenden so manches.

Straßen: 125 km in erst südlicher, dann nordwestlicher Richtung auf der N.16 *(Via Adriatica)* und der N.7 ter.

Brindisi, Hauptort der gleichnamigen Provinz, Erzbistum, Handels-, Industrie- und Landwirtschaftszentrum mit 90.000 Ew., von modernem Aussehen, liegt malerisch auf einer ausgedehnten Terrasse zwischen zwei Meeresarmen (dem *Seno di Ponente* im W mit dem Kriegshafen und den Werften; dem *Seno di Levante* im O mit dem Seebahnhof); bedeutender Hafen, Ausgangspunkt der Schiffslinien nach Griechenland.

Geschichte. — In Brindisi (das *Brentesion* der Griechen und *Brundisium* der Römer) endete seit dem 2. Jh. die Via Appia, die durch Tarent führte. Horaz hat ausführlich die Reise beschrieben, die er auf dieser Straße als Begleiter des Mäcenas etwa 37 v.Chr. machte (Satire V des Buches I). Der Dramatiker Pacuvius (220—132 v.Chr.) ist in Brindisi geboren, Vergil hier etwa 19 v.Chr. auf der Rückkehr von einer Griechenlandreise gestorben. 49 v.Chr. belagerte Caesar hier den Pompejus, worüber Caesar einige berühmt gewordene Zeilen schrieb. Seit dem Mittelalter verfiel die Stadt immer mehr; erst nach der Eröffnung des Suezkanals (1869) wurde sie wieder zu einer blühenden Hafenstadt. Jules Verne ließ hier Phileas Fogg, den Helden von „Die Reise um die Erde in 80 Tagen", sich auf die „Mongolia" einschiffen, welche regelmäßig von Brindisi durch den Suezkanal nach Bombay fuhr.

Die *Via del Mare* kommt am *Seebahnhof* (Pl.XVI, C2) vorbei und mündet in die *Piazza Vittorio Emanuele* (an dieser können Sie den Wagen parken). Hinter dem Platz folgen Sie, am Meer entlang, dem *Viale Regina Margherita.*

Gegenüber, am anderen Ufer des Seno di Ponente, das große *Denkmal für die italienischen Matrosen* (Pl.XVI, C1; 1933) in der Form eines gewaltigen Steuerruders, welches das mittlere Hafenbecken überragt. Von der Spitze (Fahrstuhl) schöner Blick auf Stadt und Hafen.

Sie gehen an der *Piazza Dionisi* vorbei und steigen auf einer Treppe, an der einst zwei *Säulen* (Pl.XVI, C2) das Ende der Via Appia anzeigten; von der einen ist nur der Sockel erhalten geblieben; die andere ist unversehrt und trägt ein Kapitell. Von dort über die *Strada Colonna,* welche durch den Campanile führt, zur *Piazza del Duomo.* In der Mitte eine *Mariensäule;* l. das *Seminar* in einem Palast aus dem 18. Jh. und der **Dom** aus dem 13. Jh. (einige Überreste aus dieser Zeit sind noch in der Apsis zu sehen), der 1749 erneuert wurde. R. zwei hübsche gotische Arkaden beim Eingang des Palastes mit dem **Archäologischen Provinzmuseum** (Pl.XVI, B2; *Museo archeologico provinciale;* Öffnungszeiten s. Anhang D).

Die archäologischen Sammlungen besitzen Funde von Ausgrabungen in Brindisi und Umgebung (Steinfragmente, griechisch-römische Skulpturen, **Kapitelle,* griechische und lateinische Inschriften, Keramik, Terrakottaarbeiten, Mosaike, Münzsammlung).

Dem *Dom* gegenüber, am Eingang der *Via Tarantini* (Pl.XVI, B2), gotische Arkaden mit einem darüberliegenden Skulpturenbalkon. Im Hintergrund des Platzes folgen Sie r. der *Strada Montenegro* und biegen gleich darauf l. in die *Via de Leo* ein; diese kommt vorbei an der *Piazza S. Teresa* mit der Barockkirche *S. Teresa.* Sie gehen geradeaus weiter auf der Via de Leo und dem *Vico de Vavotici* zur Kirche *S. Paolo* (Altäre mit gewundenen Säulen). Auf der Höhe der Fassade biegen Sie l. und gleich darauf r. ein in die *Via S. Giovanni al Sepolcro;* diese führt zur ehemaligen Kirche *S. Giovanni al Sepolcro* (Pl.XVI, B2), romanischer Rundbau aus dem 11. Jh.
Nach Verlassen der Kirche gehen Sie vor zur *Via Tarantini,* wo sie l. einbiegen; dann die dritte Straße wieder nach l., und Sie gelangen zu der romanischen Kirche **S. Benedetto** (Pl.XVI, B2) aus dem 11. Jh., später erneuert; von der ursprünglichen Anlage ist ein wuchtiger Campanile übriggeblieben. Schönes Skulpturenportal. Von der Sakristei Zugang zum **Kreuzgang* des ehemaligen Klosters.
Wenn Sie geradeaus weitergehen, stoßen Sie auf die *Via Carmine;* Sie biegen r. ein und kommen zur *Porta Mesagne* aus dem 13. Jh. mit schönem spitzem Bogen.

Wenn Sie r. vor dem Tor der *Via Cristoforo Colombo* folgen, so gelangen Sie zum **Castello Svevo,** welches den Seno di Ponente beherrscht. Dieses Schloß wurde 1227 von Friedrich II. errichtet, im 15. Jh. von Ferdinand I. von Aragonien und später von Kaiser Karl V. erweitert.

Sie folgen hinter dem Tor (l.) der *Via Bastioni S. Giorgio* und gelangen zum *Corso Umberto I,* der regsten Geschäftsstraße der Stadt, der Sie nach l. folgen; Sie überqueren die ausgedehnte *Piazza Cairoli,* dann die *Piazza del Popolo;* hinter dieser gelangen Sie auf dem *Corso Garibaldi* wieder auf die Piazza Vittorio Emanuele.

2 km nordwestlich, jenseits des Seno di Ponente (Richtung Flughafen): **S. Maria del Casale,** schöne romanisch-gotische Kirche aus dem 14. Jh.; Fassade mit polychromer Verkleidung und schönem Portal (einschiffiges Inneres mit Fresken aus dem 14. Jh. von *Rinaldo da Taranto).*

Ausfahrt aus Brindisi; die Straße führt durch eine reizvolle Ebene, leicht landeinwärts, an Olivenhainen, Weinreben, Tannen, Akazien und Blumenfeldern vorbei.
33 km: Kreuzung. R. gelangen Sie auf die *Via d'Aurio* nach Lecce.

39 km: ****Lecce,** Hauptort der gleichnamigen Provinz, Bischofssitz, Universität, Handels- und Landwirtschaftszentrum, hübsche und rege Stadt mit 90.000 Ew., in der Mitte der Salentinischen Halbinsel gelegen.
Man nennt die Stadt „Florenz des Südens" oder „Florenz des Barock". Das ist mehr als nur eine Schlagzeile für einen Fremdenverkehrsprospekt. Im 17. Jh. hat die Hauptstadt der Provinz Salento ihre mittelalterlichen Bauten mit einer leichten Barock-„Hülle" versehen, ohne ihre Strukturen zu beschädigen. Material war der goldgelbe, leicht zu bearbeitende weiche Kalkstein aus der Umgebung. So entstand der „Barock von Lecce", der mit der römischen Monumentalität nichts gemein hat. Da kräuselt und sprudelt es an den Fassaden von Palästen und Kirchen, nimmt unzählige Formen an: Adler, Affe oder Drache, Türke oder Heiliger, Gewinde, Bändchen, Blumen oder Frucht, auf den Balkons wie in den Höfen, an den einfachsten Häusern, in den dunkelsten Gassen. Mitten in einem Agrargebiet ist Lecce die aristokratische Stadt geblieben, die sie immer war, mit einem Hauch uralter Kultur.

Geschichte. — Die Überreste, welche die Stadt aus den messapischen, griechischen und römischen Epochen bewahrt hat, zeugen von ihrer Macht und Blüte im Altertum. Im 11. Jh. wurde sie unter den Normannen in eine Grafschaft umgewandelt und ab 1463 dem Königreich Neapel einverleibt.

Sie gelangen in die Stadt auf der *Via d'Aurio,* welche vor einem Obelisken (Pl.XIV, A2; 1822) mündet; an dieser Stelle stoßen zwei Umfahrungsstraßen zusammen (l. der *Viale degli Studenti;* r. der *Viale Taranto).* Sie fahren geradeaus weiter; hinter dem *Triumphbogen* (auch *Porta Napoli* genannt; 1548 zu Ehren Karls V. errichtet) biegen Sie r. ein. Hinter der Kirche *S. Maria di Porta* gelangen Sie in die *Via G. Palmieri;* diese mündet in die ****Piazza del Duomo** (Pl.XVI, B4), die von Barockgebäuden umgeben ist.
Der *Dom* mit reichverzierter Fassade wurde 1659—1670 von *G. Zimbalo* erneuert; neben ihm ein hübscher *Campanile (1661—1682).

Das **Bischöfliche Palais** (Pl.XIV, A4) wurde 1420—1428 errichtet, 1632 erneuert und seitdem umgebaut; im ersten Stock eine hübsche Reihe von Loggien. Das **Seminar* wurde 1694—1709 nach

Plänen von *G. Cino* errichtet; es besitzt einen Hof mit Portikus und einen vom gleichen Künstler reich verzierten Brunnen.
Sie gehen zum Beginn der Via G. Palmieri zurück und folgen r. dem *Corso Vittorio Emanuele* (Pl.XIV, B4); dieser führt an der Kirche *S. Irene* (1591—1639) mit Renaissancefassade vorbei und mündet auf die ausgedehnte ***Piazza S. Oronzo** (Pl.XIV, B3/4); an dieser r. die Reste des *Palazzo del Seggio* (oder *Palazzo Sedile*) mit gotischen Bogen und Loggia (1592) und die Kirche *S. Marco* (1543) mit besonders schönem Portal; diese Bauwerke umrahmen die Ruinen des **römischen *Amphitheaters** (Pl.XIV, B4; aus der Zeit Trajans oder Hadrians), das 25.000 Zuschauer fassen konnte. In der Mitte des Platzes eine römische Säule mit der Statue des S. Oronzo (1666). Dem Amphitheater gegenüber die Kirche *S. Maria delle Grazie* von *M. Coluzio* (16. Jh.). Wenn Sie auf der *Via Fazzi* r. um die Kirche herumgehen, kommen Sie zum *Schloß* (Pl.XIV, C4; 1539—1548), einem Monumentalbau mit trapezförmigem Grundriß. Sie gehen wieder bis zur Piazza S. Oronzo zurück. Am Eingang des Corso Vittorio Emanuele öffnen sich zwei Straßen: r. die *Via Rubichi;* l. die *Via Augusto Imperatore.*

Wenn Sie der Via Augusto Imperatore folgen, die hinter der Piazza Vittorio Emanuele von der *Via d'Aragona* verlängert wird, gelangen Sie zur Kirche *S. Matteo,* einem Barockbau, der im frühen 18. Jh. von *A. Carducci* errichtet wurde. Sie biegen r. in die *Via Palazzo dei Conti di Lecce* ein, dann in die zweite Straße r., welche zu den Ruinen des *römischen Theaters* (2. Jh.) führt. Kurz dahinter die Kirche *S. Chiara* von *G. Cino* (1687). Von dort kommen Sie über die Via Augusto Imperatore wieder zur Piazza S. Oronzo zurück.

Sie folgen der Via Rubichi (r. ein *Palast* aus dem 18. Jh., gegenwärtig *Rathaus;* l. der *Justizpalast*) und erreichen die *Piazza Matteo da Lecce;* an dieser l. die Kirche *Il Gesù* (Pl.XIV, B3; 1575, im 18. Jh. umgebaut).
An der gegenüberliegenden Platzseite folgen Sie der Straße, die l. im Hintergrund beginnt. Diese biegt r. ein und kommt zum *Corso Umberto I* gegenüber der Basilika ****S. Croce** (Pl.XIV, B3), die 1549 von *G. Riccardi* begonnen, 1689 von *G. Zimbalo* und *C. Penna* vollendet wurde, dem vollendetsten Ausdruck des Barocks von Lecce. Die Fassade ist überreich mit Ornamenten verziert. Am Fries vielfältige Menschen- und Tierdarstellungen. Der **Skulpturenbalkon* wird von Karyatiden gestützt und von einer säulengesäumten Fensterrose beherrscht.

Dreischiffiges **Inneres** mit Kassettendecke; Zwillingssäulen am Querschiff; Vierungskuppel: Reichverzierte Altäre; l. vom Chor Altar des S. Francesco da Paola mit Szenen aus dem Leben des Heiligen (Skulpturen von *F. Zimbalo;* 1614).

L. von der Basilika der **Regierungspalast* (Pl.XIV, B3; Palazzo del

Governo) ehemaliges Kloster, ein Werk von *G. Zimbalo* (1659—1695); prachtvolle Fassade mit zwei Stockwerken und Bukkelquadern (Öffnungszeiten s. Anhang D).

Fußgänger, die vom Regierungspalast aus wieder zum Triumphbogen gelangen wollen, folgen l. am Ende des Corso Umberto I, der *Via Principi di Savoia.* Autofahrer fahren wegen der Einbahnstraße zur Piazza Matteo da Lecce zurück, wo sie r. der *Via Prato* folgen, die auf die Via G. Palmieri stößt und r. zum Triumphbogen zurückführt. Vom Bogen kommen Sie wieder zum Obelisken; dann r. in den Viale degli Studenti, wo Sie l. in den *Viale del Cimitero* einbiegen; dieser führt zur Kirche ****SS. Nicolo e Cataldo** (Pl.XIV, A1). Zuerst durchqueren Sie zwei große Kreuzgänge, von denen der zweite in der Mitte ein kleines Bauwerk mit gewundenen Säulen besitzt. Die Kirche wurde 1180 im romanischen Stil errichtet und 1716 im Barockstil umgebaut, die beiden Stile gehen aber ganz besonders harmonisch ineinander über. Die Barockfassade stammt von *G. Cino,* welcher das reichverzierte *Portal aus dem 12. Jh. in sie eingeschlossen hat. Sehenswertes dreischiffiges Inneres. Gotische Bogen und romanische Kapitelle. Vierungskuppel; zwei Barockaltäre in den Seitenarmen; Fresken an allen Gewölben.

Das ****Provinzmuseum** (Pl.XIV, B5) ist neuerdings im *Palazzo Argento,* einem ehemaligen Jesuitenkollegium im *Viale Gallipoli* untergebracht. Die Räume wurden bei dieser Gelegenheit völlig neu strukturiert, um die Sammlungen nach den neuesten didaktischen Erkenntnissen zu präsentieren (Öffnungszeiten s. Anhang D).

Im Zugang zum Ersten Stock Tafeln und Diapositive, die die Erschließung der Sammlung nach verschiedenen Gesichtspunkten ermöglichen sollen.

1. Stock. Im *Antiquarium* der alte Bestand des Musums. Die Gegenstände sind (leider ohne Zuordnung zu ihrem Ursprung und ihrem Kontext) nach Typen und weitgehend chronologisch geordnet. Bemerkenswerte Sammlung ****messapischer Vasen,** Keramik aus Gnathia, apulische Vasen, attische Vasen, darunter die berühmte *****Pelike** des *„Malers von Chicago“.*
Erdgeschoß. — Die *topographische Abteilung* ist den antiken Zentren von Salento gewidmet: Lupiae, Rudiae, Rocavecchia, Cavallino, Ugento. ***Skulpturen** des römischen Amphitheaters von Lecce.
3. Stock. — In der *Pinakothek* Gemälde der venetianischen Schule, sowie der römischen und neapolitanischen Schulen und Werke lokaler Maler, wie *O. Tiso* und *A. Verrio.*
Das Museum umfaßt auch eine große *Bibliothek* und eine bedeutende *Photosammlung.*

●⟶ 13 km gegen O: **S. Cataldo** mit schönem Strand *(Lido di Lecce);* Überreste des Hafens *Porto Adriano,* der von Kaiser Hadrian im 2. Jh. gegründet wurde.

☞ **1. Von Lecce nach Gallipoli** (38 km gegen S auf der Straße N.101). — Sie verlassen Lecce über Viale Taranto und Via A. Diaz. — 11 km: Kreuzung; r. Straße nach (8 km) *Copertino* (Schloß aus dem Jahre 1540). — 16 km: Kreuzung; l. Straße nach (8 km) Galatina und (12 km) Soleto.

Galatina ist ein Landstädtchen mit 29.000 Ew., in 78 m Höhe inmitten der Salentinischen Halbinsel gelegen. Die romanisch-gotische Kirche *S. Caterina* wurde von 1384 bis 1391 errichtet; an der Fassade eine Fensterrose und drei schöne Portale. Fünfschiffiges Inneres mit Fresken aus dem 15. Jh. In der Apsis gotisches Grabmal des Ramondello Orsini.

In **Soleto** (4 km nordöstlich von Galatina): *Pfarrkirche* mit schönem *Campanile aus dem 15. Jh. Kirche *S. Stefano* (13. und 14. Jh.) mit Fresken aus dem 14. und 15. Jh.

24 km: **Galatone,** Ortschaft mit 14.000 Ew., in 60 m Höhe, *Dom* mit schöner Fassade aus dem 16. Jh.

●→ 5 km gegen NW: **Nardo,** Bischofssitz, Landwirtschafts- und Handelszentrum mit 26.000 Ew. Romanisch-gotische *Kathedrale* aus dem 13.—14. Jh., dreischiffiges Inneres mit Freskenschmuck; auf dem 3. Altar l. schönes Holzkruzifix orientalischen Ursprungs. In der Nähe die *Piazza Salandra,* umgeben von Barockbauten, geschmückt mit einem Obelisken aus dem 17. Jh. — 7 km gegen SW die schönen Strandflächen von *S. Caterina* und *S. Maria al Bagno.*

☞ 38 km: ***Gallipoli,** Bischofssitz, Handelszentrum und Seebad, malerisches Städtchen mit 21.000 Ew., eigenartig auf einer kleinen Insel vor der Spitze eines Vorgebirges gelegen, das sich drei Kilometer weit in das Meer vorschiebt; aktiver Hafen. Sie gelangen in die Stadt auf der *Via Lecce* und dem *Corso Roma,* welcher an der *Fontana Ellenica* vorbeiführt, einem im 16. Jh. erneuerten Brunnen, der an den Seiten mit antiken Reliefs geschmückt ist. Sie überqueren die Brücke, welche auf die Insel und zum Hafen führt. L. das **Kastell,** das im 15. und 16. Jh. erneuert wurde. Dem Kastell gegenüber die *Via Pace* zur *Kathedrale* aus dem Jahre 1630 mit schöner Fassade aus dem Jahre 1696 (im Inneren: Gemälde aus dem 17. und 18. Jh.). Etwas weiter r. (Nr. 108) das *Städtische Museum* (Öffnungszeiten s. Anhang D). mit archäologischen Sammlungen (vor allem messapische Sarkophage), Gemälden über das Leben der Stadt, naturgeschichtlicher und ethnographischer Sammlung. Gehen Sie bis zum Hafen und dann um die ganze Insel herum (schöne Aussichtsstellen).

●→ 19 km gegen SO: *Casarano,* Ortschaft in 111 m Höhe; Kirche mit schönen *Mosaiken aus dem 5. Jh.

☞ **2. Von Lecce nach Maglie, Otranto und S. Cesarea Terme** (63 km gegen SO auf den Straßen N.16 und 173). — Die Straße führt durch die Ebene geradeaus bis nach (28 km) *Maglie,* kleinem Handelsstädtchen mit 13.000 Ew.

●⟶ 39 km gegen S: **S. Maria di Leuca,** Dorf mit 800 Ew., am Kap S. Maria di Leuca (59 m Höhe) an der äußeren Südspitze der Halbinsel Salente gelegen, so genannt wegen seiner weißen Felsen (auf griechisch: *akra leuka).* Am Ende des Kaps das Sanktuarium *S. Maria di Leuca;* der Altar r. vom Eingang stammt von einem der Minerva geweihten Tempel, auf dem die Wallfahrtskirche errichtet wurde; wundertätige Madonna. Vom Leuchtturm prachtvoller Ausblick. Im W der kleine *Badestrand von Leuca.* — 7 km gegen N: *Patù;* bei der kleinen romanischen Kirche *S. Giovanni* Überreste megalithischer Bauten.

☞ Hinter Maglie führt die Straße gegen O durch die Ebene. — 45 km: ***Otranto,** Erzbistum, kleiner Fischerhafen, Ortschaft mit 4.000 Ew., am östlichsten Ende der Halbinsel Salente gelegen, als Seebad stark besucht. Die **Kathedrale* aus dem 11. Jh. wurde in der Barockzeit umgebaut und später restauriert. Schöne gotische *Fensterrose an der Fassade und Renaissanceportal an der Nordseite (im Inneren: Mosaikfußboden aus dem Jahre 1166; **Krypta* aus dem 12. Jh. mit fünf Schiffen und einem außerordentlichen „Wald" von Säulen mit griechischen, byzantinischen, arabischen oder romanischen Kapitellen). In der byzantinischen Kirche *S. Pietro* (10.—11. Jh.) Freskenreste; Schloß aus dem 15. Jh. Otranto wurde von Napoleon für seinen Minister Fouché zum Herzogtum erhoben.

●⟶ 2 km gegen S: Ruinen der Kirche *S. Nicola di Casole* (12. Jh.), die im 15. Jh. zum Großteil von den Türken zerstört wurde.

●⟶ 15 km gegen NW: *Carpignano Salentino;* in der Krypta der Kirche *S. Cristina* Fresken aus dem 10. und 11. Jh.

☞ Nach Otranto folgen Sie der Straße N.173 gegen S. — 63 km: **S. Cesarea Terme,** hübsch dem Meer gegenüber gelegenes Heilbad in 94 m Höhe auf einem Steilhang, in dem sich vorgeschichtliche Höhlen befinden. Schwefelwässer werden bei Hautkrankheiten und Rheumatismus angewendet.

☛ Ausfahrt aus Lecce auf der N.7 ter. — **71** km: **S. Pancracio Salentino.** — Sie fahren weiter durch die an Weinreben und Olivenhainen reiche Ebene.

88 km: **Manduria,** Landstädtchen mit 27.000 Ew. in 79 m Höhe. Manduria war eine ursprünglich messapische Stadt, besitzt *megalithische *Mauerreste* und eine ausgedehnte Nekropole. Der *Plinius-Brunnen* (so genannt, weil er von Plinius d.Ä. unter dem Namen Lacus Manduriae erwähnt wurde) befindet sich in einer Höhle, in welcher in der Mitte eine Öffnung eingeschnitten ist (zweifellos eine vorrömische Kultstätte). *Kathedrale* mit Campanile aus dem 15. Jh. und Fassade aus dem Jahre 1532 (Fensterrose und schönes Portal); *Palast* aus dem 16. Jh. und *Palazzo Imperiale*

(18. Jh.). Im August Volksfest der „Baumprozession", in deren Verlauf die Gläubigen als Zeichen ihrer Bußfertigkeit auf den Schultern große Äste und Zweige tragen.
112 km: *S. Giorgio Ionico,* Richtung NO Abzweigung nach Brindisi (s.u., Nebenrte 3).

125 km: ****Tarent** *(Taranto),* Erzbischofssitz, Hauptort der gleichnamigen Provinz, bedeutender Kriegshafen, Industrie- und Seefahrtstadt mit 248.600 Ew., im N des Golfes von Tarent gelegen, geschützt von einer geschlossenen Reede, dem *Mare Grande,* die von befestigten Inseln abgeschlossen wird. Hinter der Altstadt ein Binnenmeer, das *Mare Piccolo.* Tarent ist mit seinen prachtvollen Promenaden, seinem schönen modernen Viertel, seinen malerischen engen Gassen in der Città Vecchia und seiner Lage inmitten des Meeres ein angenehmer Aufenthaltsort. Tarent ist eine Insel, zumindest die Altstadt, die *Città Vecchia,* die Erbin der spartanischen Kolonie, eine der reichsten Großgriechenlands. Auch heute noch von mittelalterlichem Gepräge, riegelt die Stadt die Bucht ab und verfügt über zwei Meereshorizonte: im N die stillen Spiegelungen des Mare Piccolo, im S das Mare Grande, das sich auf das weite Meer öffnet. Darin liegt der Zauber dieser Stadt.
Die Drehbrücke, die den Hochseeschiffen den Weg öffnet, verbindet die Vergangenheit mit der Gegenwart, die gestrige mit der heutigen Stadt. Das Gesicht Tarents hat sich in den letzten Jahrzehnten stark gewandelt: der Kriegshafen existiert zwar noch immer, aber Arbeiter der Stahl- oder Ölindustrie haben die Seeleute und Werftarbeiter abgelöst.

Geschichte. — Tarent (griechisch *Taras,* lateinisch *Tarentum*) wurde um 708 v.Chr. von Auswanderern aus Sparta an der Mündung des Galesus gegründet. Schnell wurde das umliegende Gebiet unterworfen, das sich besonders gut für Schafzucht eignete. Um die Qualität der Wolle zu steigern, wurden die Mutterschafe, welche in der Umgebung des Galesus weideten, mit Häuten bekleidet. Horaz erwähnt dies in der Ode an Septimius (Buch II, Ode VI). Ebenfalls in ganz Apulien waren die Töpfereiarbeiten von Taras begehrt. Die Stadt gelangte schnell zu Macht und Reichtum; ihren Höhepunkt erreichte sie im 4. Jh. v.Chr. Im Jahre 272 fiel sie in die Hände der Römer. Zur Zeit des Augustus war die Bevölkerung noch in der Mehrheit griechisch, wurde aber nach und nach von den Römern unterwandert. 540 gelangte sie in den byzantinischen Herrschaftsbereich. 927 wurde Tarentum von den Sarazenen zerstört, 967 von Kaiser Nikephoros Phokas wiederaufgebaut und das Griechische als Umgangssprache wiedereingeführt. Im Jahre 1063 von Robert Guiscard eingenommen, teilte sie dann das Schicksal des Königreichs Neapel.
Wegen seines Flottenstützpunktes wurde Tarent im Zweiten Weltkrieg durch zahlreiche Luftangriffe heimgesucht. Die Stadt ist bedeutend durch ihre Obstplantagen in der Umgebung, ihren Honig und ihre Fischerei (vor allem Austern und Muscheln).

Sie gelangen zuerst in die Altstadt. Sie überqueren den *Ponte di Porta Napoli,* biegen r. auf die *Piazza Fontana* ein und folgen, am Meer entlang, dem *Corso Vittorio Emanuele,* welcher auf die äußerste Spitze der Altstadt stößt: *Piazza Municipio,* verlängert durch die *Piazza Castello,* an der Sie den Wagen abstellen können.
R. am Meeresufer das **Schloß** mit seinen wuchtigen Türmen (15. und 16. Jh.). L. das *Rathaus* (Palazzo Comunale), an diesem beginnt r. die *Via del Duomo,* wichtigste Straße der Altstadt (Città Vecchia), die äußerst schmal, aber sehr belebt und besonders malerisch ist. Am Beginn der Straße l. das *Oratorio della Trinità;* im Hof Säule mit Kapitell, die aus einem dorischen Neptuntempel stammt (6. Jh. v.Chr.).
Die Via del Duomo mündet in einen Platz mit dem ***Dom** aus dem 11. Jh., seitdem mehrmals umgebaut; Campanile aus dem 16. Jh.; Fassade aus dem Jahre 1713 (am harmonischen r. Langhaus Reste der ursprünglichen Verzierungen).

Das **Innere** besitzt drei Schiffe, welche durch antike Säulen mit romanischen und byzantinischen Kapitellen getrennt werden. Am Mittelschiff eine Kassettendecke aus dem 17. Jh. Fußboden mit Mosaikfragmenten. R. vom Chor die **Cappella di S. Cataldo** (aus Irland stammender Schutzpatron der Stadt) aus dem 17. und 18. Jh., mit prachtvollem Statuen- und Marmorschmuck; Gewölbefresken von *P. de Matteis* (1773). In der Krypta: Freskenreste aus dem 12. Jh. *Schatzkammer.*

Sie folgen weiterhin der Via del Duomo, die sich hinter dem Dom verlängert, und gelangen zur Kirche *S. Domenico Maggiore,* welche von ihrer ursprünglichen Anlage (14. Jh.) eine schöne Fassade mit gotischem Portal und Fensterrose bewahrt hat. Von dort zurück zur Piazza Castello: entweder nach l. über den Corso Vittorio Emanuele, der am Mare Grande entlangführt (schöne Aussicht); oder r. über die *Via Giuseppe Garibaldi* am Mare Piccolo. Von der Piazza Castello aus überqueren Sie die Brücke (schöne Aussicht), welche die Insel mit der *Neustadt* (Città Nuova) verbindet, und stoßen auf den *Corso al Due Mari.*
Wenn Sie geradeaus weitergehen, stoßen Sie auf die *Villa Garibaldi,* den schönen Stadtpark mit (l.) dem ****Museo Nazionale** mit gut aufgestellten Sammlungen von archäologischen Fundgegenständen aus ganz Apulien, vor allem prächtigen griechischen Keramikarbeiten (Öffnungszeiten s. Anhang D).

Das Museum enthält drei Abteilungen, die alle besonders sehenswert sind:
1. Abteilung für Tarent mit archäologischen Fundgegenständen aus der Stadt selbst, die Jahrhunderte hindurch das wichtigste Zentrum Großgriechenlands war. Ausgrabungsarbeiten in der Nekropole brachten Tausende von Gräbern seit der ersten spartanisch-lakedämonischen Siedlung in Tarent (8. Jh. v.Chr.) bis zur Römerzeit zutage. Terrakottaarbeiten, Goldschmiedekunst, Vasen.

2. Topographische Abteilung mit Fundgegenständen aus den Provinzen Tarent, Bari, Brindisi, Foggia, Lecce und Matera sowie aus den Gebieten von Potenza und Kalabrien. Besonders bemerkenswert die *Vasensammlung.

3. Vorgeschichtliche Abteilung, welche einen prachtvollen Eindruck über die Altsteinzeit und die Steinzeit in Apulien vermittelt. Auch Bronze- und Eisenzeit sind gut vertreten. Die vorgeschichtliche Abteilung ist im Zwischenstock untergebracht. Im 1. Stock die Säle VIII bis XXIV mit Terrakottasammlung und äußerst sehenswerten griechischen ***Vasen.**

Im **Kreuzgang,** der einst zu einem Kloster gehörte, Fundgegenstände aus Tarent (Skulpturen, Inschriften).

R. vom Museum führt die *Via Cavour* zur *Via Roma,* in die Sie nach r. einbiegen. Nr. 3: *Institut für Meereskunde* (Istituto Talassografico; 1931). Sie gehen geradeaus weiter zur **Villa Peripato,* schönem öffentlichen Park mit prachtvollem Blick auf den Mare Piccolo. Von dort können Sie direkt zur Piazza Castello zurückgehen: entweder über Via Roma und Corso Due Mari oder über die *Via Giovinazzi,* welche in den *Lungomare Vittorio Emanuele III,* prachtvolle Promenade am Mare Grande, mündet.

Umgebung: — 1. 6 km gegen S: **Lido di Praia a Mare** an der Ostseite des Mare Grande. — **2.** 9 km gegen W: **Lido Azzurro** (schöner Strand).

Von Tarent nach Neapel oder Reggio di Calabria: s. Blauer Führer Neapel, Kampanien, Kalabrien.

3. Von Tarent nach Brindisi (69 km in Richtung O auf der N.7; Alternativ dazu auch auf der Autobahn).

Sie verlassen Tarent (Città Nuova) über Via Mazzini und Via Battisti, denen die Straße N.7 folgt; Autobahn (Richtung Flughafen) bis *Grottaglie* benützbar; Sie fahren nahe am *Mare Piccolo* entlang. — 13 km: *S. Giorgio Ionico,* Marktflecken, der im 15. Jh. am Schnittpunkt mehrerer Straßen gegründet wurde.

9 km gegen S: **Pulsano** mit einer Festung aus dem 15. Jh. — 3 km gegen S: schöner Badestrand mit Campingplatz und Touristenunterkünften, inmitten eines Pinienhaines gelegen.

Von S. Giorgio nach Lecce: s. Hauptroute.

22 km: *Grottaglie,* Winzerort mit 20.000 Ew., hübsch am Abhang eines Hügels gelegen, berühmt durch seine Keramikindustrie. Die *Stiftskirche* wurde im Jahre 1379 erneuert, hat aber eine romanische Fassade mit schönem Portal bewahrt. *Schloß* aus dem 14. Jh., das später vergrößert wurde.

Zahlreiche Höhlen in der Umgebung des Ortes. In diese flüchteten sich Menschen, welche den Massakern während der Kriege zwischen Goten und Byzanz entgangen waren. Zum Teil handelt es sich um Naturgrotten, andere wurden künstlich angelegt; in einigen wurden Gottesdienste abgehalten.

36 km: **Francavilla Fontana,** Landstädtchen mit 28.000 Ew., am Schnittpunkt zahlreicher Straßen in 140 m Höhe an den Ausläufern der Murge gelegen. Das *Rathaus* befindet sich im ehemaligen *Kaiserlichen Palast,* der 1451 errichtet, im 16. Jh. vergrößert und 1730 umgebaut wurde. *Dom* mit Fassade aus dem 18. Jh. — 47 km: *Latiano.* — 55 km: Mesagne, Städtchen in 72 m Höhe. *Kastell* aus dem 11. Jh., das zum großen Teil wiedererbaut wurde. 69 km: **Brindisi.**

☞ **4. Von Tarent nach Bari** (87 km auf den Straßen N.7 und N.100). — Sie verlassen die Altstadt auf der Via Giuseppe Garibaldi. — 17 km r.: **Massafra,** hübsches Städtchen sehr alten Ursprungs mit 20.000 Ew., malerischer Anblick wegen der zahlreichen *Gravine* (Abgründe mit üppigem Pflanzenwuchs). Von der Höhe der beiden Steinbrücken, welche die zwei Ufer der *Gravina de S. Marco* verbinden, schöner Blick auf die Höhlenwohnungen, in deren Mitte Gruften (kleine christliche Tempel) gezogen wurden, deren Wände mit Fresken (9.—13. Jh.) geschmückt sind. Am Rande der Gravina de S. Marco ein *Schloß* aus dem 13. Jh. Sanktuarium der *Madonna della Scala* (im Hintergrund der gleichnamigen Schlucht), zu dem Sie auf einer Treppe mit 125 Stunden hinabsteigen; auf dem Hochaltar ein Fresko (Madonna mit Kind). Alljährlich am 3. Sonntag des Monats September das berühmte *Palio della Mezzaluna* genannte Volksfest. — 21 km: L. lassen Sie die Straße N.7 nach Matera und Neapel liegen., s. Blauer Führer Neapel, Kampanien, Kalabrien.
26 km: **Mottola;** *Kathedrale* aus dem 13. Jh. mit schönem Portal und Campanile aus dem 14. Jh. — 48 km: **Gioia del Colle,** Städtchen mit 30.000 Ew., Landwirtschafts- und Handelszentrum in 360 m Höhe. **Schloß* aus dem 12. Jh., im Jahre 1230 von Friedrich II. erneuert (schöner Hof mit gotischer Loggia). — 58 km Kreuzung: r. nach *Sammichele di Bari;* l. nach (8 km) **Acquaviva delle Fonti,** Ortschaft in 295 m Höhe mit *Kathedrale* aus dem 12. Jh., 1529—1594 im Renaissancestil verändert, romanische Stilelemente sind aber erhalten geblieben (auf dem Silberaltar die Madonna von Konstantinopel). — 66 km: *Casamassima* am Schnittpunkt mehrerer Straßen (großzügige Umfahrung). — 87 km: **Bari,** s. Rte 12.

15 — Der Gargano — Rundfahrt ab Foggia

Wie der Sporn am italienischen Stiefel unterbricht das Vorgebirge des ****Gargano** mit seinen weißen Steilabfällen die fast gerade Linie der adriatischen Küste. Es ist eine kleine Welt für sich, die früher einsam war; ein Kalkstein-Plateau mit vielen Höhlen und Klüften, bis 1.000 m hoch (Monte Calvo, 1.056 m) über dem Tavoliere, der ihn vom Apennin trennt. Das Meer hat seine Klippen ausgespült, Bögen und Wölbungen geformt, die wie monumentale Tore aus dem Wasser ragen. Denn das Meer gehört zu all seinen Landschaftsformen. Es schimmert in der Ferne hinter dem grünen dichten Wald von Umbra, ist beruhigender Hintergrund für die Heiden und mageren Matten, auf denen Schafe, Ziegen und schwarze Schweine weiden.
Es braucht also nicht zu verwundern, wenn diese Verschmelzung von Erde und Wasser dem Tourismus Auftrieb gegeben hat, aber er bleibt verhältnismäßig leise und paßt sich diesem Rahmen an. Das Gargano-Gebiet hat noch andere Möglichkeiten: Forstwirtschaft, Bauxit, Landwirtschaft in den Hochtälern.

Straßen: Rundfahrt, 236 km gegen NO.

☛ Sie verlassen Foggia (s. Rte 11, km 196) über die Via S. Lazzaro und folgen dann der Straße N.89, welche durch die Ebene des Tavoliere führt. — **20** km: Brücke über den Candelaro.
27 km: R. ****S. Leonardo,** ehemalige Deutschordenskomturei. Die **Kirche* aus dem 11. Jh. besitzt ein schönes ***Skulpturenportal** aus dem 13. Jh. an der Nordfassade; dreischiffiges Inneres mit Kuppel.
33 km: Straßenkreuzung; r. Straße nach Barletta (s. Rte 11, km 268).
36 km: L. **Siponto,** Gemeindeteil von Manfredonia (s. anschließend), an der Stelle des antiken *Sipontum* errichtet. Die Stadt wurde im 13. Jh. verlassen. R. an der Straße die Kirche ***S. Maria,* 1117 errichteter Bau im romanisch-orientalischen Stil mit Kuppel; prachtvolles *Skulpturenportal. Die Krypta wird von vier Pfeilern und zwölf Säulen getragen; auf dem Altar eine Madonna mit Kind byzantinischen Ursprungs. Neben der Kirche wurden Überreste einer frühchristlichen Basilika und von Katakomben entdeckt. An der anderen Seite der Hauptstraße der Badestrand und Pinienwald *Lido di Siponto.*
38 km: **Manfredonia,** Erzbischofssitz, Hafenstadt mit 54.000 Ew., am Fuße des Gargano am Ende des Golfes von Manfredonia gelegen, im Jahre 1256 von König Manfred von Sizilien, Sohn und Nachfolger Friedrichs II., gegründet. Kirche *S. Domenico* aus dem 13. Jh. mit schönem gotischen Portal. Das *Schloß* wurde im 13. Jh. unter Manfred begonnen und durch die Anjou beendet.

Ausflüge: 1. **Tremiti-Inseln: im Sommer regelmäßige Schiffsdienste dreimal wöchentlich (im Winter zweimal). Überfahrt in 6 Std.; Landungen in Vieste, Peschici und Rodi Garganico (s. Termoli, s. Rte 11).

2. Von Manfredonia nach Bellariva (65 km; schöner Ausflug in die Gargano-Kette mit ihren vielfältigen Landschaftsformen). — Zuerst 7 km auf der Straße N.89 in Richtung Vieste, dann nach l. in eine Nebenstraße biegen, die in Kurven gegen N ansteigt. Großartiger *Blick auf den Golf von Manfredonia bis zu der Murge und dem Vulture. — R. lassen Sie eine Straße in Richtung Mattinata liegen und gelangen darauf nach (16 km) ***Monte S. Angelo;** Stadt mit 18.380 Ew., Hauptort des Gargano-Massivs, in 796 m Höhe wundervoll auf einem Gebirgssporn gelegen, der von einem Schloß überragt wird, das Gebirge und das Meer beherrscht. Prachtvolles **Panorama.* Die Stadt hat sich altüberliefertes Brauchtum bewahrt; prachtvoll ist der Anblick alter Gassen, steiler Treppen und weißer Häuschen. Eine berühmte Wallfahrt zieht alljährlich eine Million Besucher an. Über *Via Manfredi, Via Tancredi, Corso Vittorio Emanuele* und *Via Basilica* gelangen Sie zum Stadtzentrum, der *Piazza della Basilica,* an der die bedeutendsten Bauwerke liegen.

Die ***Wallfahrtskirche S. Michele** erhebt sich vor einer Höhle, in welcher der Legende nach im Jahre 491 Hirten den Erzengel Michael gesehen haben; dieser soll ihnen seinen roten Mantel überlassen haben. Die Höhle war ursprünglich eine heidnische Kultstätte und wurde dann zu einem christlichen Wallfahrtsziel. Während des Mittelalters huldigten hier die Kreuzfahrer, bevor sie sich in Manfredonia ins Heilige Land einschifften, dem Erzengel.

Schöner achteckiger **Campanile* mit vier Stockwerken. Am Abschluß des Platzes die Fassade des Atriums, die aus zwei gotischen Arkaden gebildet ist; Portale mit Basreliefs aus dem 14. Jh. Sie steigen eine Treppe hinunter und kommen vor die Kirche, die aus der Regierungszeit Karls I. von Anjou stammt; Portal mit ***Bronzetür,* die 1076 in Konstantinopel gegossen wurde. Inneres mit gotischem Gewölbe aus dem 13. Jh. R. die *Grotte der Erscheinung des Hl. Michael* mit einer Statue des Erzengels (16. Jh.) auf dem Altar; l. vom Altar ein **Bischofsthron* aus dem 12. Jh. In der Vertiefung l. ein Marienaltar und ein wundertätiger Brunnen.

Dem Campanile gegenüber eine Treppe, die zur romanischen Kirchenruine *S. Pietro* hinunterführt. L. von der Apsis eine Tür zum ***Grab des Langobardenkönigs Rotharis** (wenden Sie sich an den Wärter; Trinkgeld); dieser seltsam verzierte Kuppelbau aus dem 12. und 13. Jh. ist aber wahrscheinlich eine ehemalige Taufkapelle.

R. von S. Pietro die Kirche *S. Maria Maggiore* aus dem Jahre 1198 mit pisanisch-romanischen Stileinflüssen (im Inneren Fragmente von byzantinischen Fresken aus dem 13. und 14. Jh.).

Sie gehen geradeaus gegen W weiter und kommen, auf der Anhöhe, zum **Schloß,* das von den Normannen errichtet und im 15. Jh. umgebaut wurde.

Nach Verlassen von Monte S. Angelo fahren Sie das Carbonara-Tal hinunter. — 22 km Straßenkreuzung: l. Straße nach (19 km) S. Giovanni Rotondo.

●⟶ 19 km nach **S. Giovanni Rotondo,** ein Landwirtschaftszentrum mit 19.630 Ew., in 566 m Höhe am Südabhang des Gargano, in nächster Nähe des Monte Calvo (1.056 m) gelegen. In der Altstadt die *Rotonda,* ehemalige Taufkapelle, deren Entstehungszeit unbekannt ist, und die Kirche

S. Onofrio (14. Jh.) mit schönem gotischem Portal. — 2 km gegen W das Kapuzinerkloster *S. Maria delle Grazie,* in dem *Padre Pio da Pietreicina* lebte; heute noch ist das Grab des stigmatisierten Wundertäters eine vielbesuchte Wallfahrtsstätte.
Wenn Sie gegen W über *S. Marco in Lamis* weiterfahren, stoßen Sie in *S. Severo* auf die Straße von Foggia nach Pescara (Beschreibung s. Rte 11).
Die Straße führt ansteigend durch eine Hochebene, an der sich Erdlöcher befinden, und gelangt in den prachtvollen grünen Waldtunnel der **Foresta d'Umbra* mit seinen herrlichen Buchen-, Kiefer- und Ahornbeständen. — Sie verlassen den Wald und fahren hinunter nach (56 km) *Vico del Gargano* in 440 m Höhe. Die Straße führt weiterhin in Windungen bergab. — 65 km: *Bellariva,* wo Sie wieder auf die Küstenstrecke von Foggia über Vieste nach S. Severo stoßen (s. anschließend).

Hinter Manfredonia führt die Straße N.89 an den Abhängen des Gargano hinauf (Oliven- und Mandelhaine). — **46** und **54** km: Abzweigungen von Straßen nach Monte S. Angelo (s. vorstehend). Hübsche Abfahrt nach (**58** km) **Mattinata,** Ortschaft, welche Ebene und Meer beherrscht.
Die Straße entfernt sich von der Küste, steigt und führt über einen Paß in 600 m Höhe; anschließend Abfahrt. — **99** km: R. (1 km) **Vieste,** 12.000 Ew., beliebtes Fremdenverkehrszentrum und Badeort. Zwischen zwei Stränden das in weißen Felsen gehauene große Fischerdorf mit seinen Gassen, die durch Treppen und Arkaden unterbrochen sind, überragt von einem *Kastell,* das unter Friedrich II. errichtet, aber im 16. und 17. Jh. umgebaut wurde.

Ausflüge. — 1. Grotta Campana (1 Std. mit dem Ruderboot), riesige, 47 m hohe Höhle, in die das Meer durch einen Gang fließt; prachtvolle Lichteffekte. **2. **Tremiti-Inseln** (s. Termoli, Rte 11).

Die Straße entfernt sich erneut vom Meer und führt durch stark hügeliges Gelände. — **123** km: **Peschici,** 3.800 Ew., auf einem Vorgebirge halb in den Felsen hineingebaut; wie Vieste ein aufstrebender Badeort. — **130** km: **Bellariva** mit Abzweigung der Straße nach Monte S. Angelo und Manfredonia (Beschreibung s. vorstehend).

138 km: **Rodi Garganico,** Obstbauzentrum, das malerisch an einem Vorgebirge im N des Gargano liegt. Ausflug zu den Tremiti-Inseln (s. Termoli, Rte 11). Die Straße entfernt sich vom Meer, führt durch Olivenhaine und umfährt den ausgedehnten *Lago di Varano,* der vom Meer durch eine kleine, *Isola* genannte Düne getrennt wird. — **159** km: *Cagnano Varano,* in 150 m Höhe am Abhang eines Hügels gelegenes Dorf.

181 km: **Sannicandro Garganico,** Städtchen in 224 m Höhe mit einem *Schloß* und, in der Umgebung, einigen Karsthöhlen. Die Straße steigt zum *Passo di Ingarano* (511 m) und führt dann bergab nach (194 km) *Apricena* (Ruine eines Schlosses Kaiser Friedrichs II. und Palast aus dem 17. Jh.); Sie stoßen auf den Tavoliere. — **207** km: *San Severo,* wo Sie auf die Hauptstraße N.16 von Pescara nach Foggia und die parallel verlaufende Autobahn A-14 stoßen. — **236** km: **Foggia,** s. Rte 11, km 196.

D. Anhang Auskunftsstellen und Öffnungszeiten

Im folgenden finden Sie die *Auskunftsstellen* der wichtigsten Fremdenverkehrsorte in der Region sowie die besonderen *Öffnungszeiten* der Sehenswürdigkeiten. Die Liste gibt außerdem die *Postleitzahlen* (PLZ) und *telephonischen Vorwahlen* (Tel. Vw.) der einzelnen Orte an.
Im Allgemeinen gelten die folgenden Zeiten:
Museen, Ausgrabungen, Sehenswürdigkeiten: tgl. außer montags 9–14 Uhr.
Kirchen: von den frühen Morgenstunden (Frühmesse) bis 12 Uhr, dann wieder ab 16 Uhr bis zur Abendmesse. Kleine Kirchen oder Kapellen haben oft nur für die Messen geöffnet. Der Mesner ist aber fast immer bereit, gegen ein kleines Trinkgeld auch auf Anfrage die Besichtigung zu ermöglichen. In den zwei Wochen vor Ostern werden traditionell die Bilder in den meisten Kirchen verhängt, seien Sie also nicht enttäuscht, wenn Ihnen die Besichtigung eines Kunstwerkes so nicht möglich ist.

Da in Italien die Öffnungszeiten nicht immer so eingehalten werden, wie es die zentrale Verwaltung wünscht, empfiehlt es sich, insbesondere, wenn eine Sehenswürdigkeit außerhalb einer größeren Stadt besichtigt werden soll, nähere Auskünfte entweder bei der angegebenen Informationsstelle oder im Hotel einzuholen.
Die Auskunftsstellen geben Ihnen auch die nötigen Informationen bei der Suche eines passenden Hotels.

Acquasanta Terme
PLZ 63 041, Tel. Vw. 07 36
Information: Via Salaria 2, Tel. 98 262

Alba Adriatica
PLZ 64 011, Tel. Vw. 08 61
Information: Viale Vittoria, Tel. 72 426

Ancona
PLZ 60 100, Tel. Vw. 0 71
Information: am Hauptbahnhof, Tel. 43 221; sonst Via Thaon de Revel 4, Tel. 33 249.

Nationalmuseum der Marken; 9–13 Uhr; im Sommer 10–19 Uhr; Mo. geschl.
Palazzo Bosdari mit Pinacoteca Civica und Galleria d' Arte Moderna: 10–19 Uhr im Sommer; sonst 9–13 Uhr; Mo. geschl.

Ascoli Piceno
PLZ 63 100, Tel. Vw. 07 36
Information: Via Trivio 1, Tel. 53 045
Städtische Gemäldegalerie: im Sommer 10–13 und 16.30–18.30 Uhr; im Winter 9–13 Uhr; an Feiertagen 10–12 Uhr.

Assisi
PLZ 06 081, Tel. Vw. 0 75
Information: Piazza del Comune 27, Tel. 81 24 50

Bari
PLZ 70 122, Tel. Vw. 0 80
Information: 29 Via Abate Gimma, Tel. 21 62 55
Archäologisches Museum: Mo.–Sa. 9–14 Uhr.
Kastell: tgl. außer Mo. 9–13 und 17–19 Uhr.
Pinacoteca: tgl. außer Mo. 9–13 und 17 bis 19 Uhr; So. 9–13 Uhr.

Barletta
PLZ 70 051, Tel. Vw. 08 83
Information: Piazza Roma, Tel. 31 373
Museum: tgl. außer Mo. 9–13 Uhr.

Bellaria
PLZ 47 041, Tel. Vw. 05 41
Information: Igea Marina – Via L. da Vinci, Tel. 44 108

Bibbiena
PLZ 52 011, Tel. Vw. 05 75
Information: Via Cappucci 2, Tel. 59 30 98

Brindisi
PLZ 72 100, Tel. Vw. 08 31
Information: Via Duomo 4, Tel. 26 862
Archäologisches Provinzmuseum: tgl. außer So. 8.30–13.30 Uhr; Di. und Fr. auch 16–20 Uhr.

Camerino
PLZ 62 032, Tel. Vw. 07 37
Information: Vico del Comune 4, Tel. 25 34

Canosa di Puglia
PLZ 70 053, Tel. Vw. 08 83
Städtisches Museum: Sonn- und feiertags 9–13 Uhr.

Castel San Pietro Terme
PLZ 40 024, Tel. Vw. 0 51
Information: Viale Terme 150, Tel. 94 14 57

Castiglione del Lago
PLZ 06 061. Tel. Vw. 0 75
Information: Tel. 95 32 29

Castel del Monte
(bei Andria): im Sommer 9–12 und 15–18 Uhr; im Winter 9–12 und 13–16 Uhr.

Cattolica
PLZ 47 033, Tel. Vw. 05 41
Information: Piazza Nettuno 1, Tel. 96 33 41

Cento
PLZ 44 042, Tel. Vw. 0 51
Pinacoteca: So. 10–13 Uhr.

Cervia
PLZ 48 015, Tel. Vw. 05 44
Information: Viale Roma 53, Tel. 71 781

Cesena
PLZ 47 023, Tel. Vw. 05 47
Biblioteca Malatestiana: Di.–Sa. 8.30–12.30 und 17.30–19 Uhr; Mo. 17–19 Uhr; im Winter 9.30–17.30 Uhr.

Cesenatico
PLZ 47 042, Tel. Vw. 05 47
Information: Viale Roma 112, Tel. 80 091

Chieti
PLZ 87 100, Tel. Vw. 09 84
Museum: tgl. außer Mo. 9–14 Uhr; im Sommer auch 16–19 Uhr; an Sonn- und Feiertagen 9–13 Uhr.

Cingoli
PLZ 62 011, Tel. Vw. 07 33
Information: Via Luigi Ferri 4, Tel. 61 24 44

Città di Castello
PLZ 06 012, Tel. Vw. 0 75
Information: Piazza Garibaldi 2, Tel. 85 34 17
Gemäldegalerie: 9–13 und 14–17.30 Uhr; So. nachm. geschl.

Civitanova Marche
PLZ 62 012, Tel. Vw. 0 73
Information: Via Santorre di Santarosa, Tel. 75 027

Cortona
PLZ 52 044, Tel. Vw. 05 75
Information: Via Nazionale 70, Tel. 63 190

Fabriano
PLZ 60 044, Tel. Vw. 07 32
Information: Piazza del Comune 42, Tel. 27 74
Gemäldegalerie: tgl. 10–12 und 16–19.30 Uhr; So. 11–12 Uhr.

Faenza
PLZ 48 018, Tel. Vw. 05 46
Information: beim Rathaus, Tel. 22 308
Pinacoteca: 9.30–12.30 und 14.30–16.30 Uhr; Sa. nachm. und So. geschl.
Museo delle Ceramiche: im Sommer 9.30–13 und 15.30–18.30 Uhr; im Winter 14.30–17 Uhr.

Falconara Marittima
PLZ 60 015, Tel. Vw. 0 71
Information: Via Cavour 3, Tel. 91 04 58

Fano
PLZ 61 032, Tel. Vw. 07 21
Information: Viale Cesare Battisti 10, Tel. 82 534
Stadtmuseum: 10–12 und 16–19 Uhr; an Feiertagen 10–12 Uhr; Mo. geschl.

Ferrara
PLZ 44 100, Tel. Vw. 05 32
Information: Largo Castello 22, Tel. 35 017
Casa di Lodovico Ariosto: 9–12 und 15–18 Uhr, Juli-Aug. 16–19 Uhr.
Castello Estense: 9.30–12.30 und 15–18 bzw. 14–17 Uhr im Winter; feiertags 9–13 Uhr; Mo. geschl.
Certosa: im Sommer Di., Do. und Sa. 7–12.30 und 14.30–18 Uhr; im Winter an den gleichen Tagen 8–12.30 und 14–16 Uhr.
Museo Spina, Archäologisches Museum: tgl. 9–14 und 16.30–19 Uhr; im Winter 9–14 Uhr; feiertags 9–14 Uhr, Mo. geschl.

Museum der Kathedrale: 10–12 und 15–17 Uhr; an Sonn- und Feiertagen geschl.
Palazzina di Marfisa: tgl. 9–12 und 15–18 Uhr; im Winter 10–12.30 und 14–17 Uhr; feiertags 9–12 Uhr: Mo. geschl.
Pinacoteca: tgl. 9–14 Uhr; Mo. geschl.
Städtisches Museum: 9.30–12.30 und 16–19 Uhr; So. 10–12 Uhr.

Fermo
PLZ 63 023, Tel. Vw. 07 34
Information: Piazza del Popolo 5, Tel. 23 205
Pinakothek: tgl. außer Mo. 10–12 und 17–20 Uhr; im Winter bis 19 Uhr.

Foggia
PLZ 71 100, Tel. Vw. 08 81
Information: Via Perrone 17, Tel. 23 650
Städtisches Museum: tgl. außer sonn- und feiertags 9–12 Uhr.

Foligno
PLZ 06 034, Tel. Vw. 07 42
Information: Via B. Cairoli 69, Tel. 50 493
Pinakothek: 10–13 und 16–19 Uhr; im Winter 9–12 und 14–16 bzw. 17 Uhr; an Feiertagen 9–12 Uhr.

Francavilla al Mare
PLZ 66 023, Tel. Vw. 0 85
Information: Piazzale Sirena, Tel. 81 169

Gabbice Mare
PLZ 60 011, Tel. Vw. 05 41
Information: Viale della Vittoria 41, Tel. 96 13 75

Gallipolli
PLZ 73 014, Tel. Vw. 08 33
Städtisches Museum: 10–12 und 15–17 Uhr.

Giulianova
PLZ 64 022, Tel. Vw. 0 85
Information: Via Galilei 18, Tel. 86 20 13

Gradara
PLZ 61 012, Tel. Vw. 05 41
Rocca: im Sommer unterschiedlich, im Winter 9–13.30 Uhr; feiertags 9–12.30 Uhr; Mo. geschl.

Gubbio
PLZ 06 024, Tel. Vw. 0 75
Information: Piazza Oderisi 6, Tel. 92 24 93
Museum und Gemäldegalerie: 9–13 und 15–17 Uhr; im Sommer bis 19 Uhr.
Palazzo Ducale: 9–14 Uhr, an Feiertagen 9–13 Uhr.

Iesi
PLZ 60 035, Tel. Vw. 07 31
Pinakothek: 9–12 und 16–18 bzw. 19 Uhr; am 1. und 3. Sa. von 10–12 Uhr.

Imola
PLZ 40 026, Tel. Vw. 05 42
Palazzo dei Musei, Museum und Pinakothek: 15. Juli – 30. Sept. 9–12.30 und 14.30–18 Uhr.

L'Aquila
PLZ 67 100, Tel. Vw. 08 62
Information: Via XX Settembre 8, Tel. 22 306
Nationalmuseum der Abruzzen: tgl. außer Mo. 9–14 Uhr; So. 10–14 Uhr.

Lecce
PLZ 73 100, Tel. Vw. 08 32
Information: Via Oberdan 36, Tel. 56 194
Provinzmuseum: tgl. außer Sa. 9–13.30 und 15.30–19.30 Uhr; sonn- und feiertags 9.30–13 Uhr.

Loreto
PLZ 60 025, Tel. Vw. 0 71
Information: Via G. Solari 3, Tel. 97 71 39
Palazzo Apostolico, Pinakothek: im Sommer 9–13 und 15–18 bzw. 19 Uhr; im Winter 9–13 Uhr; an Sonn- und Feiertagen 9–13 Uhr.
Santuario della Santa Casa, Schatzkammer: 9–12 und 16–18 Uhr; im Winter 9.30–12 und 15.30–17.30 Uhr.

Lucera
PLZ 71 036, Tel. Vw. 08 81
Stadtmuseum: 9–13 und 17–19 Uhr; sonn- und feiertags 9–12 Uhr.

Manfredonia
PLZ 71 043, Tel. Vw. 08 84
Information: Corso Manfredi 26, Tel. 21 998

Margherita di Savoia
PLZ 71 044, Tel. Vw. 08 83
Information: Via Principe Amadeo 2, Tel. 74 012

Martina Franca
PLZ 74 015, Tel. Vw. 0 80
Information: Piazza Roma 35, Tel. 72 27 02

Montefalco
Museum: 9–12.30 und 15.30–18.30 Uhr; an Feiertagen 9–12 Uhr.

Ortona
PLZ 66 026, Tel. Vw. 0 85
Information: Piazza della Repubblica 9, Tel. 91 28 41

Orvieto
PLZ 05 018, Tel. Vw. 07 63
Information: Corso Cavour 36, Tel. 35 562

Ostuni
PLZ 72 017, Tel. Vw. 08 31
Information: Via Continelli 52–58, Tel. 97 37 75

Otranto
PLZ 73 028, Tel. Vw. 08 36
Information: Via Basilica 12, Tel. 81 436

Perugia
PLZ 06 100, Tel. Vw. 0 75
Information: Corso Vannucci 96, Tel. 23 327
Begräbnisstätte der Volumner: 9–14 Uhr, So. 9–13 Uhr, Mo. geschl.
Collegio del Cambio: 9–12.30 und 14.30–17 oder 18 Uhr; an Sonn- und Feiertagen 9–12.30 Uhr; Mo geschl.
Dom, Dombaumuseum: 9–11.30 und 15.30–17.30 Uhr.
Galleria Nazionale dell'Umbria: 9–14 Uhr; Sonn- und Feiertage 9–13 Uhr; Mo. geschl.
Nationales Umbrisches Archäologie-Museum: 9–13.30 Uhr; Sonn- und Feiertage 9–13 Uhr; Mo. geschl.

Pesaro
PLZ 61 100, Tel. Vw. 07 21
Information: Via Mazzolari 4, Tel. 31 433
Archäologisches Museum und *Biblioteca Oliveriana:* im Sommer Mo.–Fr. 16–19 Uhr; Sa., So. und Feiertage 9.30–12.30 Uhr, im Winter auf Anfrage.

Geburtshaus Rossinis: 10–12 und 14–16 bzw. 16–18 Uhr; feiertags 10–12 Uhr.
Stadtmuseum: 9.30–13.30 und 16–19 Uhr oder 14–16.30 Uhr je nach Jahreszeit; So. nachm. und Mo. geschl.

Pescara
PLZ 65 100, Tel. Vw. 0 85
Information: Corso Umberto 44, Tel. 22 593
D'Aununzio-Museum: 9–13 und 15–18 Uhr; im Winter 9.30–16 Uhr; an Feiertagen 9.30–13.30 Uhr.

Pescasseroli
PLZ 67 032, Tel. Vw. 08 63
Information: Via Piave 32, Tel. 91 461

Pescocostanzo
PLZ 67 033, Tel. Vw. 08 64
Information: Piazza Umberto I, Tel. 66 140

Porto Recanati
PLZ 62 017, Tel. Vw. 0 71
Information: Corso Matteotti 111, Tel. 97 99 084

Porto San Giorgio
PLZ 63 017, Tel. Vw. 07 34
Information: Via Oberdan 8, Tel. 43 75

Putignano, Grotte von: 8–12 und 14 Uhr bis Sonnenuntergang.

Ravenna
PLZ 48 100, Tel. Vw. 05 44
Information: Piazza San Francesco 7, Tel. 36 129
Baptisterium der Arianer: 8–12 und 14–18 Uhr.
Basilika S. Apollinare in Classe: 7–12 und 14–19.30 Uhr; im Winter 8–12 und und 14–17 bzw. 18 Uhr.
Basilika San Vitale, Campanile: 8.30 bis (je nach Jahreszeit) 17 oder 20 Uhr; Eintritt frei.
Erzbischöfliches Palais: 9–12 und 14.30–17 bzw. 18 Uhr; feiertags 9–13 Uhr; Di. geschl.
Galleria dell'Accademia: 9–12 und 14.30 bzw. 15–17 bzw. 18.30 Uhr; So. 9–12.30 Uhr.
Grabmahl Dantes: 9–12 und 15–17 bzw. 19 Uhr.
Grabmahl Theoderichs: 8.30–12 und 14–18 bzw. 19 Uhr.
Museo Nazionale d'Antiquità: 9–12 und 14–17 Uhr; im Winter 9–14 Uhr; So. 9–12 Uhr; Mo. geschl.

Recanati
PLZ 62 019, Tel. Vw. 0 71
Pinacoteca: 9–13 Uhr; So. 9–12 Uhr; Mo. geschl.
Palazzo Leopardi, Bibliothek: 9–12 und 15/16–18/19 Uhr.
Rathaus mit Museum: 9–12 und 16–19 Uhr; feiertags 10–12 Uhr.
Wagenmuseum: 9–12 und 15–19 Uhr.

Riccione
PLZ 47 036, Tel. Vw. 05 41
Information: Piazzale Vicenzo Ceccarini 10, Tel. 41 047

Rieti
PLZ 02 100, Tel. Vw. 07 46
Information: Via Cintia 87, Tel. 45 102

Rimini
PLZ 47 037, Tel. Vw. 05 41
Information: Piazzale Indipendenza, Tel. 24 511

Riolo Terme
PLZ 48 025, Tel. Vw. 05 64
Information: Corso Matteotti 40, Tel. 71 044

Rivisondoli
PLZ 67 036, Tel. Vw. 08 64
Information: Piazza Municipio 2, Tel. 69 351

Roccaraso
PLZ 67 037, Tel. Vw. 08 64
Information: Viale Roma 60, Tel. 62 210

Roseto degli Abruzzi
PLZ 64 026, Tel. Vw. 0 85
Information: Piazza della Libertà 24–26b, Tel. 89 91 157

Rovigo
PLZ 45 100, Tel. Vw. 04 25
Information: Corso del Popolo 101, Tel. 22 835
Pinacoteca dei Concordi: tgl. 10–12 und 16–19 Uhr; Sa., So. 10–12 Uhr.

San Benedetto del Tronto
PLZ 63 039, Tel. Vw. 07 35
Information: Viale C. Colombo 3, Tel. 22 37

San Giovanni Rotondo
PLZ 71 013, Tel. Vw. 08 82
Information: Piazza Europa 104, Tel. 85 62 40

San Marino
PLZ 47 031, Tel. Vw. 05 41
Information: Palazzo del Turismo, Tel. 99 21 02
Museo e Pinacoteca Governativi: 9–12.30 und 14.30–19 Uhr, die Eintrittskarte dient für alle Museen und Denkmäler der Stadt.

San Salvatore
Kirche San Salvatore: 9–12 und 14–17 bzw. 19 Uhr.

S. Severio Marche
PLZ 62 027, Tel. Vw. 07 33
Archäologisches Museum: 15.30–18.30 Uhr; feiertags auch 10–12.30 Uhr; Mo. geschl.

Sansepolcro
Gemäldegalerie: 10–13 und 15–18 Uhr.

Senigallia
PLZ 60 019, Tel. Vw. 0 71
Information: Piazza Morandi, Tel. 64 844

Spoleto
PLZ 06 049, Tel. Vw. 07 43
Information: Piazza della Libertà 7, Tel. 28 111
Galeria d'Arte Moderna: 10–13 und 15–18 Uhr.
Städtische Galerie: 9–12 und 16–20 Uhr; im Winter 9–13 und 15–17 Uhr; Di. geschl.

Tarent
PLZ 74 100, Tel. Vw. 0 99
Information: Corso Umberto 115, Tel. 21 233

Termoli
PLZ 86 039, Tel. Vw. 08 75
Information: Piazza Stazione 21, Tel. 27 54

Terni
PLZ 05 100, Tel. Vw. 07 44
Information: Via C. Battisti 5, Tel. 41 42 67

Todi
PLZ 06 059, Tel. Vw. 0 75
Information: Via Mazzini 19, Tel. 88 33 95
Museum: 9–12 und 16–18 Uhr; imWinter 10–12 und 15–18 Uhr; an Feiertagen 10–12 Uhr.

Tolentino
PLZ 62 029, Tel. Vw. 07 33
Information: Piazza della Libertà 17, Tel. 91 530

Trani
PLZ 70 059, Tel. Vw. 08 83
Information: Corso Cavour 83, Tel. 41 126

Urbino
PLZ 61 029, Tel. Vw. 07 22
Information: Piazza del Rinascimento 1, Tel. 26 13
Geburtshaus Raffaels: 9–13 und 15–19 Uhr, 11–17 Uhr im Winter; an Feiertagen 9–13 Uhr.
Nationalgalerie der Marken: tgl. außer Mo. 9–19 Uhr; sonn- und feiertags 9–13 Uhr.
S. Giovanni Battista: 10–12 und 15–17 Uhr.

Vasto
PLZ 66 054, Tel. Vw. 08 73
Information: Piazza del Popolo 18–20, Tel. 23 12

Vieste
PLZ 71 019, Tel. Vw. 08 84
Information: Piazza S. M. delle Grazie 8, Tel. 78 755

Register

I. FERRARA
0
100
200
300 m
Autostrada km 6
B
C
1
2
3
4
A
Autostrada km 8-Bologna km 47
Viale Po
V.le Belvedere
Largo Barriere
Casa di L. Ariosto
Corso Porta Po
V.le d. Costituzione
Via del Lavoro
Staz. F.S.
Viale Cavour
Via Cittadella
Via IV Novembre
Via Poledrelli
Strada S. Giacomo
Arturo Cassoli
Campo Sportivo
C.o Vitt. Veneto
Corso Isonzo
Via Aldighieri
Posta e T.
V.le IV
Via Piave
Viale IV Novembre
P.za XXIV Maggio
Via Garibaldi
P.za Sacrati
Via Darsena
Canale di Burana
Via Boccacanale
Via Ripagrande
Via Piangipane
Strada
Via Ippolito d'Este
Darsena
Via Darsena
Argine Ducale
Porta Reno
Via Foro Boario
Via Bologna
Via Gobetti
Ippodromo
Staz. Porta Reno

D
E
F
Certosa
P.za Borso
Aria Nuova
Cimitero Israelitico
Viale degli Angeli
Parco Massari
Borso
Via
d'Este
Rossetti
Pal. Sacrati
Corso
Porta Mare
Pal. dei Diamanti
Pal. Turchi di Bagno
Leoni
Pal. Bevilacqua
P.za Ariostea
Porta Mare
P.le S. Giovanni
Ercole I
Pal. Rondinelli
Via Armari
Borgo
Via Palestro
Montebello
Mortara
Rampari S. Rocco
Via Caldirolo
C.o
P.za T. Tasso
Via
C.I.T.
V. Bovelli
Cast. Estense
P.za S. Anna
Pal. Roverella
Via
Via
Via
C.o Martiri d. Libertà
S. Maria d. Teatini
Tel.
Pal.
Corso d. Giovecca
Cattedrale
V. Bersaglieri d. Po
Via Voltapaletto
Trento Trieste
Porta Reno
Romano
Via Mazzini
Via Terra Nuova
S. Francesco
Università
V. Savonarola
Via U. Bassi
Via Scienze
V. Saraceno
Casa Romei
Palazzina di Marfisa
Via delle Volte
Corpus Domini
P.le Medaglie d'Oro
P.za G. Verdi
Via Borgo di Sotto
Via Madama
Teatro Verdi
Carlo Mayr
Via Porta S. Pietro
Pal. Schifanoia
S. Maria in Vado
Via Scandiana
Vado
Sabbionario
Viale Alfonso I.o d'Este
Caldirolo
Via XX Settembre
Borgo
Via C. Mayr
Via Campo
Viale
Montagnone
S. Antonio in Polesine
Palazzo di Ludov. il Moro (Museo Arch.)
V. Porta d'Amore
Casa di B. Rossetti
Via
Viale Puttinati
Volano
V. Quartiere
P.za Romana
Po di Volano
1
2
3
4
Pompose km 49
Ravenna km 73 - Comacchio km 56

II. RAVENNA
0 100 200 m
A
B
C
1
3
4
Autostrada km 4
Bologna km 75 - Ferrara km 73
Forlì km 28
Via L. Antonelli
Via Lovatelli
Via Rotta
San Gaetanino
Circonvallazione
Via Vallona
Via Maggiore
Mausoleo di Galla Placidia
S. Vitale
Museo Naz.
Via San Vitale
V. Fanti
Via Salara
Via Ponte Marino
P.ta Adriana
P.za Baracca
Via Cavour
A. A.
Via Barbiani
Vle Baracca
Via M. D'Azeglio
V. Pasolini
S. Domenico
Via IV Novembre
Pal. Rasponi d. Teste
Pal. Comunale (Municipio)
Cairoli
Circonv. Fiume Montone abbandonato
Via degli Spreti
V. Cura
Via Oberdan
P.za Kennedy
Tel.
Pal. Rasponi - Murat
Via Guerrini
P.za Duomo
Battistero
Via P.ta Aurea
Duomo
P.za Arcivescov.
Arcivescovado (Museo)
Via A. De Gasperi
Biblioteca Classense
V. Belfiore
Via Porta Aurea
P.ta Aurea
Circonvallazione al Molino
P.za D'Annunzio
V. Baldini
Via Corti alle
Via Missiroli
Via B. Nigrisoli
Via Piave
Via

lberto km16
E
F
Chióggia km 95
Mausoleo di Teodorico
Via delle Industrie
Via Salona
Circonv. Rotonda
Circonvall. Rotonda
Rocca di Brancaleone
Via Rocca Brancaleone
P.za Serrata
Via di Roma
Via S. Alberto
Via Antico Squero
Canale Candiano
Via d'Alaggio
Via Darsena
Rossi
Girolamo
Alighieri
S. Giovanni Battista
Via Ugo Bassi
V. Maroncelli
Stazione F.S.
P.za Mameli
P.za Farini
Spirito Santo
P. Costa
Battistero d.Ariani
Viale Farini
S. Giovanni Evangelista
Via A. Diaz
Via G. Carducci
V.le Pallavicini
Teatro Alighieri
P.za Garibaldi
Via A. Mariani
S.Apollinare Nuovo
Via Trieste
Via T. Gulli
P.za Stadio
Marina di Ravenna km13
Tomba di Dante
S. Francesco
Pal.di Teodorico
Via Alberoni
E.P.T.
Via Guaccimanni
Via Oria
Circonvallaz. alla Piazza d'Armi
Ippodromo
S. Maria in-Porto
Giardino Pubblico
Galleria d. Accademia
Viale Baldini
Viale Santi
S. Agata Maggiore
V. Cerchio
Via Cerchio
Via G. Mazzini
Via G.Pascoli
Accademia di Belle Arti
Tennis
P.ta Cesarea
P.ta Mamante
P.ta Sisi
V. Molinetto
Via Monfalcone
Circonv. al Molinetto
Via R. Ricci
Via R. Serra
1
2
4
utostrada km23-Forlì km27
S.Apollinare in Classe km5
Cesena km31-Rimini km52
F

III. FAENZA
0 100 200 m
A
B
C
1
2
3
Autostrada km 5 - Ravenna km 31
Bologna km49
Bologna
Firenze km103
Forlì km 15
Forlì
Staz.F.S.
P.za C.Battisti
Via Ant. Laghi
V. Roma
V. Ravegnana
Cavalcavia
Viale Baccarini
V. Oriani
Via G. Mameli
Via Zambrini
Via Agostino Tolosano
Campo Sportivo
Viale IV Novembre
P.za Sercognani
V. Oriani
C.o Garibaldi
Corso
Via A.Manzoni
Museo delle Ceramiche
Via Maioliche
Giuseppe Mazzini
P.za S.Domenico
V. Campidori
V. Naviglio
Corso Garibaldi
V.le d. Ceramiche
P.za S.Francesco
Via G.da Oriolo
P.za d.Rocca
C.o Baccarini
Via XX Settembre
Viale Stradone
Nuovo Seminario
Via Cavour
Via S.M. dell'Angelo
Pinacoteca
Via Zanelli
Tel.
P.za d. Libertà
Cattedrale
P.za XI Febbraio
Via Ponte Romano
Munic.
V. Severoli
P.za d.Popolo
P.za Martiri d. Libertà
Corso A. Saffi
S.Maria Vecchia
Posta e T.
Via G. Castellani
Matteotti
P.za S. Agostino
P.za S.Lucia
Corso
P.za A.Fratti
F. Lamone
P.za Lanzoni
Mura Diam. Torelli
Via d. Renaccio
Lapi
Viale Diaz
Viale G. Marconi
V.le Piave
V. Batticuccolo
Mura d. Gioco d. Pallone
Via Angelo

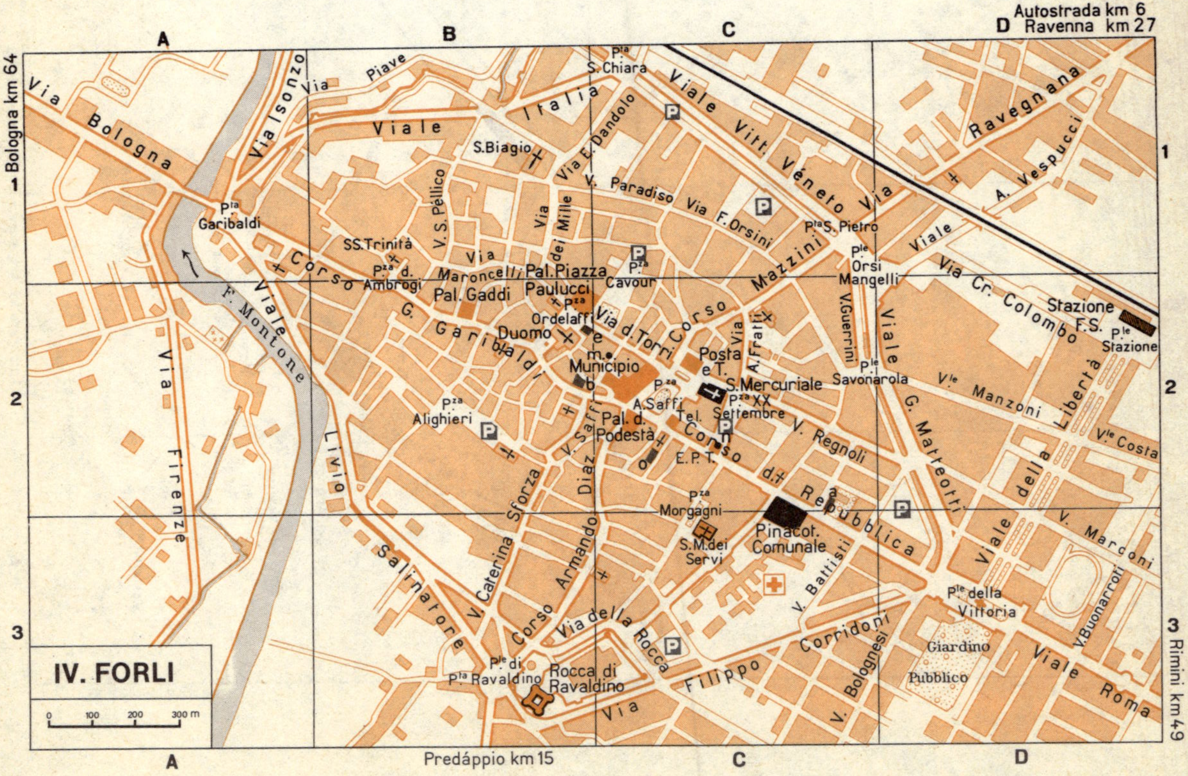

Autostrada km 6
Ravenna km 27
Bologna km 64
Rimini km 49
Predáppio km 15
A
B
C
D
1
2
3
IV. FORLI
0
100
200
300 m
Via Bologna
Pta Garibaldi
Via Isonzo
Via Piave
Viale Italia
Pta S. Chiara
Viale Vitt. Véneto
S.Biagio
Via E. Dandolo
V. Paradiso
Via F. Orsini
Via dei Mille
V. S. Pellico
SS.Trinità
Pza d. Ambrogi
Corso
Via Maroncelli
Pal. Piazza Paulucci
Pal. Gaddi
Pza Cavour
Pza Ordelaffi
G. Garibaldi
Duomo
Via d. Torri
Municipio
Corso Mazzini
Pta S. Pietro
Ple Orsi Mangelli
Via Cr. Colombo
Stazione F.S.
Ple Stazione
Ravegnana
A. Vespucci
V. Guerrini
Ple Savonarola
Via A. Fratti
Posta e T.
S. Mercuriale
Pza XX Settembre
Pza A. Saffi
Tel.
Pal. d. Podestà
V. Saffi
Pza Alighieri
Viale F. Montone
Via Firenze
Livio
Salinatore
V. Caterina Sforza
Diaz
Corso Armando
Corso
E.P.T.
V. Regnoli
Corso d. Repubblica
Pza Morgagni
S. M. dei Servi
Pinacot. Comunale
Viale G. Matteotti
Vle Manzoni
Viale della Libertà
Vle Costa
V. Marconi
V. Battisti
Corridoni
V. Bolognesi
Via Filippo
Via della Rocca
Ple di Ravaldino
Pta Ravaldino
Rocca di Ravaldino
Ple della Vittoria
Giardino Pubblico
V. Buonarroti
Viale Roma

A
B
C
1
3
Viserba km 5
Autostrada km 11 - Bologna km 113 - Ravenna km 52
Sansepolcro km 92
Autostrada km 4 - S. Marino km 27 Pésaro km 35
Via Toscanelli
RIVABELLA
Via Adige
Scaricatore del F. Marécchia
Via Zavagli
Carlo
S. GIULIANO A MARE
Viale Ortigara
an
am
k
Via G. Briolini
Via Lucio Lando
Via Coletti
Traghetto per la Iugoslavia
Largo Boscovich
Aquarium
V.le C. Colombo
Lungo
Canale
Porto
Via sinistra del Porto
Via destra del Porto
rg
V. F. Gioia
Capitan. di Porto
p
g
Parc Indipend
A.A.
Via Baldini
rh
Viale Amedeo
Principe
Via Spica
Viale Mantegazza
Viale Nazario
Viale
Via Sacramora
P.za Gramsci
Via G. Matteotti
Viale Tiberio
S. Giuliano
Via Marécchia
F. Marécchia
P.le di Tiberio
V.le Rodi
V. Savonarola
Via Graziani
Via d. Mille
Via Gambalunga
Via
P.le Carso
Monfalco
P.le Ces. Battisti
Staz. F.S.
E.P.T.
ba
ra
Via Roma
Via Dante
Corso d'Augusto
Corso Umberto
P.za Ferrari
a
Staz. Autolinee
rb
Via Roma
Occidentale
Pal. Comun. (Munic.)
Bibl. Civica
Tel.
Pal. dell'Arengo
P.za Cavour
Via Augusto
V. Malatesti
V. Tempio
Via IV Novembre
V. Clementini
Via Aponia
b
P.za Malatesta
rc
Castel Sigismondo
Via Cairoli
S. Agostino
Via Campana
Circonvallazione
P.za Tre Martiri
Tempietto di S. Antonio
Tempio Malatestiano
Anfiteatro
Castelfidardo
Bastioni Orientali
Via Garibaldi
V.le Valturio
Via Montefeltro
P.za Mazzini
C.o d'Augusto
Via S. Chiara
Posta e T.
Arco d'Augusto
Bastioni Occidentali
Via Lavatoio
Via A. Saffi
Circonvallazione Mer.
Via Tri

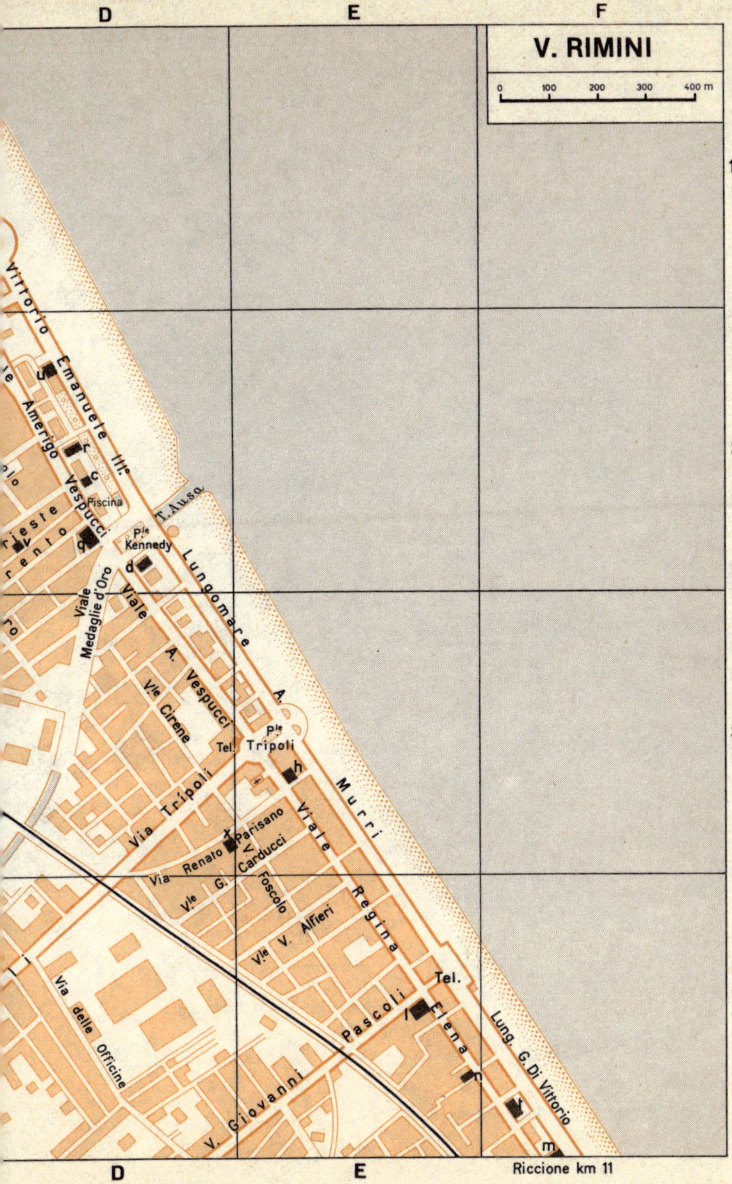
V. RIMINI
0
100
200
300
400 m
D
E
F
1
2
3
4
Vittorio Emanuele III°
Amerigo Vespucci
Piscina
T. Ausa
P.le Kennedy
Lungomare A. Murri
Viale Medaglie d'Oro
Viale A. Vespucci
V.le Cirene
Tel.
P.le Tripoli
Via Tripoli
Parisano
Via Renato
V. Carducci
V.le G.
Foscolo
Viale Regina Elena
V.le V. Alfieri
Pascoli
Lung. G. Di Vittorio
Via delle Officine
V. Giovanni
u
r
c
q
d
h
x
l
n
v
m
Riccione km 11

A
B
C
1
2
4
Panoramica per Gabicce
Autostrada km 8 - Urbino km 36 - Rimini km 35
Calata Caio Duilio
Viale Napoli
Viale Gorizia
Viale Monfalcone
Viale Trieste
Viale Trento
Viale Fiume
Viale della Repubblica
Viale Cesare Battisti
Viale G. Marconi
Viale dei Partigiani
Via Cecchi
Lungofoglia G. Caboto
V. Agostini
Via Canale
Via Morosini
P.za Doria
Via Mameli
Via Cavour
V. Luca D. Robbia
Via Bertozzini
P.le d. Innocenti
V. Marsala
P.le I° Maggio
V. Tortora
S. Agostino
Via Castelfidardo
Musei Civici
Corso XI Settembre
Largo Martiri
Orti Giuli
Via Belvedere
Via Mazzini
Nome di Dio
E.P.T. e A.A.
Rossini
Casa di Rossini
Pal. Ducale
Via Cairoli
Mazza
Museo Archeologico
S. Giov. Batt.
Via Sabbatini
Conservat. Rossini
P.za Olivieri
P.za d. Popolo
Municip.
Via S. Francesco
Posta e T.
Via Branca
P.le Matteo
Viale della Liberazione
Via Passeri
P.le Cinelli
Via Oberdan
P.le Albani
Teatro Rossini
P.za Lazzarini
Via G. Bruno
Via Abbati
Via Gramsci
Via A. Ma
P.le Garibaldi
Via XI Febbraio
V.le Risorgimento
Staz. F.S.
Viale XXIV Maggio
Via Miralfiore
Via N. Bixio
Via V. Monti
P.le Carducci
Via S. Decenzio

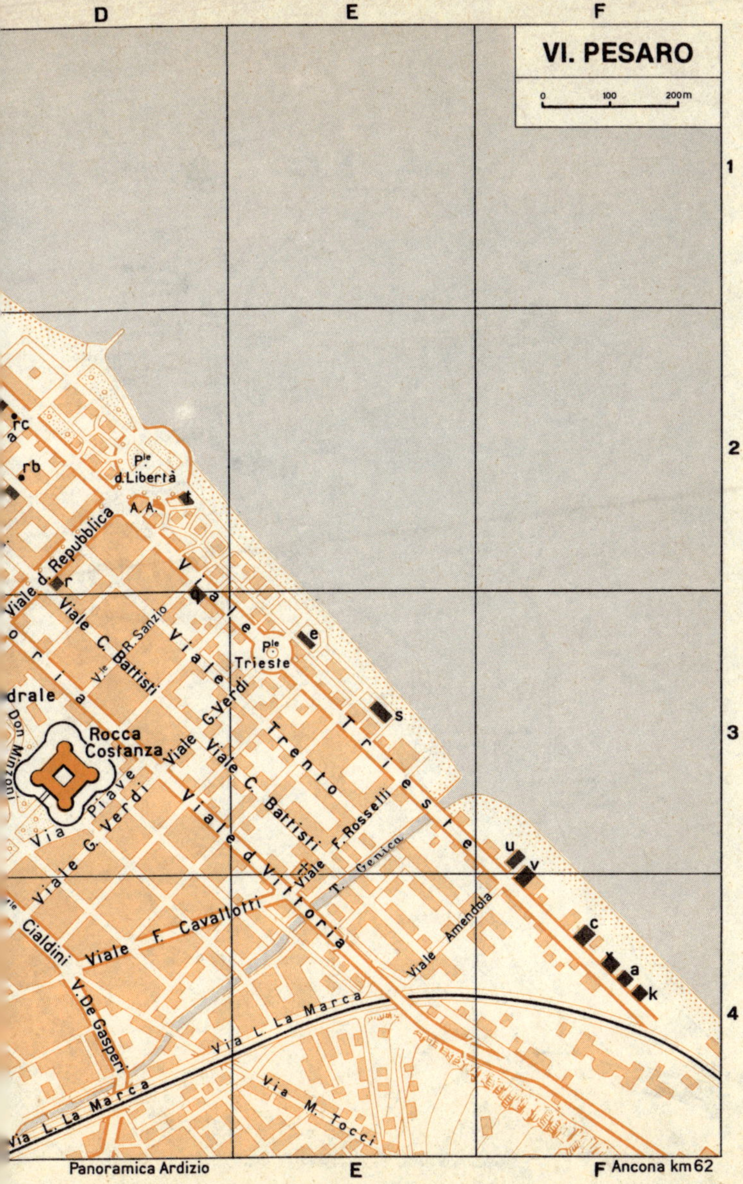
VI. PESARO
0
100
200 m
D
E
F
1
2
3
4
rc
rb
P.le d. Libertà
A.A.
Viale d. Repubblica
r
Viale
e
P.le Trieste
Viale C. Battisti
V.le R. Sanzio
Viale G. Verdi
Trento
Trieste
s
drale
Don Minzoni
Rocca Costanza
Via Piave
Viale G. Verdi
Viale C. Battisti
Viale d. Vittoria
Viale F. Rosselli
T. Genica
u
v
c
t
a
k
Viale Amendola
Cialdini
Viale F. Cavallotti
V. De Gasperi
Via L. La Marca
Via M. Tocci
Panoramica Ardizio
E
F
Ancona km 62

A
B
C
1
2
3
4
Arco Clementino
Arco di Traiano
Monte Guasco
S.Ciriaco (Duomo)
Via Giovanni XXIII
Anfiteatro Rom
Pal. d.Senato
Museo Nazionale
Faro
Banchina
Lungomare
Pal. d. Anziani (Università)
P.za Stracca
Gesù
Capitaneria di Porto
Porto
Stazione Marittima
A.A.
S.M. d.Piazza
Via Vanvitelli
Via Pizzecolli
Pal. Bosdari
S.Francesco d.Scale
Via Fanti
S.Pietro
Traghetti per la Iugoslavia
Loggia d.Mercanti
Via d. Loggia
N. Sauro
Prefettura
Arco Ferretti
P.za Plebiscito
P.za Repubblica
S.Domenico
Fontana Calamo
SS.Sacramento
S.Agostino
P.za Kennedy
Corso G. Mazzini
Corso G. Garibaldi
Corso Stamira
Tel.
P.za Roma
Via Matteotti
V. Goito
V.Carducci
Airterminal
P.za Stamira
C.I.T.
Via XXIX Settembre
Via E. Cialdini
Via F. Podesti
Via Torrioni
Via Montebello
Simeoni
P.le Pia
Mole Vanvitelliana (ex Lazzaretto)
P.za Da S. Gallo
Cittadella
Via S. Stefano
Via Vittorio Veneto
Fiera Internazionale d.Pesca e Sports Nautici
Mercato Ittico
Via Guglielmo Marconi
Via Sanzio
Via Raffaello
Via Giamb. Pergolesi
P.za S. Stefano
Via di Circonvallazione
P.za Ripulsa
Via Filippo Marchetti
Via De Gasperi
V. De Gasperi
Corso Carlo Alberto
Via G. Bruno
Mercato
Staz. F.S.
E.P.T.
P.za Rosselli
P.le Europa
V. Martiri della Resistenza
Via del Canale
Rimini km 106 Autostrada km 15
Autostrada km 13 - Pescara km 151
100

VII. ANCONA
0 100 200 300 m
D
E
F
1
2
3
MARE
ADRIÁTICO
M.Cardeto
102
100
Strada Panoramica
Via Monte Grappa
Via Cadore
Matteotti
L.go Cappelli
Corso Giovanni Amendola
P.za Don Minzoni
C. Battisti
Via Francesco Rismondo
Stadio Comunale
Via Enrico Toti
Ascensore
P.za IV Novembre
PASSETTO
Monumento ai Caduti
Munic.
L.go XXIV Maggio
Posta e T.
Via Giannelli
V. Orsi
V. Vecchini
Viale della Vittoria
Via
P.za Diaz
Via Piave
Via Trieste
Via Isonzo
Podgora
V. Tagliamento
V. Thaon de Revel
A.A.
Via S. Margherita
Risorgimento
Veneto
Via Rodi
Parco Comunale
Circonvallazione
Borgo Rodi
100
M. Pulito
141
Via del Conero
XXV Aprile
P.T.
97
M. Marino
150
Numana km 21
Numana km 21

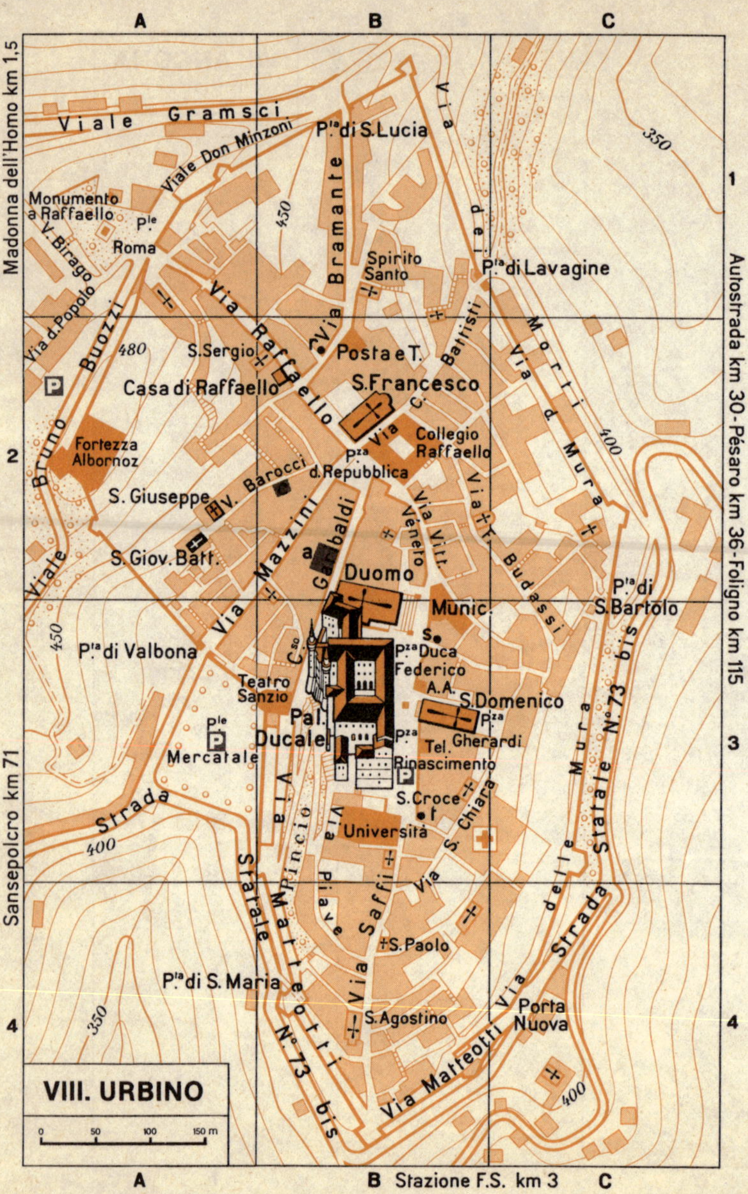
A
B
C
Madonna dell'Homo km 1,5
Viale Gramsci
Viale Don Minzoni
P.ta di S.Lucia
Via Bramante
Via dei Morti
Monumento a Raffaello
P.le Roma
V. Birago
Via d. Popolo
Spirito Santo
P.ta di Lavagine
Via Raffaello
S.Sergio
Posta e T.
Via C. Battisti
Via d. Mura
Casa di Raffaello
S.Francesco
Bruno Buozzi
Fortezza Albornoz
Collegio Raffaello
P.za d.Repubblica
V. Barocci
S. Giuseppe
Via Mazzini
Via Garibaldi
Via Veneto
Via Vitt.
Via T. Budassi
S. Giov. Batt.
Duomo
Viale
Munic.
P.ta di S.Bartolo
P.ta di Valbona
C.so
P.za Duca Federico
A.A.
Teatro Sanzio
S.Domenico
P.za Gherardi
Pal. Ducale
P.za Rinascimento
Tel.
P.le Mercatale
Strada
S.Croce
Via S. Chiara
Via Pincio
Università
Statale N.73 bis
Mura
Via Saffi
Via Piave
Via delle Mura
Strada Statale N.73 bis
S.Paolo
P.ta di S.Maria
Via Matteotti
S.Agostino
Porta Nuova
Via Matteotti
350
400
450
480
1
2
3
4
Sansepolcro km 71
Autostrada km 30 - Pésaro km 36 - Foligno km 115
Stazione F.S. km 3
VIII. URBINO
0
50
100
150 m

IX. L'AQUILA
A
B
C
1
2
3
4
Strada Statale N° 17 bis
Rieti-Teramo
Fonte Cerreto km 21-Pópoli km 48
Autostr. km 3-Rieti km 58-Teramo km 73
Pópoli km 48
Piscina
Stadio
Tennis
Castello (Museo Naz.)
Parco d. Castello
S. Basilio
S. Silvestro
Via Porcinari
Via degli Abruzzi
Viale d. Gran Sasso d'Italia
V.le di Porta Paganica
Via Garibaldi
S. Pietro di Coppito
S. Domenico
Università
S. Pietro di Sassa
P.za Angioina
Pal. Franchi
S. M. Paganica
E.P.T.
P.za Margherita
Via Castello
P.za Castello
Via d. Soccorso
Municipio
Teatro Comun.
Uffici Comunali
Quattro Cantoni
S. Bernardino
Via di S. Bernardino
9 Martiri
Museo di Speleologia
S. Giuseppe
S. Maria di Róio
Duomo
P.za d. Duomo
Posta e T.
Suffragio
S. Marciano
S. Marco
Prefettura
Amm. Provinc.
Pal. Centi
S. Giusta
P.za Bazzano
Via Fortebraccio
Via Strinella
Villa Comunale
Via Rendina
Viale di Collemaggio
P.za di Collemaggio
S. Maria di Collemaggio
Viale Francesco Crispi
Via G. D'Annunzio
Via XXIV Maggio
Via Corridoni
P.za Nápoli
Strada Statale N° 17
Via XX Settembre
Via Porta Bazzano
Largo Bariscianello
S. Flaviano
0 100 200m

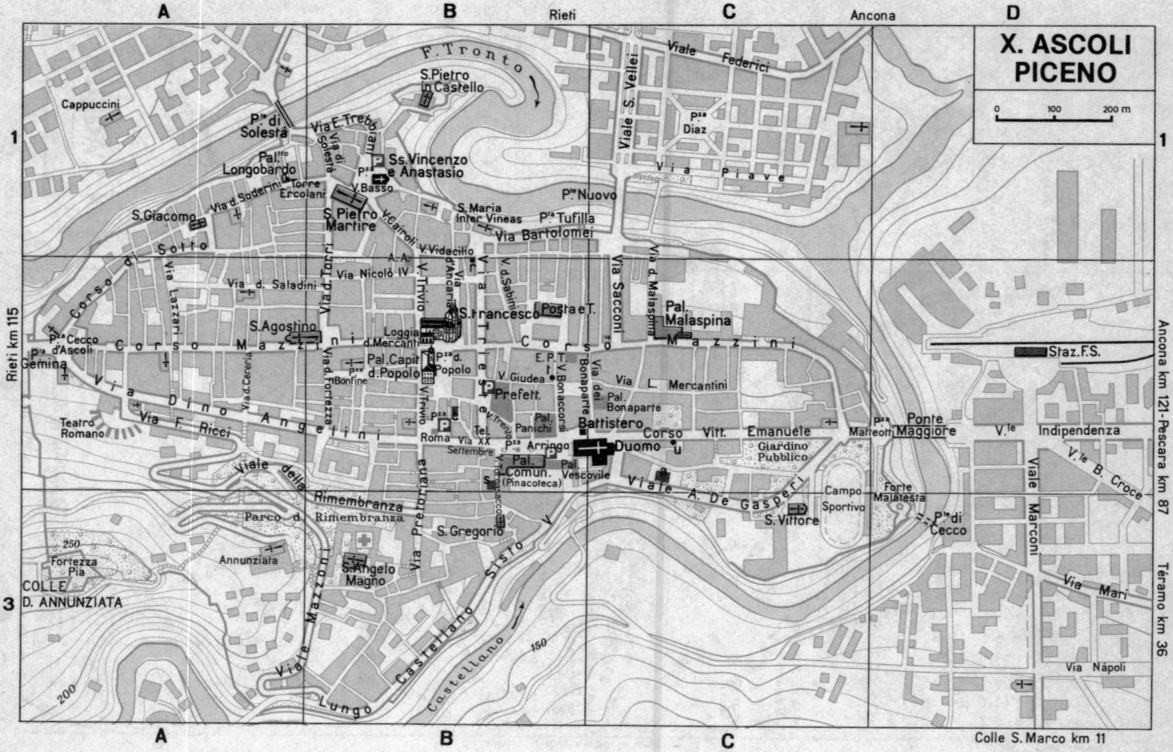
X. ASCOLI PICENO
0 100 200 m
A
B
C
D
1
3
Rieti
Ancona
Rieti km 115
Ancona km 121-Pescara km 87
Téramo km 36
Colle S. Marco km 11
F. Tronto
S.Pietro in Castello
Cappuccini
P.te di Solestà
Via E. Trebbiani
Via di Solestà
Pal.tto Longobardo
Torre Ercolani
Via d. Soderini
Ss. Vincenzo e Anastasio
V. Basso
S. Pietro Martire
S. Giacomo
Sotto
Corso di
S. Maria Inter Vineas
P.te Nuovo
P.te Tufilla
Via Bartolomei
V. Cairoli
V. Vidacilio
A.A.
Via Nicolò IV
Via d. Torri
V. Trivio
Via d'Ancaria
Via Trieste
V. d. Sabini
Via d. Saladini
Via Lazzari
S. Agostino
S. Francesco
Posta e T.
Loggia d. Mercanti
Pal. Capit.
P.za d. Popolo
P.za Bonfine
Via d. Fortezza
Via d. Cereria
P.za Cecco d'Ascoli
P.ta Gemina
Corso Mazzini
Via Dino Angelini
Via F. Ricci
Teatro Romano
Viale S. Vellei
Viale Federici
P.za Diaz
Via Piave
Via Sacconi
Via d. Malaspina
Pal. Malaspina
E.P.T.
V. Giudea
V. Bonaccorsi
Prefett.
Via dei Bonaparte
Pal. Bonaparte
Via L. Mercantini
Pal. Panichi
Battistero
Duomo
Corso Vitt. Emanuele
P.za Roma
Tel.
Via XX Settembre
V. Trento
P.za Arringo
Pal. Comun. (Pinacoteca)
Pal. Vescovile
Giardino Pubblico
Viale A. De Gasperi
S. Vittore
Campo Sportivo
Forte Malatesta
P.za Matteotti
Ponte Maggiore
P.te di Cecco
Viale della Rimembranza
Parco d. Rimembranza
Via Pretoriana
S. Gregorio
Fortezza Pia
COLLE D. ANNUNZIATA
Annunziata
S. Angelo Magno
Viale Mazzoni
Lungo Castellano Sisto V
Castellano
150
200
250
Staz. F.S.
V.le Indipendenza
V.le B. Croce
Viale Marconi
Via Mari
Via Napoli

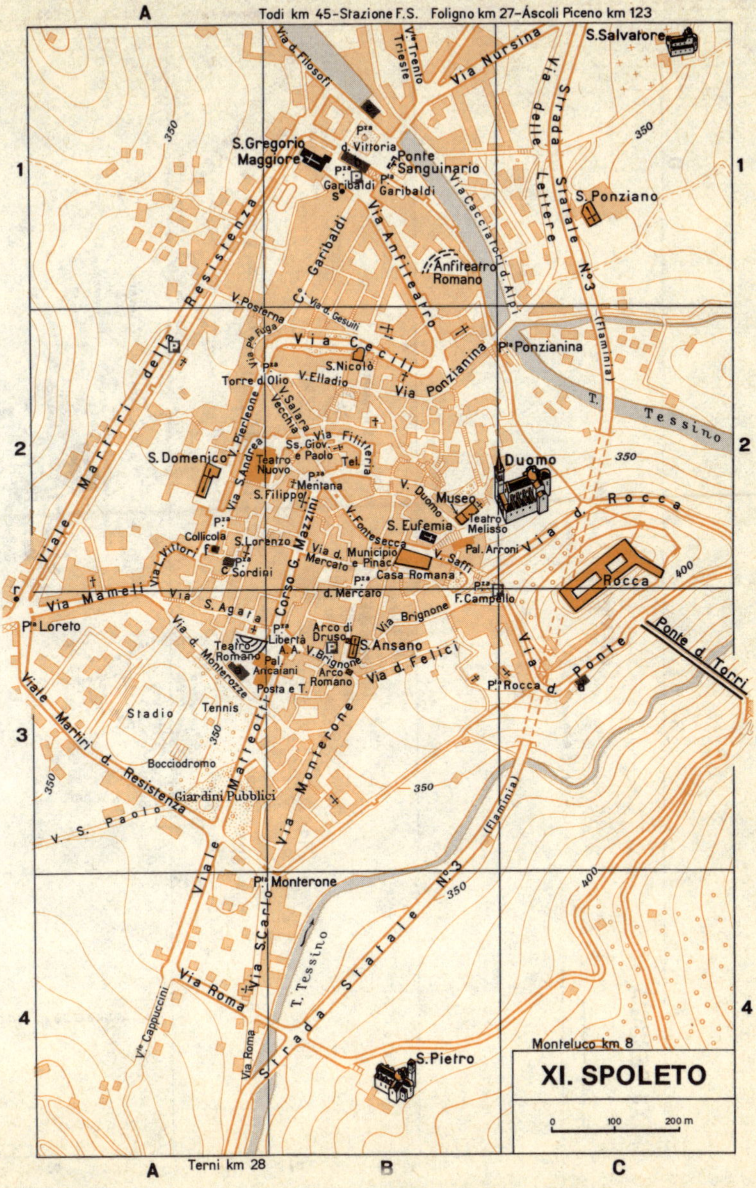

Todi km 45-Stazione F.S.
Foligno km 27-Ascoli Piceno km 123
Via d. Filosofi
V.le Trento Trieste
Via Nursina
S.Salvatore
Via delle Lettere
Strada Statale N.o 3 (Flaminia)
S.Gregorio Maggiore
P.za d. Vittoria
Ponte Sanguinario
P.za Garibaldi
Via Cacciatori d. Alpi
S.Ponziano
Via Anfiteatro
C.o Garibaldi
Anfiteatro Romano
Viale Martiri della Resistenza
V.Posterna
Via d. Gesuiti
Via Cecili
P.za Ponzianina
S.Nicolò
Via Ponzianina
Torre d. Olio
V.Elladio
Via Pierleone
V.Salara Vecchia
T. Tessino
Via Filitteria
Ss. Giov. e Paolo
Tel.
S. Domenico
Via S.Andrea
Teatro Nuovo
P.za Mentana
S.Filippo
V. Duomo
Duomo
Museo
Teatro Melisso
S. Eufemia
V. Fontesecca
Via d. Rocca
Rocca
P.za Collicola
S.Lorenzo
Corso G. Mazzini
Via L. Vittori
Via d. Mercato
Via d. Municipio e Pinac.
Pal. Arroni
V. Saffi
Casa Romana
P.za d. Mercato
P.za F.Campello
Via Mameli
P.za C. Sordini
P.za Loreto
Via S. Agata
P.za Libertà
Via Brignone
Arco di Druso
S. Ansano
Teatro Romano
A.A.
V. Brignone
Pal. Ancaiani
Arco Romano
Via d. Felici
Via d. Ponte
Ponte d. Torri
P.za Rocca
Via d. Monterozze
Posta e T.
Stadio
Tennis
Viale Martiri d. Resistenza
Bocciodromo
Giardini Pubblici
Via Matteotti
Via Monterone
V. S. Paolo
Viale Matteotti
P.za Monterone
Via S.Carlo
Strada Statale N.o 3 (Flaminia)
T. Tessino
Via Roma
V.le Cappuccini
S.Pietro
Monteluco km 8
XI. SPOLETO
0
100
200 m
350
400
Terni km 28
A
B
C
1
2
3
4

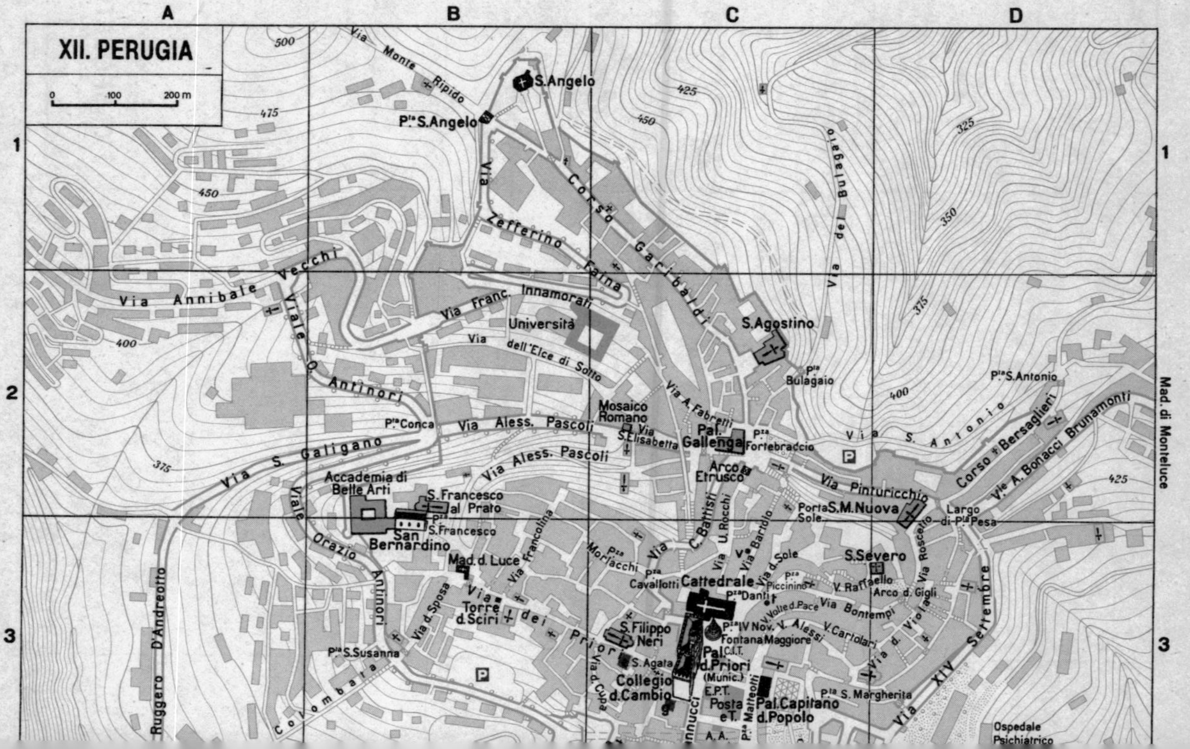

XII. PERUGIA
0
100
200 m
A
B
C
D
1
2
3
S.Angelo
P.le S.Angelo
Via Monte Ripido
Corso Garibaldi
Via Zefferino Faina
Via Annibale Vecchi
Viale O. Antinori
Via Franc. Innamorati
Università
Via dell'Elce di Sotto
S.Agostino
P.za Bulagaio
Via del Bulagaio
P.za S.Antonio
Via S. Antonio
Corso Bersaglieri
V.le A. Bonacci Brunamonti
Mad. di Monteluce
P.le Conca
Via Aless. Pascoli
Via S. Galigano
Mosaico Romano
Via S.Elisabetta
Via A. Fabretti
Pal. Gallenga
P.za Fortebraccio
Arco Etrusco
Via Pinturicchio
Porta Sole
S.M.Nuova
Largo di P.za Pesa
Accademia di Belle Arti
S.Francesco al Prato
P.za S.Francesco
San Bernardino
Viale Orazio Antinori
Mad. d. Luce
Via Francolina
Via Torre d.Sciri
Via dei Priori
Via d.Sposa
P.za S.Susanna
Via Colombara
Via Ruggero D'Andreotto
P.za Morlacchi
P.za Cavallotti
C. Battisti
U. Rocchi
Via Bartolo
Via d. Sole
Cattedrale
P.za Danti
P.za IV Nov.
Fontana Maggiore
Pal. d.Priori (Munic.)
C.I.T.
S.Filippo Neri
S. Agata
Collegio d.Cambio
Via d. Cupa
E.P.T.
Posta e T.
P.za Matteotti
Pal.Capitano d.Popolo
A. A.
P.za Piccinino
V. Raffaello
Arco d. Gigli
Via Bontempi
V. Volte d.Pace
V. Alessi
V.Cartolari
Via d. Viola
Via Roscetto
S.Severo
P.za S. Margherita
Via XIV Settembre
Ospedale Psichiatrico
500
475
450
425
400
375
350
325

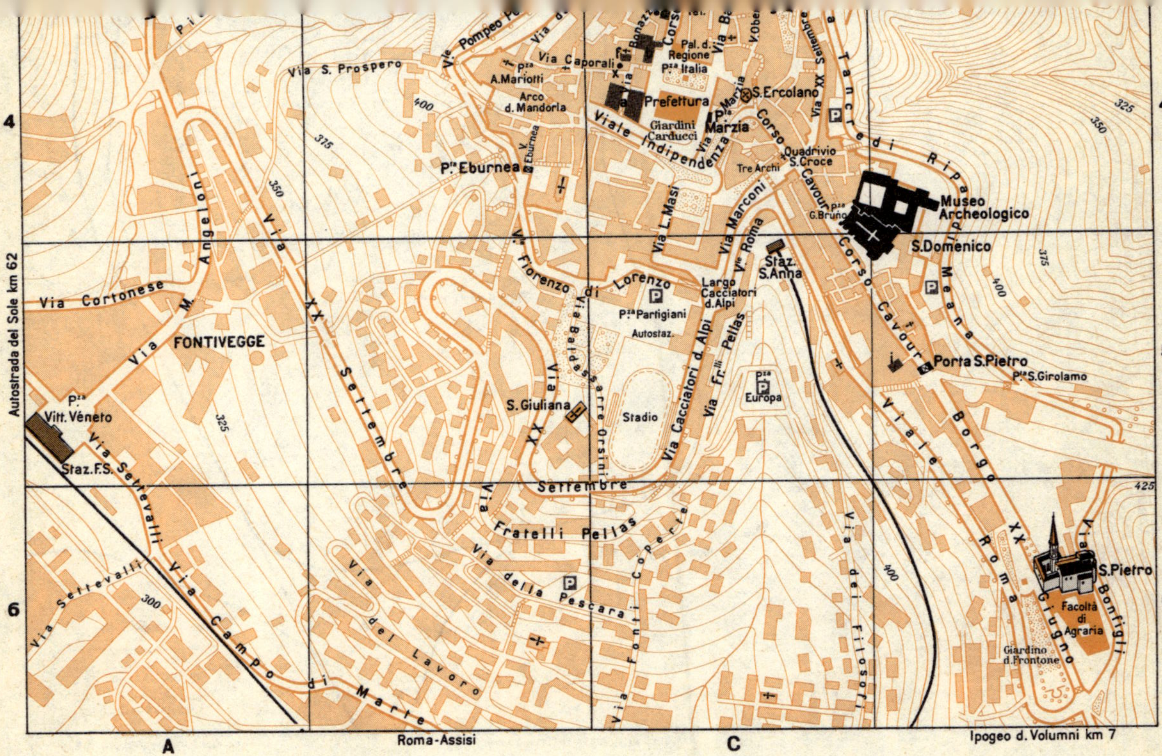

Museo Archeologico
S.Domenico
S.Ercolano
Prefettura
Pal. d. Regione
P.za Italia
Giardini Carducci
P.za Marzia
Quadrivio S.Croce
Tre Archi
Corso Cavour
P.za G.Bruno
Via Tancredi di Ripa
Via Meana
Porta S.Pietro
P.le S.Girolamo
Borgo XX Giugno
Viale Roma
S.Pietro
Via Bonfigli
Facoltà di Agraria
Giardino d.Frontone
Via dei Filosofi
Staz. S.Anna
V.le Roma
Via Marconi
Via L.Masi
Viale Indipendenza
Via Caporali
P.za A.Mariotti
Arco d. Mandorla
Via S. Prospero
V.le Pompeo Pellini
P.le Eburnea
V. Eburnea
V.le Fiorenzo di Lorenzo
Largo Cacciatori d.Alpi
P.za Partigiani
Autostaz.
Via Cacciatori d. Alpi
Via Fr.lli Pellas
P.za Europa
Stadio
Via Baldassarre Orsini
S. Giuliana
Via XX Settembre
Via Fratelli Pellas
Via Fonti Coperte
Via della Pescara
Via del Lavoro
Via Campo di Marte
Via Settevalli
Staz. F.S.
P.za Vitt. Veneto
Via Cortonese
Via M. Angeloni
FONTIVEGGE
Autostrada del Sole km 62
Roma-Assisi
Ipogeo d. Volumni km 7
A
C
4
5
6

A
B
C
1
2
3
Punta S. Cataldo
Lungomare Starita
Molo S. Cataldo
Via Adriatico
P.le Oriente
GRAN P
Viale E. Orlando
Stadio d. Vittoria
Corso Vittorio Veneto
Via Caracciolo
Via Ammiraglio
Via Napoli
Via Brigata Regina
Staz. Marittima F.
P.za Col. Trizio
Via P. Ravanas
S. Franc
Corso Mazzini
Via E. Fieramosca
Francesco Crispi
Via Principe Amedeo
Via Pietro Ravanas
Via Nicolai
Via Brigata Bari
Redentore
Via Crisanzio
Cor
Via Bruno Buozzi
Via Brigata Bari
Aeroporto km 9 - Barletta km 55
Autostrada km 8 - Altamura km 45

XIII. BARI
0 100 200 300 m
D
E
F
1
2
3
4
Molo di Ridosso
Traghetto per Dubrovnik (Ragusa), Ancona
Nuovo Molo Foraneo
Vecchio Molo Foraneo
Aliscafo per Ragusa
P O R T O
Capitaneria di Porto
Traghetto per Bar (Antivari)
P.le C. Colombo
Belvedere
Molo S. Vito
Dogana
Staz. Marittima
Molo Pizzoli
Corso Antonio de Tullio
P.za S. Pietro
Lungomare Imp. Augusto
S. Gregorio
S. Chiara
Museo Storico
S. Nicola
Via Venezia
Str. d. Carmine
S. Marco
Via Pal. di Città
Castello
Cattedrale
S. Anna
Corso Vitt. Veneto
Pal. d. Finanza
S. Giacomo
Molo S. Antonio
P.za Mercantile
P.za Federico II di Svevia
Tel.
S. Teresa
P.za d. Ferrarese
PORTO VECCHIO
Via Bonazzi
S. Michele
Via Nàpoli
Via S. Francesco d'Assisi
Massari
Prefettura
P.za d. Libertà
Vitt. Emanuele II
Molo S. Nicola
P.za Garibaldi
Corso
Munic.
Via Piccinni
P.za Eroi del Mare
S. Ferdinando
Air terminal
Corso Cavour
Lungomare
Via Andrea da Bari
Via Sparano da Bari
Via Calefati
Via 24 Maggio
Teatro Petruzzelli
L.go Adua
Via Cognetti
Rotonda
Via Sagarriga Visconti
Via Quintino Sella
Via De Rossi
Via Cairoli
Via Amedeo
Via Principe
CIT
P.za Diaz
N. Sauro
Via Imbriani
Via Abbrescia
Via Cardassi
V. Beatillo
Via Manzoni
Via Nicolai
Via G. D. Petroni
Corso Sonnino
Pinacoteca Prov. (Pal. d. Provincia)
P.za Battisti
Posta e T.
P.za Umberto I
P.za Carabellese
Museo Archeologico
Via P. Petroni
Via Carulli
Via Crisanzio
Cappuccini
T.C.I.
P.za Balenzano
V. Signorile
P.za S. Antonio
E.P.T.
P.za Roma
Via Zuppetta
Via Dieta di Bari
Staz. Ferr. Bari Nord
Staz. F.S.
Via Italia
Brindisi km 114
Via Capruzzi
Staz. Ferr. Sud-Est
Sottovia Sella
Via Giuseppe Extramurale
Via G. Petroni
C. Sicilia
V. Re David
Via d. Mille
Via Lattanzio
V. Amendola
Via Palermo
Táranto

XIV. LECCE
0
100
200 m
Brindisi km 38
Taranto km 86
S. Cataldo km 12
A
B
C
D
1
2
3
Ss. Nicolò e Cataldo
V.le d. Cimitero
Via Quattro Finite
Viale Ugo Foscolo
Via Coronatelli
Via F. Lubello
Via Pettorano
V.le Giacomo Leopardi
Via F. Milizia
Via Petrarca
Via Manzoni
Via Monte Pasúbio
Via Vespasiano Genuino
Viale Brindisi
Via di
Via G. D'Annunzio
S. Francesco da Páola
Campo Sportivo
P.za d. Peruzzi
Viale d. Studenti
V. De Prioli
S. Giovanni Evang.
Via S. Nicola
Tel.
Via D'Aurio
Obelisco
S. Angelo
V. Manfredi
Arco di Trionfo (P.za Nápoli)
Via Princ. di Savóia
Via A. Costadura
Via IV Novembre
XXIV Maggio
Via Galliano
Via Suor Alfreda
Via Giuseppe Parini
Via Re Sale
Via del Mare
Viale Iapigia
Università
S. Maria d. Porta
Via Taranto
Via Ádua
Via Pozzuolo
Via G. Pal
Via L. Prato
Via d. Fieschi
Via Umberto I
Pal. d. Governo
S. Croce
P.za Castromediano
Gesù
Munic.
Via Matteotti
Viale 25 L
Viale A. Costa
Giardino Pubblico
Viale S. Francesco
Via Piave
P.za G. Verdi
Via G. Arditi
Via G. Giusti
Viale Imperatore Adriano
S. Antonio in Fulgenzio
Via S. Michele
Via Monte
E.P.T. (Sede)
Via Nazario
Trinchese
Via M.R.
Viale
G. Z

S. Irene
Anfiteatro Romano
Castello
Posta e T.
P.za G. Libertini
Via 95° Reggimento Fanteria
Seminario
P.za d. Duomo
Duomo
S. Maria d. Grazie
V. Fazzi
S. Antonio
P.za Vitt. Eman.
V. Augusto Imper.
Alitalia
V. Adua
Via G. Libertini
P.ta Rudiae
S. Teresa
S. Anna
Rosario
Pal. Vescovile
S. Sebastiano
S. Chiara
Teatro Romano
Viale G. Marconi
Piazzetta S. Lucia
Via Grande
Via Salvatore Schipa
Via Minniti
Via S. Lazzaro
V. Conti di Lecce
V. D'Aragona
Via A. Grandi
S. Matteo
Paladini
Via Lo Re
Via Orsini d. Balzo
Via F. Casotti
P.za Congedo
Pal. d. Studi
Carmine
Via B. Cairoli
Via d. Perroni
P.za S. Biagio
P.za Roma
Viale Otranto
V. Beccherie Vecchie
Via D. De Angelis
Via Regina Elena
Viale Don Minzoni
V. Coppola
Viale
Via Lombardia
Accademia Belle Arti
Viale Gallipoli
Staz. Autolinee
Viale Duca d. Abruzzi
Museo Provinc.
Viale Franc.
V.le XX Settembre
Via di Leuca
Torre d. Parco
Via A. Boito
Rossini
Via Don Bosco
V.le Oronzo Quarta
P.za Argento
Staz. F.S.
P.le Stazione
Via di Ussano
Via B. Realino
Viale Marche
Via Pantelleria
Via Miglietta
P.za F. Bottazzi
V. Forlanini
V.le Gioacchino
Viale Alfieri
Gallipoli km 37 - Porto Cesáreo km 27
Aeroporto km 14 - Galatina km 20
Otranto km 45 - Leuca km 68
A
B
D
4
5
6

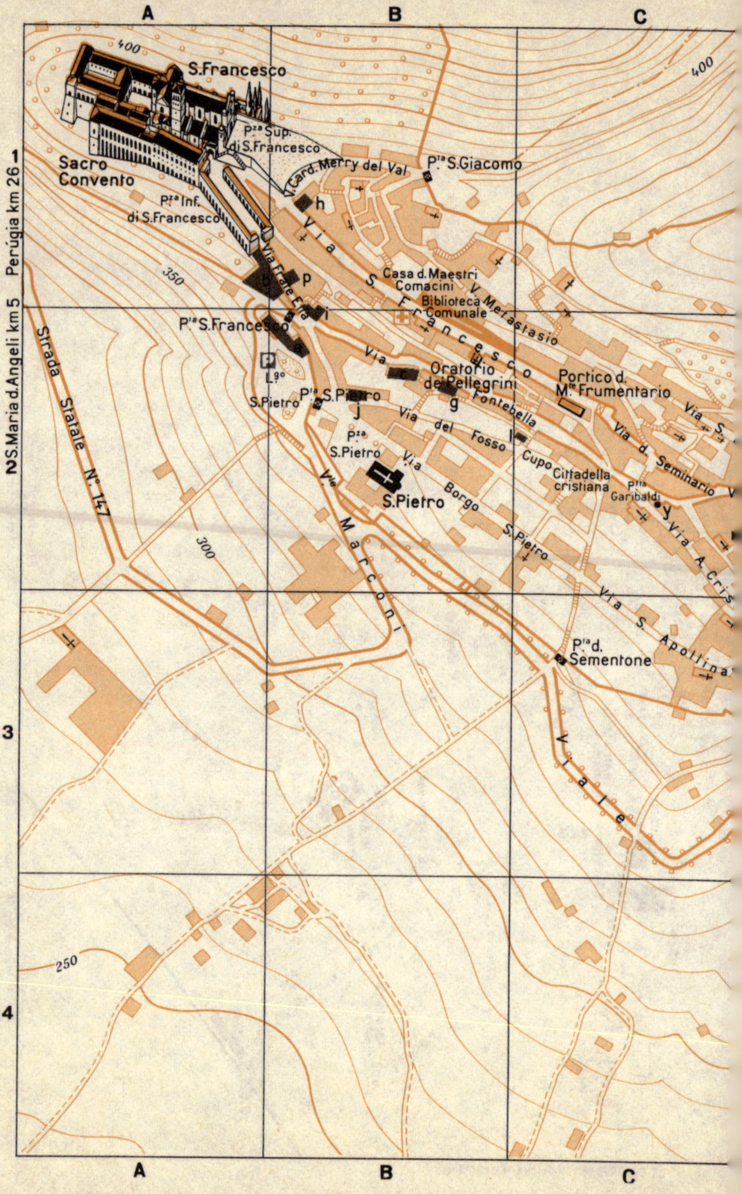
A
B
C
1
2
3
4
S.Francesco
Sacro Convento
Pza Sup. di S.Francesco
Pza Inf. di S.Francesco
V. Card. Merry del Val
Pta S.Giacomo
Via S. Francesco
Via Frate Elia
Pta S.Francesco
Casa d. Maestri Comacini
Biblioteca Comunale
V. Metastasio
Oratorio dei Pellegrini
Portico d. Mte Frumentario
Via Fontebella
Via del Fosso
Lgo S.Pietro
Pta S.Pietro
Pza S.Pietro
S.Pietro
Via Borgo S.Pietro
Cupo
Cittadella cristiana
Pta Garibaldi
Via d. Seminario
Via A. Cris
Via S. Apollina
Pta d. Sementone
Viale
Vle Marconi
Strada Statale N° 147
Perúgia km 26
S.Maria d.Angeli km 5
400
350
300
250

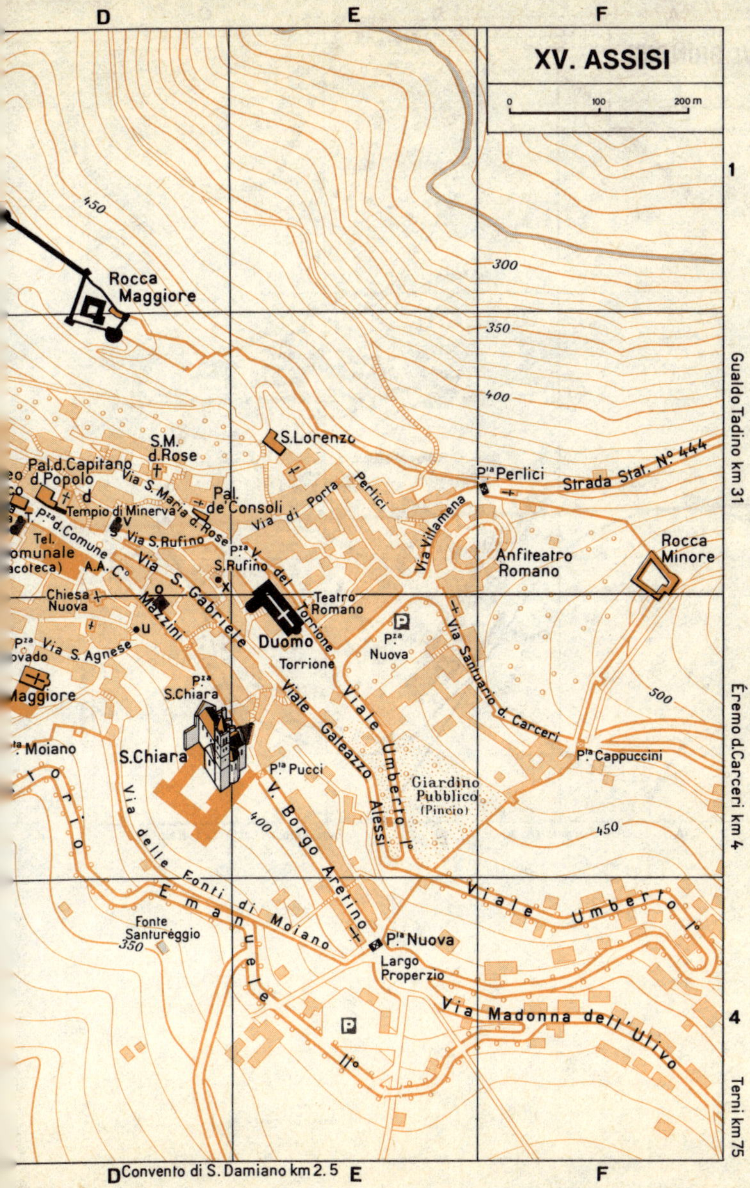
D
E
F
XV. ASSISI
0
100
200 m
1
4
450
300
350
400
500
Rocca Maggiore
S.Lorenzo
S.M. d.Rose
Pal.d.Capitano d.Popolo
Tempio di Minerva
Via S. Maria d. Rose
Pal. de'Consoli
Via di Porta Perlici
P.ta Perlici
Strada Stat. N° 444
P.za d.Comune
Via S.Rufino
P.za S.Rufino
Via Villamena
Anfiteatro Romano
Rocca Minore
A.A.C.
Chiesa Nuova
Mazzini
Via S. Gabriele
Duomo
Teatro Romano
Via del Torrione
Torrione
P.za Nuova
Via Santuario d. Carceri
Via S. Agnese
P.za S.Chiara
S.Chiara
Viale Umberto I°
Viale Galeazzo Alessi
Giardino Pubblico (Pincio)
P.ta Cappuccini
P.ta Moiano
P.ta Pucci
V. Borgo Aretino
Via delle Fonti di Moiano
Emanuele II°
Fonte Santuréggio
P.ta Nuova
Largo Properzio
Via Madonna dell'Ulivo
Gualdo Tadino km 31
Éremo d.Carceri km 4
Terni km 75
Convento di S. Damiano km 2.5

XVI. BRINDISI
0 100 200 300 m
A
B
C
Aeroporto km5
Campo Sportivo
Via U. Maddalena
Via Bened. Brin
Strada S. Maria d. Casale
Via Amm. Cagni
P.za Duca d. Abruzzi
Duca d. Abruzzi
Viale Amm. Millo
Monumento al Marinaio
Can. Pigonati
Via Cicirielo
P.za dell' Arena
Seno di Ponente
Porto Interno
Castello Svevo
V. Thaon De Revel
Via L. Flacco
Colonne Romane
Museo Archeol.
Duomo
Seminario
S. Teresa
Prefett.
S. Paolo
E.P.T.
Capitaneria di Porto
P.za Vitt. Eman.
Traghetto per Smirne (Turchia)
Seno di Levante
Staz. Marittima
Munic.
S. Giov. al Sepolcro
S. Benedetto
V. Castello
V. Vittoria
Via Provinciale S. Vito
Bari km 114
Via Osanna
Via dei Carpentieri
E.P.T. (Sede)
P.za Mesagne
Via Carmine
Tel.
V. Fornari
P.za d. Vittoria
C. Garibaldi
Posta e T.
P.za d. Popolo
Corso Umberto
Via d. Mare
Dogana
Traghetto per Patrasso (Grecia)
S. Lucia
Via Lata
V. Cappuccini
Via Arione
Via Appia
Via Pisani
Staz. F.S.
P.za Cairoli
P.za Crispi
Corso Roma
Via Saponea
Via Indipendenza
V. Bastioni Carlo V
Via Taranto
Via Foggia
P.za Lecce
Cristo
Via Spalato
Via Imp. Augusto
Viale Commenda
V.le Liguria
V. Bastioni S. Giacomo
Via Arno
Punto Franco
Taranto km 70
Táranto km 70
Racc. Autostr. km 3 - Lecce km 38